HENRI IV ET L'ALLEMAGNE

D'APRÈS

LES MÉMOIRES ET LA CORRESPONDANCE

DE

JACQUES BONGARS

PAR

L. ANQUEZ

INSPECTEUR GÉNÉRAL DE L'INSTRUCTION PUBLIQUE

PARIS

LIBRAIRIE HACHETTE ET Cie

79, BOULEVARD SAINT-GERMAIN, 79

1887

HENRI IV ET L'ALLEMAGNE

JACQUES BONGARS,

D'après une estampe de la Bibliothèque nationale.

AVANT-PROPOS

C'est l'honneur de Henri IV d'avoir, avant et après son avènement au trône de France, combattu ou négocié pour garantir la tolérance à tous les cultes, et pour préserver à la fois son pays d'un démembrement, l'Europe de la servitude.

Roi de Navarre, il demandait, d'une part, à Henri III de laisser les réformés, ses coreligionnaires, prier Dieu selon les inspirations de leurs consciences; de l'autre, aux luthériens et aux calvinistes, qui, différant d'opinion sur quelques matières de foi, se proscrivaient mutuellement, d'oublier leurs dissidences confessionnelles pour s'étreindre du seul lien de charité. Plus tard, quand il fut roi de France et converti au catholicisme, il signait l'édit de Nantes d'après lequel les réformés de son royaume auraient désormais une existence légale, avec le libre exercice, et il s'employait à procurer les mêmes avantages à la minorité catholique en Angleterre, en Hollande, en Allemagne. S'il est vrai que le *Grand* ou *Magnifique Dessein,* exposé dans les *Sages et royales Œconomies,* soit une conception de Sully, non de Henri IV, il faut admettre que le fidèle ministre emprunta à son maître l'idée de placer partout les catholiques, les luthériens et les calvinistes dans une situation identique au point de vue civil et religieux.

Cependant Henri IV avait eu, dès le commencement de son règne, à défendre la nationalité française, dont le roi d'Espagne Philippe II méditait l'anéantissement. Lorsqu'il eut contraint son adversaire à se reconnaître vaincu (le traité de Vervins est surtout un aveu d'impuissance arraché à celui-ci), il voulut enlever au successeur de Philippe II les moyens de menacer, comme l'avait fait son père, l'indépendance de la France et, du même coup, celle de l'Europe. Mais comme il mesurait toutes les difficultés de sa tâche, car la branche espagnole de la maison d'Autriche, bien que déjà ébranlée, était encore très redoutable, il chercha à associer à ses projets et aux destinées de la France tous ceux qui avaient quelque chose à craindre de l'Espagne, et, entre autres, les princes protestants d'Allemagne.

Depuis longtemps Henri IV entretenait des rapports avec ces princes, qui, à l'époque où il résistait à Philippe II et à la sainte Ligue, avaient renforcé ses armées de leurs reîtres ou de leurs lansquenets, et par leur or pourvu à la solde de ses troupes. Du reste, quand elle l'avait secouru contre la sainte Ligue et Philippe II, l'Allemagne protestante n'avait fait qu'acquitter une ancienne dette non prescrite par les années. Est-ce que, un demi-siècle auparavant, Maurice de Saxe aurait, sans l'appui de Henri II, réussi à dicter à Charles-Quint, depuis Muhlberg tranchant du pape et du souverain, les clauses de Passau, conservatrices de la constitution germanique et du protestantisme? De plus, n'était-ce pas à la suite des revers que les Français lui avaient infligés en 1553 et 1554 que Charles-Quint, qui se regardait comme délié de ses serments par la mort de Maurice, avait dû confirmer à Augsbourg les concessions faites à Passau? Certes, si Henri IV, victorieux de tous ses ennemis, ne l'eût, à son tour, protégée, l'Allemagne, affaiblie par des querelles doctrinales jusqu'à être incapable de s'opposer aux velléités tyranniques d'un Rodolphe II, aurait perdu le double bénéfice de la paix d'Augsbourg.

Enrôlements et emprunts opérés en Allemagne pour le compte de Henri IV; première et seconde expédition des Allemands en France; organisation d'une Union en vue de sauvegarder les libertés germaniques et de divertir Rodolphe, tremblant pour ses propres prérogatives, de s'allier avec Philippe III contre la France; élection d'un roi des Romains, futur César, et partage de la succession de Clèves et de Juliers entre les maisons de Brandebourg et de Neubourg, telles sont les questions que nous allons traiter.

D'abord (1583-1598) il sera parlé des efforts faits par Henri de Béarn ou Henri IV, sous la médiation de l'Angleterre et avec le concours de la Hollande, afin d'amener l'Allemagne protestante, sans distinction de calvinistes et de luthériens, à lui fournir les subsides en hommes dont il a besoin pour triompher des ligueurs, qui veulent le priver de la couronne, et de Philippe II, qui rêve la conquête de la France. Un paragraphe spécial sera consacré aux emprunts effectués par Henri IV, emprunts dont le remboursement, trop souvent ajourné sous de spécieux prétextes, sera réclamé par le descendant de l'un des intéressés jusque dans ce siècle-ci.

Entre 1598 et 1606, on exposera les injustes récriminations de l'Allemagne contre Henri IV durant l'invasion des Espagnols dans le cercle de Westphalie; son inaction imprévoyante au cours de la guerre de Savoie; ses perpétuelles tergiversations dans l'affaire de l'évêché de Strasbourg, où Henri IV se serait engagé à fond, si elle ne se fût abandonnée elle-même, et, en dernier lieu, son intervention intempestive dans le soulèvement du duc de Bouillon.

Enfin, après avoir signalé la pleine soumission de celui-ci (1606), on s'occupera de l'établissement de l'*Union évangélique,* dû, en partie, à Henri IV, ainsi que des préliminaires de l'avènement de l'archiduc Mathias à l'Empire, et on montrera comment le débat concernant les duchés de Clèves et de Juliers (1609) permit au roi de toucher presque le but qu'il visait : « brider » Rodolphe II, isoler Philippe III.

Il est bon de le faire remarquer : quoique par suite des liens contractés au temps où il avait à conquérir son royaume sur la sainte Ligue et l'Espagne, Henri IV ait été, dans la seconde comme dans la première partie de son règne, en relation avec les princes protestants surtout, il chercha aussi à faire entrer dans ses vues quelques-uns des princes catholiques de l'Allemagne. Indifféremment, ses envoyés, sans acception de religion, s'abouchèrent avec les uns ou les autres.

Les *Mémoires* de Jacques Bongars, qui fut le plus actif et le plus influent de ses agents en Allemagne, sont la principale source d'informations à laquelle nous avons puisé pour écrire ce chapitre d'histoire politique. Ces *Mémoires* sont, non une autobiographie, mais un recueil de dépêches et d'instructions, de copies ou de minutes de lettres, de *propo-*

sitions faites aux princes et aux villes d'Allemagne, de tables de chiffres, de contrats, etc.

Dès le XVIe siècle, le droit de l'État sur les papiers de toute personne ayant exercé une fonction publique était admis. Pour témoin, on a Bongars lui-même. Le 1er décembre 1589, il invitait les régents du Danemark à veiller à ce que les documents naguère détenus par M. de Danzay, décédé ambassadeur de France à Copenhague, ne fussent pas détournés, car ils appartenaient au roi, et il n'y avait pas de particulier qui pût y prétendre (*sunt enim jam juris regii factæ : nec privato cuiquam quicquam in eas juris est*). Lorsque Bongars mourut à Paris, ordre fut donné de saisir toutes les pièces officielles qu'il avait eues en sa possession. La plupart de ces pièces étaient en dépôt à Orléans, ville où Bongars était propriétaire, pour moitié, d'une maison sise près de la porte Renard. Sans les distribuer chronologiquement ni méthodiquement, on en composa, sous le titre de *Mémoires,* huit volumes in-folio, qui furent gardés au siège du présidial d'Orléans. En 1645, cinq d'entre eux furent analysés par Théodore Godefroy, à qui le président du présidial, François de Beauharnais, les avait communiqués. Actuellement, on les trouve à la Bibliothèque nationale (*Fonds français,* 7125-7132). Quant à l'abrégé de Godefroy, il est conservé à la Bibliothèque de l'Institut (*Collection Godefroy,* 53). Cependant la Bibliothèque municipale de Berne renferme plusieurs manuscrits de même espèce que les *Mémoires* de Bongars (42 A, 140, 141, 143, 149 B). Ce fait s'explique ainsi : à Strasbourg, sa résidence ordinaire, Bongars avait laissé une quantité assez considérable de matériaux regardant ses diverses missions, lesquels, postérieurement, furent transportés, avec ses livres, à Bâle, ensuite à Berne.

On a de Bongars des lettres latines publiées à Leyde, 1647, à Strasbourg, 1660, à Paris, 1668, et à la Haye, 1695. Cent quatre-vingt-quatre de ces lettres avaient été, entre 1588 et 1598, adressées par Bongars au médecin et botaniste nurembergeois Joachim II Camerarius, fils de Joachim Ier Camerarius, qui, au XVIe siècle, fut l'un des promoteurs de la renaissance intellectuelle de l'Allemagne, et frère du jurisconsulte Philippe Camerarius. Ces lettres, et aussi quarante de celles que Bongars avait écrites à des princes allemands et à leurs conseillers, ou à des savants soit d'Allemagne, soit de France, furent, en 1668, traduites en français *ad usum Delphini*. Mais on en fit disparaître tous les passages favorables aux protestants ou hostiles au saint-siège, aux catholiques, aux jésuites. Quelques-uns de ces passages ont été rétablis dans l'édition de 1695 [1]. A cette même édition on a joint trente-six lettres françaises, déjà données séparément sous ce titre : *Le Secrétaire sans fard,* titre que justifie la liberté de langage dont use Bongars. A dire vrai, il conviendrait de l'appliquer à toute sa correspondance, où jamais la parole n'est employée à déguiser la pensée.

Outre les lettres imprimées, il en existe de manuscrites; elles sont éparses dans plusieurs collections, tant françaises qu'étrangères. Nous n'osons dire que nous les avons toutes

1. Dans sa dissertation : *Jacobus Bongarsius* (1874), M. Hermann Hagen, professeur à l'Université de Berne, fournit de précieuses indications sur les sources et la valeur comparée des différentes éditions des lettres de Bongars. L'édition de 1660 contient cent trente-huit lettres de George Michel Lingelsheim, conseiller de l'électeur palatin, à Bongars.

lues ; il est même très probable qu'un certain nombre d'entre elles nous ont échappé. Il nous a toutefois semblé que nous pouvions, en nous servant de celles que nous avons eues sous les yeux, et, en sus, des *Mémoires*, essayer de retracer les rapports de Henri IV avec l'Allemagne depuis 1583 jusqu'à 1610. Seulement, avant d'entrer en matière, nous raconterons la vie de Bongars, afin d'expliquer comment ce modeste agent, fort écouté à la cour de France, jouit d'un crédit très grand au delà du Rhin, et pourquoi son témoignage a de l'autorité. Aujourd'hui, Bongars est presque oublié dans nos Histoires, quoiqu'il ait fait partie de cette élite de diplomates qui, sous la direction de Henri IV, ont mené à bien des négociations délicates et ardues; l'égal de tous en talents, il fut supérieur à quelques-uns par le caractère. Sa biographie, résumée par les auteurs de la *France protestante*, MM. Haag et Bordier, sera l'objet d'une sorte d'introduction dont nous avons trouvé les éléments dans le *Jacobus Bongarsius* de M. Hermann Hagen, et surtout dans les écrits de Bongars lui-même.

JACQUES BONGARS

En France, sous l'ancienne monarchie, on choisissait quelquefois les ministres et les ambassadeurs parmi les hommes que leur mérite littéraire ou leur érudition avait désignés à l'estime et au respect de leurs contemporains. Mis par leurs travaux en rapport avec les savants de tous les pays et ayant acquis, grâce à un commerce épistolaire étendu, grâce à la connaissance de plusieurs langues, grâce enfin à des voyages entrepris dans un but d'instruction, des notions sur les mœurs, les idées et les intérêts des divers peuples de l'Europe, ils pouvaient être, et en effet ils étaient souvent d'utiles intermédiaires. Comme on le verra plus loin, Jacques Bongars avait déjà quelque réputation en France et hors de France à cause de son savoir, quand il fut appelé à traiter des affaires publiques.

Il naquit à Orléans en 1554. Sa famille était originaire de la Thiérache. Sous Charles VIII, son trisaïeul Guillaume fut conseiller du roi et capitaine des archers du Nivernais, de Gien et d'Orléans, et sous Louis XII, son bisaïeul Lambert fut conseiller du roi et son procureur général au Grand

Conseil. Le père de Bongars, second fils d'un autre Guillaume, sieur de la Noue, avait le titre d'écuyer et était seigneur de la Chesnaye et de Bauldry. Bongars lui-même est qualifié seigneur de Bauldry et de la Chesnaye avant ou après qu'il eut vendu (1594, 1597) ces deux terres pour acquitter des dettes contractées en Allemagne. Ses armes étaient : Écartelé au 1 et 4 d'or, à un pélican sur son nid, au 2 et 3 d'or, à cinq besans rayés en fasce 3 et 4.

Fils aîné de Girard Bongars et de Marie Lequeux [1], Jacques avait un frère, Isaac, et une sœur, Esther [2]. En 1591, on trouve Isaac placé sous les ordres d'Alphonse d'Ornano, lieutenant général du roi en Dauphiné et en Languedoc, avec charge de tenir le registre et le contrôle de la dépense de l'artillerie. Trois ans plus tard, il portait à Henri IV la nouvelle de la réduction de Lyon, à laquelle « il avait bien travaillé [3] ». Il vivait encore en 1611, car M. de Villeroi s'employait alors pour faire accueillir une demande qu'il avait adressée à Louis XIII [4]. Quant à Esther Bongars, elle avait épousé Jean Lequeux, secrétaire de la Chambre du roi. En outre, parmi les parents de Bongars on nommera MM. de Villedort et Bourneville, le conseiller au parlement de Paris Paul Petau, ainsi qu'un sieur Monel, à qui Bongars donna l'un des exemplaires du *Gesta Dei* que possède la Bibliothèque nationale.

Dans ses *Mémoires*, Bongars raconte que plusieurs de ses proches, calvinistes, « ont perdu leurs biens et épandu leur sang pour la vérité », et que l'un d'eux, Philibert Bon-

1. Bibl. nat., Cabinet des titres, *Bongars*.
2. Berne, 149 B, n° 464, contrat de partage, sans date.
3. *Mém.*, 7126, f° 21, Sancy à Bongars, 3 février 1594.
4. *Mém.*, 7131, f° 188, Villeroi à Bongars, 22 janvier.

gars, fut, sous François II, noyé dans la Seine comme huguenot [1]. Élevé lui-même dans la Réforme, il détesta toujours « la superstition papistique », qui allait directement « contre la crainte et le service de Dieu, l'amour du roi et de la patrie [2] ». Il aurait voulu voir s'accroître le nombre des États protestants de l'Europe. Pendant la querelle de la république de Venise avec le pape Paul V, il ne dépendit pas de lui que les princes allemands n'exhortassent les Vénitiens à se soustraire à l'obédience du saint-siège. Pour lui, Rome, centre de la catholicité, était une seconde Babylone, « de laquelle il ne pouvait venir que de la honte et de la ruine [3] ». Se mêlant à la controverse religieuse, il contribuait à propager en Allemagne la relation que Du Plessis-Mornay avait faite de la conférence de Fontainebleau [4].

Néanmoins, si fort attaché qu'il fût à la nouvelle doctrine, il n'éprouvait pas une haine de sectaire contre les catholiques. Avec quelle réserve il s'exprime au sujet de la conversion de Henri IV ! « Je ne vous parlerai pas de nos affaires, écrit-il à Camerarius [5]; j'aime mieux que vous appreniez d'un

1. *Mém.*, 7130, f° 237, au prince d'Anhalt, 25 août 1604. Pendant les troubles de la Ligue, le château de Villedort, propriété d'un oncle de Bongars, fut brûlé avec tous les titres qu'on y conservait.

2. *Mém.*, 7130, f° 259, au landgrave de Hesse, 24 décembre 1602.

3. *Mém.*, 7128, f° 186, à Gentilis, 25 novembre 1604.

4. *Mém.*, 7131, f° 593, à Mme Du Plessis, 27 juin 1600.

5. Ed. 1695, p. 30, 29 août 1593. Au sujet de l'abjuration du prince de Condé, Bongars dit : « Notre petit prince de Condé est, à cette heure, à Paris; je tiens que c'est le bien de notre État qu'il aille à la messe; j'en parle comme un homme, sans entrer aux jugements de Dieu, lesquels toutefois j'appréhende en songeant à ceci et en écrivant ces mots. Ce n'est pas à moi à juger la conscience d'autrui. Quand tout le monde voudra aller à la messe, pourvu qu'on ne m'y traîne pas, patience » (éd. 1695, p. 649, à Waldenfels, 23 décembre 1595). Du reste, Bongars nous apprend que MM. de Harlay et de Thou, chargés, avec Lefèvre, d'instruire Condé, devaient enseigner à ce prince que Dieu ayant permis la coexistence de deux religions en France, l'unique moyen de conserver l'État était de tenir tous les sujets du roi, quelle que fût leur croyance, pour égaux devant la loi (*J. Bong. et Ling. ep.*, à Hutten, 20 avril 1596).

autre que de moi ce que je voudrais n'avoir jamais ni vu ni entendu. Mais la main de Dieu gouverne tout; il est juste que nous y soumettions nous-mêmes et toutes nos affaires. » Plus tard, quand M. de Sancy renia le calvinisme, Bongars déplora sa chute, sans la flétrir [1]. Rien, du reste, ne fait mieux connaître l'esprit de tolérance dont il était animé que sa conduite envers Gaspard Schoppius, savant allemand qui lui avait dédié ses *Lectiones suspectæ*. Sans doute, il répondait à Schoppius, qui le pressait de se faire, comme lui, de protestant catholique, qu'il cherchait sa foi dans l'Évangile même et non dans la concordance des interprétations données par les Pères de l'Église sur certains dogmes; mais il ajoutait : « Je n'ai jamais songé à renoncer à l'amitié d'autres personnes qui, depuis longtemps, suivent la voie religieuse dans laquelle vous venez d'entrer et que je désapprouve à plus d'un titre. J'ai des parents et des amis qui partagent cette erreur. Je prie Dieu chaque jour que, dans sa miséricorde, il les amène à la lumière de la vérité, et dorénavant je le supplierai de vous comprendre dans la même grâce... Quoi qu'il en soit, vous avez et vous aurez toujours un ami dans votre Bongars [2] ».

Dès l'âge de dix ans, Bongars fut conduit en Allemagne [3], et c'est dans les écoles de Marbourg et d'Iéna qu'il fut initié à la connaissance de l'antiquité grecque et latine. Très jeune, il s'occupa de philologie. De tous les commentateurs des anciens, Juste-Lipse est celui dont les travaux excitèrent le plus son admiration. Une fois il lui dira : « L'honneur et

1. Ed. 1695, p. 582, 22 juin 1597.
2. *Coll. Lingelsheim*, p. 55, 1599.
3. Berne, 149 B, n° 78, au comte palatin de Neubourg, sans date.

le respect que je vous porte s'engendra en moi à l'heure même que j'eus jeté l'œil sur votre premier ouvrage. *Ut vidi, ut perii* [1]. » En 1571, il retournait en France avec son condisciple Jean Le Normant, comme lui Orléanais, et avec son précepteur Christian Martin, de nationalité flamande, lorsqu'il rencontra à Strasbourg Jean Godefroy [2]. Son séjour à Strasbourg fut court, car cette même année il arrivait à Orléans [3], où il continua d'étudier les lettres et les sciences. Dans l'un des manuscrits de la Bibliothèque de Berne (492), on lit ces mots de la main de Bongars : *Geometriæ principia, Aureliæ,* 1571. En 1572, Bongars annotait quelques-uns des ouvrages de Plutarque, de Démosthène, d'Hésiode et de Quintilien. Enfin, il se rendit à Bourges pour suivre les cours de Cujas, l'*apex jurisconsultorum,* dont il vante la science profonde, la diction châtiée, la vertu. Plus tard, correspondant avec lui, il attestera avoir gardé la mémoire de ses bienfaits fixée dans son cœur avec des clous d'airain (*ferreis infixa clavis*).

Bongars, qui peut-être fréquenta quelque temps l'Université de Cologne [4], fit, entre 1577 et 1581, un voyage à Rome, où un philologue distingué, Fulvio, de la famille des Orsini, lui communiqua ses propres remarques sur le grammairien Festus et lui promit d'aider Pierre Daniel, l'érudit orléanais, dans ses travaux sur Servius, en lui envoyant son *Philargius.* A la Vaticane, Bongars fit des extraits de l'*Histoire auguste,* de la *Chronique d'Eusèbe,* etc.

Les jouissances intellectuelles qu'il avait goûtées en

1. 12 octobre 1594 (H. Hagen, *Jac. Bongarsius,* p. 11).
2. *Voyage fait l'an 1571* (Coloniès, Bibl. choisie).
3. Berne, 492, n° 12.
4. Berne, Z, 190.

Italie, Bongars ne les oublia jamais. Par suite, il conseillait aux jeunes Français d'aller visiter les plus célèbres villes de la Péninsule et, en particulier, Rome. Il est vrai, il ajoutait qu'il ne fallait y rester que peu. « Il me souvient qu'un grand personnage m'a dit naguère que qui était plus d'un an en Italie était lourdaud ou avait envie de devenir méchant et corrompu, pour ce qu'il tenait que tout ce qu'il y a de bon à apprendre en Italie pour un étranger peut s'apprendre en un an, et que, ce temps passé, les vices, non les vertus, y retiennent la jeunesse [1]. »

La fortune, d'ailleurs petite, de Bongars avait-elle été compromise par les dépenses résultant de ses excursions en Allemagne et en Italie, ou avait-elle été en partie détruite pendant les troubles qui, sous Henri III, désolèrent la France? Sur ce point, Bongars ne s'explique pas. Seulement, vers l'époque où il publia l'*Abrégé de l'Histoire universelle* de Trogue Pompée, fait par Justin, il dut, d'après le désir de sa mère, retourner à Orléans pour veiller sur ses intérêts domestiques. Cette phase de son existence fut pénible. « Ne suis-je pas, écrit-il à Nicolas Lefèvre, le plus infortuné des mortels, moi qui, au lieu de jouir de la lumière éclatante de votre science, vis tristement enfoui dans l'obscurité avec je ne sais quels hommes, et qui perds misérablement mon temps et ma jeunesse [2]? » Aussi avec quelle effusion il remercie ceux qui lui ont fait remettre ou quelque ouvrage dont la lecture le distraira de ses soucis, ou l'argent nécessaire à ses besoins. « J'étais alors, écrit-il à Aligretius, accablé et privé de tout espoir, quand soudain, avec un

1. *Mém.*, 7131, f° 117, au prince d'Anhalt, 3 janvier 1601.
2. Berne, 149 B, n° 223.

à-propos merveilleux, vous êtes, comme le dieu de la machine (θεὸς ἀπὸ μηχανῆς), arrivé des extrémités de la Germanie pour soulager mes ennuis par votre entretien, et ma détresse de votre bourse [1]. »

Dans sa retraite, Bongars mit la dernière main à l'édition de Justin dont il parle dans une lettre adressée en 1578 à Pierre Daniel, comme d'un travail commencé depuis longtemps [2]. Voici de quelle manière il l'avait conçue et l'exécuta : rejeter la Vulgate, excepté pour les passages qui, en dehors d'elle, seraient inintelligibles; en ce cas, donner, parmi les variantes, la version écartée, afin que le lecteur soit libre de choisir; se servir, pour établir le texte définitif, des manuscrits provenant du meilleur siècle et insérer, entre parenthèses, toute phrase sur laquelle subsistent des doutes. Sans méconnaître l'utilité de la méthode conjecturale, Bongars préfère se laisser instruire que vouloir instruire. Si, en désespoir de cause, il y recourt, il ne s'engage dans cette voie qu'à contre-cœur et toujours il s'applique à se rapprocher le plus possible de la tradition.

A l'*Abrégé* de Justin, Bongars joignit des fragments de Trogue Pompée et surtout les *Prologues*, qui, imprimés pour la première fois, découvrirent l'ordre dans lequel Trogue Pompée avait disposé les matières, et aussi la légèreté avec laquelle Justin avait résumé les *Histoires Philippiques*.

C'est en 1581 que parut l'édition due à Bongars; elle était dédiée à Alegracus, « en raison des services qu'il avait

1. Berne, 149 B, n° 227, 1581.
2. L'édition de Bongars est intitulée : *Justinus, Trogi Pompeii Historiarum Philippicarum epitoma, ex manuscriptis codicibus emendatior et prologis auctior. In eamdem notæ. Excerptiones chronologicæ et variarum lectionum libellus.*

rendus à l'étude de l'antiquité ». Les érudits étaient impatients de la connaître. « Je l'attends, écrivait Juste-Lipse à Bongars (1578), dans ce même esprit que tout ce que produit votre France policée. Car assurément le reste est bagatelle. Sous le roi François Ier, la science la meilleure a émigré en France et s'y est fixée. »

Le *Justin* de Bongars excita une admiration universelle. Modicus, qui, à son tour (1591), édita l'abréviateur de Trogue Pompée, le considérait comme un modèle. Bongars, en outre, fit école, car le système d'après lequel il avait procédé a été suivi par Gruter dans ses *Remarques sur Sénèque*, et par G. Schoppius dans ses *Lectiones suspectæ*.

Si, comme il est permis de le supposer, Bongars songea plus tard à reviser son *Justin* ou à publier *Quinte-Curce*, ses voyages et les tracas de la politique le détournèrent de ce double travail.

Certes, il n'a pas encouru le reproche qu'il adresse aux Français en général : « Il me semble que ç'a été de tout temps le naturel des Français de se plaire tant en soi-même que de mépriser tout ce qui est en dehors [1]. » A toutes les époques de sa vie il chercha à s'instruire par la comparaison des autres pays avec le sien [2]. Après avoir visité l'Allemagne, l'Italie, la Hollande, il alla à Constantinople, où l'accompagna Guillaume Le Normant, frère de son ancien condisciple. On a quelquefois dit qu'il était déjà un diplomate en

1. *Mém.*, 7131, f° 570, à Sancy, 24 mars 1594.

2. Dans l'*Album amicorum* (Berne, 692), on lit : *Nobilissimo et omni virtutum genere excultissimo viro D. J. de Bongars, amico suo, propter multiplicem omnium gentium cognitionem, raramque linguarum peritiam, unice dilecto, scripsit Stephanus Polus Anglus, ut tanquam pignus perpetuæ amicitiæ apud ipsum relinqueret* (2 avril 1582).

exercice. Supposition toute gratuite, car lui-même se donne pour un voyageur (*peregrinator*)[1], et il est, pour les personnes qui le virent alors et dont les autographes figurent dans son *Album amicorum*, non l'agent d'un chef de parti quelconque, mais un Français très noble, très docte, très pieux, ou simplement le seigneur de Bauldry.

Au lieu de se rendre à Constantinople en droite ligne, Bongars fit un détour, de manière à rester en terre chrétienne le plus longtemps possible. A la fin du XVIe siècle, les trois quarts de la Hongrie, de la Croatie et de l'Esclavonie, la Transylvanie, la woïwodie serbe et le banat de Temeswar étaient sujets ou tributaires de la Turquie. Parti de Vienne le 12 avril 1585, Bongars longea la frontière turque depuis Raab jusqu'à Neutra, fit par Rosemberg et Lovotscha une pointe vers la Pologne, et ensuite, quand il se fut arrêté à Tokay, à Kyzalitelek, à Bathor, à Szathmor-Néméthi, à Sziager-Waralya, se rapprocha des possessions turques. Son *Journal*[2] nous indique les précautions que l'Autriche avait prises pour contenir les Infidèles, toujours disposés à envahir son territoire. Dans le seul gouvernement de Raab elle avait élevé douze forteresses, entre lesquelles étaient répartis 5000 fantassins et 3000 cavaliers. Près de Raab, dont les hautes murailles, flanquées de huit bastions, étaient défendues par 1400 hommes, le couvent de Martinsberg avait une garnison de 200 soldats. A portée de canon, deux corps de garde, avec 25 reîtres chacun, étaient comme les postes avancés de la ville, et, tous les jours, 25 hussards faisaient le service d'éclaireurs dans les environs. A

1. *Syll. epist. vir. ill.*, I, p. 50, à Juste-Lipse, 21 avril 1587.
2. Berne, 468, n° 2 (H. Hagen, *Jac. Bong.*, p. 62).

Comorn, le château, garni de quatre bastions avec contrescarpes et parapets, renfermait des ateliers où l'on fondait des balles et fabriquait de la poudre. Sur le Waag, qui se jette dans le Danube à Comorn, et sur le Danube même, plusieurs centaines de barques (nassades), armées de pièces de campagne, surveillaient les rives des deux cours d'eau. Pour la garnison de Comorn, elle était de 400 hommes seulement, mais 200 hussards et quelques trabans (hallebardiers) couraient incessamment le pays pour donner la chasse aux Turcs. Pendant la nuit que Bongars passa à Comorn (17-18 avril), ceux-ci, impatients de réparer l'échec que leur avaient infligé, dix jours auparavant, le gouverneur de Comorn, Niclass Balfy, et le Français de la Roche, capitaine de Tota, avaient campé dans le voisinage de la ville. Leur présence avait été aussitôt signalée; reçus par des décharges d'artillerie, ils s'étaient retirés en hâte.

En Hongrie, les Turcs et les Autrichiens, comme naguère les Maures de Grenade et les Espagnols de Santa-Fé, se provoquaient à des combats en champ clos. Quoique un article de la trêve conclue en 1562 par Soliman II avec Ferdinand Ier défendît les duels entre les sujets des deux empires, l'usage ancien s'était conservé. Bongars parle d'un défi porté par onze Turcs de Weissenbourg à onze chrétiens de Comorn. De ces conflits renouvelés souvent et des violences réciproquement exercées naissaient des haines implacables. En 1554, l'ambassadeur de Ferdinand Ier à Constantinople, Busbek, arrivant à Gran, congédiait son escorte de hussards hongrois, de peur qu'elle n'en vînt aux mains avec les Turcs que le pacha de la ville envoyait à sa rencontre.

Sur les confins de la Hongrie autrichienne et de la Hongrie turque, des bourgs, Debreczin, Kyzalitelek, etc., relevaient à la fois de l'Empereur et du Sultan. Tous les ans, à des époques déterminées, on portait, en des lieux distincts, la part d'impôt revenant à l'un et à l'autre. Dans ces bourgs, en outre, il y avait deux juges, choisis l'un par le Sultan, l'autre par l'Empereur.

En Transylvanie, Bongars visita les villages de Millsbach, de Reismar, de Cibin et d'Hermanstadt, que des Saxons (Sassas) avaient fondés au XIIe ou XIIIe siècle. Ils étaient vastes et populeux; on y trouvait des églises bâties en forme de citadelles. Périodiquement, les délégués de ces villages s'assemblaient à Hermanstadt pour délibérer sur les intérêts communs. Les privilèges dont jouissaient les Saxons de Transylvanie remontaient au roi de Hongrie, André II; en 1878, la diète de Pesth les a abolis.

La partie de la Transylvanie comprise entre l'Aluta et le Maros était dite, au temps de Bongars, Siculia ou Zirkeland; aujourd'hui elle s'appelle pays des Szeklers. Les Sicules ou Szeklers, qui constituent encore une forte tribu parmi les Transylvains, prétendaient descendre des Huns; tous nobles, tous guerriers de naissance, ils étaient, dans la vie ordinaire, laboureurs ou pâtres. Il y a trois cents ans, ils étaient ennemis des Turcs; actuellement, ils ont, comme tout bon Madgyare, la haine du Slave.

De la Transylvanie, Bongars passa en Valachie (Blocksland), « où il entendit la plupart des habitants balbutier des mots latins ». Après avoir franchi le Danube à Giurgewo, il s'arrêta à Rouschtchouk, à Tschernovoda (Tour Noire) et à Rasgrad; traversa le Balkan par une route qui « semble

avoir été autrefois toute pavée »; aperçut, au sud de Choumla, Eskistamboul (Constantinople la Vieille), bourgade entourée de pierres blanches; enfin, le 13 juillet, il arriva à Pera, en suivant une voie bordée de tombes.

Bongars était encore à Constantinople le 4 août 1585. Ce qu'il y fit, ce qu'il y vit, on l'ignore, car son *Journal* s'arrête à la date du 13 juillet, et l'agenda qu'il portait toujours sur lui ne fournit aucun renseignement complémentaire. Seulement on lit dans sa *Cosmographie de l'Univers* [1] que la situation de Constantinople est la plus délicieuse qui se puisse imaginer, et que cette ville, « favorisée de la mer comme de la terre..., est quasi deux fois autan peuplée que Paris ». Du reste, si d'une phrase de l'une des lettres de Bongars il est permis d'inférer qu'aucun incident fâcheux ne signala son séjour à Constantinople [2], il ressort de tout ce qu'il a écrit depuis, qu'il conçut en Orient une profonde aversion pour la domination désordonnée et brutale des Ottomans; dans la suite, il appellera l'Europe à une nouvelle croisade. Dans sa correspondance, il s'étonne, il s'indigne que les princes, au lieu de s'unir contre les Infidèles, se divisent quand les Turcs sont aux portes ou plutôt au cœur même de la chrétienté; il flétrit Philippe II, qui, acharné à la perte de la France, a demandé au pape la permission de tourner contre elle les forces destinées à couvrir la Hongrie; il gourmande l'indifférence des Allemands en face des progrès du Sultan, et, de ceux qui s'attaquent aux Turcs, il dit : Ce sont les nôtres, *nostri* [3].

1. Berne, 692. Pour la partie de sa *Cosmographie* où il traite de la Turquie, Bongars n'a fait qu'analyser l'ouvrage d'Acanzius, *Turcici imperii status*.

2. *Coll. Lingels.*, p. 56, à Schoppius, 1599 : « Assurément j'ai vécu plus tranquille à Constantinople qu'à Rome. »

3. Ed. 1695, p. 8, à Peucer, 10 mai 1595; p. 391, 392, à Camerarius, 8, 15 août.

Au milieu des péripéties de son voyage, Bongars n'oubliait pas la France. Quand il était parti de Vienne, la lutte était déjà engagée entre la Ligue, voulant exclure Henri de Béarn de la succession au trône de France, et Henri III, qui se refusait à obéir à ses injonctions. Pour excuser les erreurs commises dans la copie de plusieurs des inscriptions qu'il avait recueillies en Hongrie et en Transylvanie, Bongars, quelques années plus tard, alléguait le trouble dont il avait été saisi à la nouvelle des malheurs de sa patrie. Il s'éloigna de Constantinople dès que l'accord conclu entre Henri III, vaincu, et les ligueurs, triomphants, eut donné le signal d'une guerre d'extermination contre les huguenots [1]. Quelle route prit-il pour se rendre à Francfort-sur-Mein, où on le retrouve en avril 1586 [2]? Bongars a négligé de l'indiquer. Passa-t-il par Rome? Cela est possible. Quoi qu'il en soit, la critique moderne a fait justice de l'assertion de Varillas, qui le montre, pendant la nuit du 6 novembre 1585, affichant dans le champ de Flore, à Rome, une réponse à la bulle que Sixte-Quint venait de fulminer contre le roi de Navarre [3].

Parlant l'allemand avec facilité, le latin avec élégance, Bongars fut, à la fin de l'année 1585 [4], chargé par Ségur-Pardaillan, ambassadeur du roi de Navarre auprès des princes d'Allemagne, de traduire plusieurs documents français en

1. *Syll. Epist. vir. ill.*, I, p. 50, Bongars à Juste-Lipse, 21 avril 1587 : « Je ne puis dire, cher J.-Lipse, combien, à mon retour de Constantinople, la lecture réitérée de votre *Constance* m'a donné de constance à moi-même... ou dès que la nouvelle des troubles de ma patrie m'eut rappelé au milieu de ma course, et que je fus tombé dans cette mer fameuse en naufrages. »

2. Cette date est fournie par l'*Album amicorum*.

3. H. Hagen, *J. Bongarsius*, p. 14-17.

4. *Mém.*, 7128, f° 5, au roi, 1598 : « Il y a treize ans que je continue le service de Votre Majesté. »

l'une ou l'autre de ces langues; il avait alors le titre de secrétaire interprète [1]. Bientôt (février 1587) il allait, de la part de Ségur, visiter le palatin Jean-Casimir, les ducs de Saxe et de Brunswick, le margrave de Brandebourg et l'administrateur de l'archevêché de Magdebourg. Pendant cette première mission, il s'arrêta à Nuremberg, où il connut Joachim II Camerarius. Les princes qu'il avait vus lui avaient remis des dépêches pour le roi de Navarre. Peu après (juillet), il leur portait les réponses de celui-ci. Enfin, en novembre, il se rendait à Lubeck, où le roi de Danemark, l'administrateur de Magdebourg et les électeurs de Brandebourg et de Saxe délibéraient sur une demande de secours que Henri de Béarn leur avait adressée [2].

Bongars leur représenta la nécessité d'augmenter le corps de troupes qu'ils avaient envoyé en France sous le baron de Dohna. Lorsque ce corps de troupes, entamé à Vimori, eut été détruit à Auneau, Dohna, décrié (en France on le chansonnait, en Allemagne on le vilipendait [3]), essaya de rejeter sur les Français la responsabilité de ce double échec. Dans un libelle, écrit en allemand, il leur reprocha leur lenteur, leur indiscipline, leurs perfidies. Le commandement, il ne l'avait, affirmait-il, exercé qu'en apparence; le duc de Bouillon, délégué du roi de Navarre, était le véritable chef de l'armée. Comme Châtillon ne l'avait rallié que fort tard, et comme les plus braves d'entre les Français avaient été trouver le roi de Navarre, ses forces étaient insuffisantes. De plus, le roi de Navarre l'avait laissé sans

1. Berne, 141, n° 257, Sancy à Bongars, 14 juillet 1590.
2. Bibl. nat., Vc Colbert, 401, *Négociations de M. de Ségur*, passim.
3. Leroux de Lincy, *Recueil des chants historiques de la France*, II, p. 403 et suiv.; — De Ruble, *Mém. de la Huguerye*, III, p. XVI.

nouvelles ni instructions, et ne s'était pas, après sa victoire de Coutras, avancé à la rencontre des Allemands et des Suisses.

A ce venimeux pamphlet, Bongars, sur l'ordre de Ségur, opposa un réquisitoire où Dohna et son conseiller, « son oracle », la Huguerye, sont pris à partie directement [1]. Quoi! Dohna, à qui le roi de Navarre serait en droit de dire, comme autrefois Auguste à Varus : Rends-moi, rends-moi mes légions, ose se faire accusateur! Mais les différents griefs qu'il produit, on peut les rétorquer contre lui.

Au lieu de passer promptement en France, Dohna s'est promené dans toute l'Allemagne, de sorte que l'ennemi, averti de ses projets, a eu le loisir de se mettre en état de les déjouer. Entré en Alsace, pays ami, il y a commis mille brigandages; il est vrai, il a ensuite épargné la Lorraine, parce que la Huguerye, traître envers Dieu et les Églises, était vendu au duc de Lorraine, cet impitoyable persécuteur des huguenots. Prétendre qu'il obéissait au duc de Bouillon, quand il est notoire que celui-ci s'était subordonné à lui, c'est mentir effrontément. Oui, Châtillon n'est pas arrivé au camp allemand dès le début des hostilités. La chose est facile à expliquer : pour aller en Champagne, où était Dohna, il a eu, venant du fond du Dauphiné, à traverser la Savoie et la Franche-Comté; là, des obstacles de toute nature ont entravé et ralenti sa marche. Si l'élite de la noblesse française n'a pas rejoint les Allemands, c'est que Dohna, placé par la faveur de Jean-Casimir à la tête des auxiliaires étrangers, était pour elle un inconnu, dont la

1. Gœttingen, *Hist. gall.*, 207^{m}, *responsio ad scriptum Baronis Fabiani a Donaw, germanice editum,* 1588.

naissance même était ignorée. Il est, d'ailleurs, inexact que le roi de Navarre n'ait pas tenu Dohna au courant de ses opérations et de ses desseins; maints messages l'en ont informé. Après s'être rapproché de la Loire pour donner la main aux Suisses et aux Allemands, le roi de Navarre a dû se rabattre sur le Midi, afin d'empêcher la réunion du maréchal de Matignon et d'Anne de Joyeuse dans le Bordelais. Une fois qu'il eut défait Anne de Joyeuse à Coutras, il fortifia les villes du Béarn que menaçaient les Espagnols. Déjà il se préparait à remonter vers le Nord quand il a su que les Suisses avaient renoncé à son service, et que Dohna, loin de se retirer, ainsi que Châtillon, dans le Vivarais, avait conclu avec Henri III la plus désastreuse, la plus honteuse des capitulations.

Insistant sur les revers de Vimori et d'Auneau, Bongars fait en quelque façon toucher du doigt la négligence et l'incapacité de Dohna. Aussi bien, entre celui-ci, qui, évitant les occasions périlleuses, vit dans les délices, et ses aïeux, qui ont, au prix de mille fatigues, de mille privations, de mille dangers, conquis la Prusse et vaincu les Tartares, aucune comparaison n'est possible :

Non his juventus orta parentibus
Infecit æquor sanguine Punico,
Pyrrhumque et ingentem cecidit
Antiochum, Hannibalemque dirum.

Mais c'est en vain qu'ayant déposé l'épée et saisi la plume, Dohna cherche à déshonorer les Français par de fausses allégations; il ne rétablira pas, en médisant d'eux, sa réputation qu'il a perdue en mal faisant.

Le langage de Bongars était mordant; Dohna fut piqué au vif. Bien escorté, il accourut à Francfort, huit jours avant la fin de la foire de Pâques (1588); Ségur et Bongars l'y avaient précédé. Pendant toute une semaine, Dohna demeura à Francfort, où, soir et matin, il festoya les gentilshommes présents. Souvent il se montrait dans les rues et sur les places publiques, s'arrêtait aux endroits où la foule était grande, et là, « triomphant de nos malheurs [1] », il se déchaînait contre ses alliés de la veille. En outre, il distribuait un second factum, encore plus outrageant que le premier pour ses anciens compagnons d'armes ; il l'avait fait en trois langues, l'allemand, le français et le latin. Il se flattait de n'être pas réfuté avant le départ des libraires qui, de tous les points de l'Allemagne, venaient, deux fois par an, acheter à Francfort les livres nouveaux. Il avait compté sans Bongars.

Avec une rare prestesse d'esprit, Bongars rédigea, en quelques heures, une réplique qui, imprimée immédiatement, se débita presque au même moment que l'attaque. Elle était composée dans le genre des *Litteræ obscurorum virorum* d'Ulric de Hutten. Dispensé, par l'exemple de Dohna même, d'user de ménagements, Bongars songe moins à tourner son adversaire en ridicule qu'à le flétrir ; au sarcasme succède l'invective [2].

Le thème de Bongars est celui-ci : il avait entrepris l'éloge du baron de Dohna, éloge qui commençait ainsi : « Tout homme qui est un bon chef de guerre triomphe des ennemis et ne fuit pas en sautant par-dessus les murailles.

1. Bibl. nat., *Ve Colb.*, 402, Ségur à la Noue, 6 juin 1588.
2. Berne, 141, n° 324; — H. Hagen, *Jac. Bong.*, p. 73.

M. Fabien, baron de Dohna, est un bon chef de guerre; donc, il a triomphé des ennemis et n'a pas fui en sautant par-dessus les murailles. Tout homme qui aime et boit le bon vin, a le cœur bon. M. Fabien de Dohna aime et boit le bon vin; donc il a le cœur bon. Et qui a le cœur bon est un bon homme de guerre, et d'un bon homme de guerre, on fait un bon chef de guerre; donc le baron de Dohna est un bon chef de guerre. »

Comme des actions nouvelles et peu communes ne sauraient être racontées qu'en un style neuf et point commun, il mêlerait la poésie et la prose. Déjà, s'inspirant de Virgile, il avait fait ce vers :

Vitra virumque cano, Rheni qui venit ab oris!

lorsque, ô contretemps! on lui avait affirmé que Dohna avait péché par impéritie et lâcheté, ainsi qu'on l'avait publié. Au lieu de se disculper, le baron s'imaginant qu'une atteinte peut encore être portée à son honneur, lequel il a laissé mort en France, réclame l'application à son contradicteur du châtiment édicté par les lois civiles contre qui calomnie les gens de bien, non contre qui dénonce les méchants; il le défie en champ clos quand il lui reste à prouver qu'il a eu le ferme propos de combattre en Lorraine et de traverser la Loire, ou bien que c'est en se réglant sur les avis qu'il avait reçus, qu'il a subi une déroute ignominieuse. Qu'il le sache : il ne donnera le change à personne par d'impudentes fanfaronnades.

Pour terminer, Bongars lance au baron cette insulte : « On va répétant que Votre Excellence est ce qu'on appelle en Allemagne un *Schelm* (coquin, chenapan), et qu'ainsi on la désigne tout haut aux foires de Francfort, sur la grande place de Heidelberg et dans toute l'Allemagne, et que, avec un coquin comme avec un cadavre, nul ne doit faire société si ce n'est le bourreau, auquel on recommande Votre Excellence! »

Cette réponse exaspéra Dohna; l'attribuant à Ségur, il parlait de le tuer. Il ne tenta pas l'aventure; mais il somma le magistrat de Francfort d'avoir à expulser de la ville l'envoyé du roi de Navarre. Comme il avait le ressentiment tenace, il chercha, dans la suite, à nuire aux Français [1]; pour l'apaiser, il fallut que Henri de Béarn consentît à l'employer de nouveau, quoiqu'il estimât peu ses talents militaires.

Vers la fin de l'année 1588, Bongars passa en Angleterre avec des lettres adressées par le roi de Navarre à Elisabeth Tudor et avec l'argent nécessaire pour faire des levées chez les Écossais. Ensuite il gagna la Hollande, où il décida les États-Généraux à fournir, à première réquisition, les 30 000 écus que, sur les instances de M. du Fay, ils avaient promis d'avancer à Henri de Béarn [2]. Après avoir rejoint celui-ci à Niort, il fut, à défaut de Ségur malade, dépêché en Allemagne [3] pour annoncer aux princes le meurtre des Guises, et pour requérir d'eux un concours d'autant plus actif que les circonstances étaient plus graves [4]. A Halle-sur-Saale, il rencontra un émissaire de Henri III, Baradat, venu pour emprunter les 300 000 écus sans lesquels son maître ne

1. Berne, 149 B, n° 36, Bongars à..., juin 1590.
2. Berne, 149 B, n° 433, Bongars à Benedictus von der Borcht, 1590.
3. *Lett. miss.*, II, p. 430, le roi de Navarre au baron de Leychstein, 12 fév. 1589.
4. Berne, 149 B, n° 99, le roi de Navarre à un prince d'Allemagne : « Le roi ayant fait un si beau coup (le meurtre des Guises), c'est aux princes d'Allemagne à songer à ce qui est de leur devoir. »

pourrait équiper des troupes contre les ligueurs [1]. Avant de s'engager envers Baradat, l'administrateur de Magdebourg (il résidait à Halle) demanda à Bongars si l'Allemagne protestante devait aider Henri III. La question n'était pas prévue dans l'instruction que Bongars avait reçue. Parce qu'il jugeait qu'un rapprochement entre l'assassin des Guises et la Ligue était très peu probable, il dit que les princes avaient, à cette heure, occasion de faire un grand bien à la France, de lui rendre ce qu'autrefois elle leur avait prêté... « et de donner un grand coup de pied au pape... », car assister Henri III, c'était secourir Henri de Béarn; par là « la France serait délivrée, les rebelles châtiés, les affaires du roi de Navarre assurées et la religion plantée [2] ».

Sans doute, lorsque Bongars avait quitté la France, la réconciliation de Henri de Béarn avec Henri III paraissait certaine; il lui avait même été enjoint de déclarer que cet événement, qui allait changer la face du royaume, n'altérerait pas les dispositions du roi de Navarre à l'égard des princes; heureux ou malheureux, Henri de Béarn serait toujours le serviteur de Dieu et le défenseur de l'Église [3]. Sa réponse toutefois pouvait être hasardée; Bongars le comprenait si bien qu'il écrivait à Ségur : « Si j'ai trop entrepris sans charge, j'ai pensé bien faire. S'il y a de la faute, j'espère que je trouverai bien moyen de l'amender, Dieu aidant [4]. »

Bongars ne devait pas être désavoué par Henri de Béarn

1. Egerton, p. 392, instruction pour Baradat; — Bibl. nat., *Ve Colb.*, 18, f° 26; — Aff. étr., *Allemagne*, III, f° 138.
2. Ed. 1695, p. 645, à Ségur, 3 mai 1589.
3. Ed. 1695, p. 5, Bongars à Distelmayer, conseiller du margrave de Brandebourg, 29 avril 1589.
4. Ed. 1695, p. 645, 3 mai 1589.

qui, au même moment, recommandait à Élisabeth Tudor « la cause si commune et si juste » du roi de France [1]. A dater de ce jour, où il avait montré de la clairvoyance et de la netteté, il fut constamment employé en Allemagne. Subordonné d'abord à MM. de Sancy, de Turenne et de Fresne-Canaye, il devint, en 1593, résident pour le roi de France auprès des princes du Saint-Empire. En résumé, voici ce qu'il eut à faire : armer les princes en faveur de Henri IV ; combler, par des emprunts négociés en tous lieux et à toutes conditions, le vide du Trésor royal ; après la conversion de Henri IV au catholicisme et la défaite ou la soumission des ligueurs, maintenir le faisceau des alliances contractées pour amener par la crainte ou la force la branche allemande de la maison d'Autriche à observer la neutralité, et la branche espagnole à conclure la paix ; le traité de Vervins une fois signé, dissiper les ombrages d'une partie de l'Allemagne, qui se considérait comme livrée par Henri IV aux vengeances de l'Espagne ; détourner les créanciers du roi d'exiger des remboursements avant que la France eût recouvré, par l'effet d'une administration régulière, son ancienne prospérité ; persuader aux Allemands d'oublier, en vue de l'abaissement de la maison d'Autriche, leurs rivalités politiques ou leurs divergences confessionnelles ; enfin, préparer l'*Union évangélique* sur laquelle Henri IV s'appuierait pour faire valoir les droits des maisons de Brandebourg et de Neubourg aux duchés de Clèves et de Juliers.

Sans une prodigieuse activité, Bongars n'aurait pas suffi à sa tâche. Ainsi qu'un maître de postes, *magister posta-*

1. *Lett. miss.*, II, p. 431, le roi à Cécil, 13 mai 1589.

rum [1], il était toujours par voies et par chemins. Pour donner une idée de ses fréquents déplacements, on signalera, pendant les neuf derniers mois de 1609, sa présence à Paris (avril), à Francfort et de nouveau à Paris (mai), à Strasbourg (juin), à Cassel (juillet), à Berlin (août), à Francfort (septembre), pour la troisième fois à Paris (octobre), à Dusseldorf et à Cologne (décembre).

Quand il s'agissait du service de la France, ni les soins à donner à sa santé, de bonne heure ébranlée, ni le souci de réparer les brèches faites à sa fortune privée, ni même la perspective de former une union ardemment désirée, n'arrêtaient Bongars.

Bongars n'avait pas encore trente-neuf ans révolus, et déjà il se sentait chaque jour plus faible et comme surpris par une vieillesse anticipée [2]. D'après les symptômes qu'il indique à Camerarius, il souffrait d'un asthme. Cette affection se compliqua de la goutte : « Je suis pris par les pieds, et pourtant il faut marcher [3] ». Il partira le lendemain pour Nuremberg. Vainement il essayait de suspendre les progrès de la maladie par l'usage des eaux minérales de Petten, de Baden-Baden ou de Kitznach. Tellement vives étaient les douleurs, qu'elles le privaient de tout sommeil. Un seul remède, le laudanum de Paracelse, le soulageait. En lui procurant quelques heures de repos, il rendait, disait-il, la vie à un homme mort [4]. Avec les années, de fréquents accès de fièvre et des dysenteries prolongées achevèrent de

1. Ed. 1695, p. 398, à Camerarius, 24 août 1595. Le coureur, tel est le terme par lequel le désigne un chiffre du temps (*Mém.*, 7131, f° 227).
2. Ed. 1695, p. 290, à Camerarius, 4 juillet 1593.
3. Ed. 1695, p. 539, à Camerarius, 4 décembre 1596.
4. Ed. 1695, p. 635, à Camerarius, 29 septembre 1598.

l'épuiser. Et pourtant, dût-il expirer en route, il n'hésita jamais à courir là où le roi jugeait que sa présence était nécessaire.

Après le sacrifice de sa vie, Bongars a fait à son pays celui de ses intérêts personnels. Pendant la seconde moitié du XVIe siècle, la carrière diplomatique était, pour les Français qui la suivaient, une cause d'embarras ou de ruine. Sous Henri II, Codignac, chargé d'affaires à Constantinople, reçut, pour ses états, « de si bonnes assignations que son écu ne lui valut jamais vingt sous [1] », et sous Henri III, la Mothe-Fénelon et le marquis de Pisany, ambassadeurs à Rome, Ancel, ambassadeur à Prague, et Danzay, ambassadeur à Copenhague, furent souvent forcés, faute d'entretien, de contracter des dettes. L'un d'eux, Ancel, écrivait à Henri III : « Si j'étais engagé pour mon particulier, le déshonneur de la banqueroute que je me vois contraint de faire importerait de bien peu ; mais y étant intéressée la réputation de Votre Majesté, et ce en une cour impériale comme théâtre de toute la chrétienté, j'aurais immortel regret d'être instrument d'une telle faute [2] ». Les mois s'écoulant sans qu'il fût rien fait pour lui, il disait encore : « Si j'ai mérité la mort pour avoir employé mon âge en cette charge, je vous supplie, pour le moins, qu'elle soit moins cruelle que celle de la faim [3] ». Aussi pressante était la prière de M. de Danzay, qui, devant à tout le monde, était menacé de finir ses jours en une ignominieuse prison, « comme un larron trompeur et affronteur [4] ».

1. *Négociations de la France dans le Levant,* II, p. 383, Codignac à l'évêque de Lodève, 24 avril 1557.
2. Bibl. nat., *F. F.*, 3393, 16 juin 1587.
3. Bibl. nat., *F. F.*, 3393, à Crosne-Genlis, conseiller d'État, 23 février 1588.
4. Bibl. nat., *Ve Colb.*, 398, fo 911, Danzay à Henri III, 18 août 1589.

Pendant le règne de Henri IV, la condition des envoyés français à l'étranger ne s'améliora point. Sans revenir sur Ancel, qui, en 1594, ne pouvait quitter Prague parce que ses créanciers n'entendaient pas, en le laissant partir, se dessaisir de leur gage, on nommera MM. de Boissise, de Beauvoir et de la Boderie, du Tour et de Brèves, qui, pour couvrir les frais généraux de leurs missions en Angleterre, en Écosse, à Constantinople, ou hypothéquèrent ou abandonnèrent leurs propres biens. Le dénuement où ils étaient tombés avait inévitablement jeté du discrédit sur la couronne de France. C'est cette considération qui explique et justifie la vivacité avec laquelle Bongars s'immisça dans le démêlé de M. de Fresne-Canaye avec Joachim Camerarius et Nutzel, de Nuremberg.

Entre 1591 et 1593, de Fresne n'avait absolument rien reçu de Henri IV, bien que, suivant ses expressions, « si l'on voulait que sa petite lampe servît, il fallait y mettre de l'huile ». Rentré en France, il chargea Bongars de demander à Nutzel et à J. Camerarius, qui lui avaient avancé de l'argent, d'ajourner leurs réclamations. « Mes terres sont toutes en friche et en désert; les deux tiers de mes pauvres sujets sont morts. Il est presque impossible de trouver des fermiers et laboureurs; ceux qui me doivent sont aussi ruinés que moi, et la calamité est si grande que le roi même a été forcé de faire un règlement sur les dettes. Quant à ce que Sa Majesté me doit, je n'en puis retirer de deux ans... car les récompenses qu'elle est contrainte de donner aux gouverneurs du parti contraire qui reviennent à son obéissance, emportent non seulement le plus beau et le plus clair de ses finances, mais aussi une bonne partie de son domaine. »

Le délai que sollicitait de Fresne et qu'il obtint par l'intermédiaire de Bongars, fut insuffisant : en 1596 comme en 1594, il était toujours le débiteur de Camerarius et de Nutzel. Il eut le tort de ne pas répondre, pendant deux ans, aux dépêches où Bongars le pressait de s'acquitter. Entre M. de Fresne, qui s'obstinait à se taire, et MM. de Nuremberg, qui accusaient toute la nation française de déloyauté parce qu'un seul Français leur avait manqué de parole, la position de Bongars était difficile. Il s'affligeait des imputations dirigées contre ses compatriotes, tout en jugeant que la conduite de M. de Fresne était inexcusable. Que n'était-il assez riche pour satisfaire du sien MM. de Nuremberg? Pour comble de peine, il apprit que Nutzel et Camerarius doutaient de son zèle. Sa patience était à bout. Il commença par leur fermer la bouche en rappelant, non sans hauteur, ce qu'il avait fait pour eux, quoiqu'il ne leur dût rien. En même temps, il adressait à de Fresne une lettre si sévère que celui-ci, rompant enfin le silence, lui écrivit pour se plaindre de l'amertume de son langage. La réplique de Bongars pourrait être citée tout entière, tant l'accent en est ferme et élevé. On se bornera à en extraire les lignes suivantes : « Je ne me veux comparer à vous, mais la première chose que j'ai faite a été de vendre à mon frère le bois Bauldry au-dessous de moitié, pour payer ce que je devais en Allemagne et en Angleterre. Si j'eusse attendu que le roi m'en eût donné les moyens..., je n'en serais pas encore sorti, et ceux qui nous prêtent n'ont que faire de ce que le roi nous doit [1]. »

1. Berne, 149 B, n° 10, 16 mars 1597.

Bongars disait vrai. Lorsqu'il eut été réduit, dans la suite, à céder, presque à vil prix, la Chesnaye et ses dépendances, il n'eut plus d'autres ressources que son traitement de cent livres par mois. Or, ce traitement ne lui fut jamais payé régulièrement. Dès 1590, il avait à réclamer un arriéré. Si de loin en loin il reçut des gratifications (500 écus sol en 1594, 2000 en 1598, 3000 en 1605), sa gêne était toujours extrême. Découragé, il déclarait en 1598 à Sancy que, son compte une fois réglé, il renoncerait à la vie publique, « pour n'ouïr plus parler de la cour ni des courtisans et se retirer pour dire ses heures et prier Dieu pour le roi [1] ».

Après Sancy, Villeroi fut le confident de ses embarras pécuniaires. « Il n'y a, lui disait-il, ni Turc, ni Tartare, ni Moscovite, ni diable au monde, duquel je n'eusse tiré quelque commodité si je lui eusse rendu autant de services que j'ai fait à Sa Majesté, de laquelle si tant s'en faut que je tire quelque profit que je ne puis tirer le pain que j'ai mangé [2]. » Au commencement de 1602, la moitié de l'année 1601 lui était due, et il était en avance de mille écus. Alors il recourut à Henri IV. « J'ai vendu mon bien pour payer mes vieilles dettes, lui écrivait-il; je n'en ai plus pour les dernières [3]. » Et comme Henri IV, dans sa dépêche du 23 mai 1602, avait annoncé qu'il allait être fait droit à ses demandes, il lui répondait : « Sire, je me promets que les belles paroles desquelles Votre Majesté a voulu fermer sa dépêche seront bientôt suivies de bons effets. Si elle veut, il se fera; s'il ne se fait, elle ne le veut pas [4]. » Cependant,

1. Ed. 1695, p. 605, mai 1598.
2. *Mém.*, 7128, f° 7, mai 1598.
3. Bibl. nat., *F. F.*, 15577, f° 113, 6 mai 1602.
4. Bibl. nat., *F. F.*, 15577, f° 185, 17 juin 1602.

quelques mois plus tard, Bongars était obligé de revenir à la charge. « Je prie Dieu, ajoutait-il, qu'il donne à Votre Majesté des serviteurs qui aient plus de moyens de la servir que moi; de plus d'affection, Votre Majesté n'en trouvera point [1]. »

L'intervention de Villeroi ou encore la bienveillance de Henri IV furent quelquefois inutiles, parce que le surintendant, M. de Rosny, ou le trésorier de l'Épargne, François Hotman, ne manquaient jamais de raisons pour ne pas délier les cordons de la bourse royale. Fort de l'assentiment du prince, Villeroi abordait-il à Fontainebleau M. de Rosny pour l'entretenir des intérêts de Bongars, le surintendant se dérobait, sous prétexte qu'à Fontainebleau on ne s'occupait pas d'affaires [2]. Poussé jusque dans ses derniers retranchements, avait-il, en 1605, ordonnancé la somme de 3000 écus que Henri IV avait accordée à Bongars, le trésorier de l'Épargne, pour ne rien donner, alléguait que le surintendant n'avait assigné la somme sur aucun fonds. De plus, il refusait à Bongars, rentré en France avec permission royale, ses gages ordinaires, par le motif que ceux-ci étaient faits pour l'agent résidant en Allemagne, et non pour Bongars, qui alors était à Paris [3]. De pareils procédés, souvent renouvelés, finirent par exaspérer Bongars contre le surintendant et ses subordonnés. Telle était son antipathie, en particulier pour M. de Rosny, que si par défé-

1. Bibl. nat., *F. F.*, 15578, f° 7, 11 janvier 1603. En 1603, il était dû à Bongars, pour son *appointement* de résident et de secrétaire interprète, 2955 écus sol. De plus, assigné pour ses gages de l'année 1602 sur la recette de Poitiers, il n'avait encore rien reçu (Bibl. nat., *F. F.*, 15923, f° 370, bref état de ce qui est dû à M. de Bongars).

2. *Mém.*, 7129, f° 246, Villeroi à Bongars, 20 mai 1603.

3. *Mém.*, 7128, f°s 212, 213, Bongars à Villeroi, 8, 17 juillet 1605.

rence envers ses amis, il s'était présenté à son audience, rien ne le satisfaisait plus que de n'être pas admis [1].

Chaque jour, la pauvreté de Bongars allait en augmentant. Si grande elle était, que Bongars hésita, en 1607, à quitter l'Allemagne, bien que, pour rétablir sa santé, il eût besoin du doux climat de la France. Sans l'assistance du Strasbourgeois René Gravisset, il serait tombé dans la misère. D'autres Français, et des plus notables, Turenne et Sancy, avaient été aidés par Gravisset, qui était si riche qu'au dire de l'Écossais Ramsay, mille ducats lui étaient moins que cinquante à beaucoup d'autres. Propriétaire du magnifique domaine de Luebeck, en Argovie, il possédait à Bâle une maison pourvue d'un mobilier splendide. Mais il ne s'était procuré l'argent dont Sancy et Turenne avaient eu besoin qu'en se jetant à corps perdu dans une mer de dettes et d'affaires [2]. Il comptait sur un prompt remboursement. La lenteur avec laquelle s'exécuta le gouvernement français lui causa un grave préjudice, car il avait à servir à 8, à 12 et même à 16 pour cent, les intérêts du capital emprunté. En 1607, malgré les instances de Bongars, il n'était pas encore complètement indemnisé [3]. Du moins

1. Marbault, *Réflexions sur les Sages et roy. Œc.*, p. 46. Sous Louis XIV, les représentants de la France à l'étranger n'étaient pas plus régulièrement payés qu'au temps de Henri IV (V. Geffroy, *Nos Diplomates sous Louis XIV*, Revue des Deux Mondes, 1er avril 1885, p. 580). L'un des premiers soins du Régent fut de remédier à leur misère. « Ils étaient, raconte Saint-Simon, tellement en arrière qu'il y en avait plusieurs qui, depuis plusieurs mois, n'avaient pas de quoi retirer leurs lettres de la poste et les y laissaient. On comprend l'inconvénient de cette misère pour les affaires, et par le mépris où ils ne pouvaient éviter de tomber dans les divers pays où ils étaient employés, et où ils mouraient de faim, après s'être endettés partout » (*Mém.*, XIII, p. 348).

2. *Mém.*, 7131, f° 561, Bongars à Villeroi, sans date.

3. Ed. 1695, p. 677 et suiv., Bongars au roi, à Rosny, à Villeroi, 1599; — *Mém.*, 7126, f° 334, à Villeroi, 29 octobre 1599; 7127, f° 293, à Bouillon, sans date; 7131, f° 561, à Bouillon, à Sancy, à Rosny, 1601, etc.

Bongars, qui convenait lui devoir plus qu'à homme du monde [1], trouva pour se libérer lui-même un expédient qui a préservé de l'oubli la mémoire de son bienfaiteur.

Dès sa jeunesse, Bongars avait eu la passion des livres, et toute sa vie il tâcha de se composer une bibliothèque abondante en éditions rares. Le 19 janvier 1604, il écrivait à Lingelsheim : « A Bourges, mon principal soin a été de rechercher les restes de la bibliothèque de Cujas. Vous rirez de bon cœur de voir que dans un temps où tout le monde accourt ici (à Paris) comme à une foire pour tirer de l'argent du roi, moi, homme de cour et fort peu en fonds, je tourne le dos à la fortune, et je cherche les lieux les plus écartés pour dissiper mon bien à acheter des livres maculés et à demi rongés. Telle est mon avarice, et je ne regrette ni ma peine ni mon argent. Puissé-je jouir de ces livres libre et tranquille, et alors je n'envierais ni les trésors de M. de Rosny, ni les montagnes d'or des Perses [2] ! »

Déjà Bongars avait acquis ou reçu en don des portions considérables de deux autres bibliothèques, celle de l'évêché [3] et celle de la Chartreuse de Strasbourg. En outre, il avait partagé avec son cousin Paul Petau la

1. *Mém.*, 7130, f° 144, à la ville de Strasbourg, mai 1602.

2. Berne, 149. B, n° 200. Sur un exemplaire de Martial, Bongars a inscrit ce distique :

Sponte fui pauper, tam re quam nomine Felix,
Quæsivi nomen; quærat avarus opes.

3. Dans les Archives municipales de Strasbourg, il existe une lettre dont M. le docteur Brucker a bien voulu prendre copie pour nous. Adressée par Frédéric IV, comte palatin du Rhin, à M. D. Polandt et à J. Statuarius (7 octobre 1608), elle rappelle le don fait à Bongars d'un certain nombre d'ouvrages, en récompense du zèle avec lequel il a servi le chapitre de Strasbourg pendant sa querelle avec le cardinal Charles de Lorraine.

bibliothèque de Pierre Daniel, provenant presque entièrement de l'abbaye de Fleury, en Orléanais. Entre les collections où il avait puisé, on signalera aussi celles de Frédéric Sylburg et du monastère de Metz. Vers 1612, il possédait en tout 500 ou 600 manuscrits et plus de 3000 volumes imprimés. Plusieurs des manuscrits étaient ornés de vignettes ou de gravures, et sur les 3000 volumes imprimés, 1300 environ étaient des incunables. Ce qui augmentait le prix de la bibliothèque de Bongars, c'est que sur un assez grand nombre d'ouvrages figuraient des annotations ou des commentaires dus aux érudits du temps, et quelquefois à Bongars lui-même [1].

Cette bibliothèque, dont Joseph-Juste Scaliger dit qu'elle valait par la quantité plus que par la qualité, Bongars la laissa au fils de René Gravisset, Jacques. Son testament débute ainsi : « Je prie mes frère et sœur de consentir à la disposition que je fais du peu de bien que j'ai. Je ne leur en veux point faire de tort, mais je désire témoigner à ceux qui m'ont aimé que je les aime [2]. » De tout temps il s'était intéressé à Jacques Gravisset, qui peut-être était son filleul. Quand cet enfant, dont Ramsay avait dirigé et Lingelsheim surveillé les premières études, était venu de Heidelberg à Bâle pour recevoir les leçons de Zwinger, Bongars l'avait recommandé à son nouveau maître dans des termes touchants [3]. Par le présent qu'il lui fit il cherchait

1. H. Hagen, *Catalogus codicum Bernensium,* Berne, 1875, p. 515 et suiv.

2. *Mém.*, 7131, f° 571. Il est vrai, la pièce, inachevée, ne mentionne pas le legs fait à J. Gravisset, mais Lingelsheim, dans une lettre écrite au magistrat de Bâle (19 janvier 1632), affirme que Bongars, par son testament, avait attribué ses livres à J. Gravisset, pour l'assister dans ses études. Au cas où Jacques ne s'en servirait pas, un fils de Lingelsheim lui serait substitué.

3. Coll. Zwinger, *Epist. lat.,* VIII, ms. II, 8 et 28 avril 1609.

à lui rendre plus facile l'acquisition de la véritable science. En 1622, Jacques Gravisset recueillit le legs de Bongars, jusque-là laissé à la garde de Lingelsheim. Bientôt il se fixait à Berne et entrait, par mariage, dans l'une des vieilles familles de cette ville, celle d'Erlach. Investi du droit de cité et reçu parmi les Deux-Cents, corps privilégié où se recrutaient les magistrats de Berne, il donna en 1632 à sa patrie d'adoption la bibliothèque de Bongars, sous la condition qu'elle serait placée dans un local distinct et ouverte au public. On la transporta de Bâle où, en dernier lieu, elle était conservée, à Berne. Dès 1534, un catalogue de la *Bibliotheca Bongarsiana* était dressé. Au XVIIIe siècle, J.-R. Sinner, et au XIXe, Hagen, ont, du moins pour la partie des manuscrits, refondu ce travail. qui, en dépit du mérite de ses auteurs, Hortinus et Conrad Schoppius, était défectueux [1].

Il y avait onze ans déjà que Bongars servait Henri IV lorsqu'il obtint son premier congé. Seulement il lui fut enjoint de différer son voyage en France jusqu'à l'arrivée d'Ancel, qui, appelé d'Angleterre en Allemagne, avait ordre de s'arrêter quelques jours en Hollande. N'était-il pas nécessaire qu'Ancel fût informé par Bongars de l'état des choses? Il se fit attendre. Bongars le suppliait de se hâter; il irait à Brême, à Stade, à Hambourg, partout où il pourrait le trouver; car il était impatient de s'aboucher avec lui. Ensuite il rentrerait en France pour s'y marier [2].

Celle qu'il songeait à épouser, Odette Spifame de Cha-

1. H. Hagen, *Catalogus*, p. XX et suiv.
2. Ed. 1695, p. 56, à Hutten, 26 mars 1596; p. 660, à Ancel, 12 juillet.

longe, avait eu pour aïeul ce François de Briquemault, qui, peu après la Saint-Barthélemy, fut pendu en Grève comme complice du prétendu complot de Coligny. Son père, André Spifame, écuyer, sieur de Chalonge, était un zélé calviniste. De Mlle de Briquemault il avait eu trois fils et une fille. Ses trois fils avaient péri en combattant pour Henri IV, soit pendant les troubles civils, soit pendant la guerre de Savoie. Quant à sa fille, elle fut dès 1581 destinée à Bongars. Il l'avait rencontrée à Paris chez sa parente, Mme de la Noue, qui élevait Mlle de Chalonge, orpheline de mère depuis 1568. Non moins que Mme de la Noue, Odette se distinguait par les plus hautes qualités du cœur et était experte dans tous les arts dont la connaissance sied à une demoiselle noble [1].

La passion que Bongars ressentait pour Mlle de Chalonge était partagée. Mais l'existence errante qu'il menait fit plusieurs fois ajourner des noces souhaitées de part et d'autre. Ces délais finirent par n'être pas du goût de M. de Chalonge. « M. de Chalonge, écrit Bongars, a estimé que l'amour que je portais à Mlle de Chalonge traînait trop longtemps son effet. Il en a voulu avoir quelque assurance [2]. » Sans avertir son futur gendre, il se rendit avec sa fille à Strasbourg. Bongars, qui faisait alors une cure d'eau à Petten, accourut et lui donna toutes les satisfactions demandées : le 28 mai 1596, il se fiança à Odette *par paroles de présent;* il l'épouserait dès qu'il aurait reçu l'acquiescement de sa sœur et de son beau-frère aux clauses pécuniaires contenues dont le contrat passé devant le notaire impérial et

1. Berne, 145, n° 27.
2. Berne, 149 B, n° 459, à Mme Lequeux, 10 juin 1596.

greffier du Conseil des Quinze [1]. « Puisse, lui mandait Casaubon, puisse cette union être heureuse pour vous et pour celle qui n'est plus seulement désirée, mais qui vous est engagée et promise! C'est le vœu que j'adresse en suppliant au très bon et très puissant Dieu. » Le vœu de Casaubon ne devait pas être exaucé.

Après l'entrevue de Strasbourg, Mlle de Chalonge était retournée à Paris; elle habitait chez Mme Lequeux, au Temple [2]. Bongars se proposait de la rejoindre bientôt. Cependant, comme Ancel était retenu en Hollande et comme lui-même fut envoyé à Francfort, à Nuremberg, à Anspach, à Stuttgardt, il ne se résigna point à retarder encore l'accomplissement de son plus cher projet. Sur ses instances, Mlle de Chalonge, accompagnée de son père, partit pour Bâle, où Bongars, de son côté, s'était transporté. Arrivée à Montbéliard, elle apprit que Bongars avait été rappelé à Strasbourg; elle y vint elle-même. « Elle y fut reçue, raconte Bongars, de mes amis et de moi avec une allégresse extrême, et puisque je ne pouvais, pour le moment, m'absenter de Strasbourg, nous délibérâmes de nous y marier. Mais pendant qu'on faisait les préparatifs, Dieu mit sa main sur nous. Le huitième jour de son arrivée, elle fut prise de fièvre, et quatre jours après elle rendit au ciel son âme bienheureuse. Ce n'est que deux ou trois heures avant sa mort que nous sûmes que son mal était contagieux. Ainsi Dieu a changé l'excès de ma joie en un excès de deuil; il a voulu que je fusse veuf avant d'avoir été marié [3]. » Comme le docte

1. Berne, 143, n° 28.
2. Berne, 149 B, n° 459. — Ed. 1695, p. 492, à Camerarius, 13 août 1596.
3. Ed. 1695, p. 67, à Stuckius, 8 février 1597.

Mélissus avait composé un épithalame en son honneur, Bongars disait : « Maintenant il me doit une épitaphe..., car c'est à peine si je compte parmi les vivants ».

C'était le 1er février 1597, jour marqué pour la célébration du mariage, que Bongars avait perdu Odette. Le 9, il écrivait à Camerarius : « Il faut que je me fasse violence pour répondre à votre épître du 10 janvier. Votre bonté excusera mon silence et la brièveté de cette lettre, car vous connaissez le poids du mal qui m'accable : toutes mes espérances détruites, ma force anéantie ; enfin je me cherche sans me trouver. Je ne reviens à moi que lorsque, à de rares intervalles, au milieu des ténèbres qui m'aveuglent, je lève lentement les yeux de mon esprit vers l'auteur et le père de tous les hommes, et que je lui demande, à lui seul, la consolation d'une vie meilleure [1]. »

1. Ed. 1695, p. 547. Quand Peucer était devenu veuf, Bongars ne lui avait point écrit; « en effet, charger le papier de condoléances, ce serait perdre son papier et son temps. C'est ce que Muret dit dans des vers élégants : Maître, si les plaintes, les pleurs, les lamentations, étaient un bon remède pour les maux des mortels, il faudrait acheter les larmes au poids de l'or. Mais tout cela n'est pas plus efficace pour soulager nos peines que les complaintes des pleureuses pour ressusciter les morts. La raison, et non des larmes, voilà ce qu'il faut au malheur » (éd. 1695, p. 448, à Camerarius, 21 mars 1596). Atteint à son tour, Bongars répondait à un ami qui n'avait pas observé la même réserve : « Je ne veux pas nier que votre lettre du 20 de février ne m'ait porté beaucoup de consolation, et je trouve bien quelquefois des diversions, mais je ne trouve pas de guérison. Il y a bien à dire de la théorie à la pratique. Je vous confesserai librement que toutes ces belles et spécieuses raisons, qui, autrefois, me sembloient si fermes et si solides, au fait ne m'ont semblé que du vent, et m'était avis qu'on me battait les oreilles d'une cloche qui avait le battant de bois » (Berne, 149 B, n° 449, 15 mars 1597). — Le n° 7131 des *Mém.* (fos 375 et suiv.) et le mss. 149 B de Berne (nos 441, 468) contiennent les minutes de billets que Bongars adressa en 1603 à une autre maîtresse. Avant de l'épouser, il voulait reconstituer son patrimoine. « Ne croyez pas, lui dit-il, que ce soit pour moi que je cherche de ravoir et d'éclaircir ce qui m'appartient; il y aura bien peu de pain au monde si je n'en trouve assez pour saouler ce ventre. J'appréhende de voir ce que j'aime, ce que j'honore, au-dessous de son mérite. » Comme on parlait de rivaux qui ne se déclaraient pas : « Que suis-je, s'écrie-t-il, qui les puisse empêcher? S'ils sont de ma qualité, c'est-à-dire chargés d'ans et légers d'argent, vous n'y perdez rien... S'ils sont jeunes et riches, certes ils ont faute de cœur de n'oser entreprendre sur un misérable vieillard pour un

Cependant les malheurs publics, sans lui ôter le sentiment des siens, l'en divertissaient. « La vision de la femme, au IVe livre d'Esdras, m'y sert; car en quel nombre sont les calamités de Sion! » Au moment où il traçait ces lignes, un revers inattendu aggravait singulièrement la triste situation de la France. Déjà maîtres de Calais, de Guines, de Ham, d'Ardres, les Espagnols surprenaient Amiens ; ils pouvaient faire des courses jusqu'aux portes de Paris et attaquer la capitale elle-même. La correspondance de Bongars nous initie à la profonde émotion qu'il éprouva à la nouvelle de ce désastre national; elle indique les circonstances qui avaient facilité l'entrée des Espagnols dans Amiens, et, en outre, les premières conséquences de cet incident déplorable [1]. Du reste, elle nous entretient de bien d'autreschoses encore.

Au XVIe siècle, on n'était, le plus souvent, mis au courant des événements que dans les foires ou au moyen de lettres particulières. Francfort-sur-Mein, à l'époque où se tenait son immense marché, était plus que ville du monde un lieu d'informations, car « c'était là où la grande cloche se venait toujours fondre [2] », c'est-à-dire où se prenaient les décisions qui précèdent l'action. A Francfort affluaient gens de tous pays et de toutes conditions. Sans parler des commerçants, on y rencontrait des bourgeois désœuvrés dont tout spectacle excite la curiosité; des colonels ou capitaines de partisans « venus pour voir d'où soufflait le vent [3] » ; des lansque-

tel bien. » Du reste, Bongars ne s'est point marié; à ce nouveau roman il manque un dénouement.

1. Ed. 1695, p. 555, 560, 563, à Camerarius, 24 mars, 3, 8 avril 1597.

2. Bibl. nat., *V^c^ Colb.*, 398, f° 809, Schomberg à Brûlart, 27 février 1586.

3. Egerton, *Négoc.*, p. 305, lettre de M. de Beauvoir.

nets ou des reîtres en quête d'une solde, « l'argent pour les levées ayant accoutumé de se débourser à Francfort [1] » ; des évêques, des abbés, qui voulant, après avoir jeté le froc aux orties, garder leurs bénéfices, cherchaient dans la noblesse des protecteurs, et parmi les aventuriers des auxiliaires ; des margraves, des comtes, des ducs, voire des princes, avides de festoyer ensemble ; des ambassadeurs étrangers chargés par leurs cours de négocier des emprunts ; une foule de maîtres accourus des diverses académies de l'Europe pour débattre dans les boutiques des libraires les plus graves problèmes de philosophie, d'histoire et de mathématiques [2] ; enfin, « toutes sortes d'empiriques » qui, paraît-il, en savaient plus, pour la guérison de certaines maladies, que les médecins [3]. Au milieu d'un tel concours de personnes se débitaient des nouvelles vraies ou fausses, dont on composait au jour le jour une *gazette*. Quand elle était intéressante, Bongars l'envoyait à Villeroi [4]. Pour ce même ministre, il rédigeait des notes d'après les indications que des copistes gagés avaient transcrites sous la dictée de ses amis ; il y était parlé de la Hongrie, de la Pologne, de la Suède, de la Moravie, de la Transylvanie, etc.

En même temps, Bongars, d'après les *Discours* qu'on lui avait expédiés de France, adressait à Camerarius, à Peucer, à Calandrin, à Lingelsheim, le récit des opérations militaires du roi ; surtout il s'empressait d'annoncer les avantages que Henri IV avait remportés, parce qu'il avait remarqué « que les bons succès avaient en Allemagne plus de force que les

1. Bibl. nat., *Vc Colb.*, 398, d'après Ancel.
2. Henri Estienne, *Francofordiense Emporium*.
3. Bibl. nat., *F. F.*, 15920, f° 66, Bongars à Villeroi, 3 avril 1606.
4. *Mém.*, 7129, f° 198, Villeroi à Bongars, 27 juillet 1602.

bonnes raisons ». Après Arques, après Ivry, ces premières victoires du règne, maints princes allemands s'étaient hâtés « de s'allier avec le printemps de notre bonheur, afin de n'être pas méprisés au temps de la moisson ». Si Bongars devait quitter ou Strasbourg ou Francfort, ses résidences ordinaires, pour aller en Saxe, en Brandebourg, en Danemark, ou dans quelque autre contrée lointaine, c'était à Camerarius, à Lingelsheim, à Calandrin, à Peucer, de l'informer de ce qu'ils avaient appris. Se taisaient-ils, l'impatience de Bongars était extrême. De Leipzig il écrivait à Camerarius : « Nous séchons ici dans l'ignorance de ce qui se passe ailleurs [1]. » De leur côté, quand Camerarius, Peucer, Lingelsheim, Calandrin avaient été privés pendant une semaine des lettres de Bongars, ils se comparaient à des indigents dénués de tout [2].

Parmi les faits sur lesquels la correspondance de Bongars fournit des renseignements, on signalera le siège de Paris et celui de Rouen, les campagnes de Henri IV contre le duc de Parme, les états généraux de la Ligue, la conversion du roi, la réduction de la Fère, la perte de Cambrai et d'Amiens, la pacification de la Bretagne, etc. Insuffisante comme document historique, cette correspondance tire sa valeur de ce que Bongars y exprime avec la plus grande liberté son opinion sur les hommes et les choses. C'est à ce point de vue que nous l'étudierons.

Bongars admire sincèrement Henri IV, toujours prêt à surmonter les obstacles que lui opposent les factions intérieures ou l'étranger. Malgré ses défauts, que Bongars ne

1. Ed. 1695, p. 160, 4 décembre 1591.
2. *J. Bong. et Lingels. epist.*, 73, Lingelsheim à Bongars, 5 mai 1607.

dissimule pas, il est bien supérieur à tous les souverains de son temps. « Les autres ont beau se cacher, leurs vices n'en paraissent pas moins; quant à des vertus, malgré toute mon attention, je n'en découvre point, sauf peut-être en quelques-uns, et encore bien faibles et bien languissantes [1]. » Chez Henri IV il y a « non seulement des étincelles, mais une flamme toujours ardente, toujours active... Je l'appelle très bon, car je puis prendre Dieu à témoin que le soleil n'en voit point de meilleur. » Ceux qui le représentent comme un homme que les plaisirs possèdent et dont il ne faut rien attendre ni dans la paix ni dans la guerre, « ceux-là passent de longues heures à table, à débiter des contes et des fables ». Henri, au contraire, « nous tient lieu d'or et d'argent, et je souhaiterais qu'il fût aujourd'hui partout [2] ». Seul, en outre, il est capable de déjouer les desseins que le roi d'Espagne a formés contre l'indépendance des États, et en effet on ne saurait compter sur les princes allemands, « qui tendent presque le col à cette monstrueuse domination et lui apportent leurs respects, leurs soumissions, leurs biens [3] ». Unis, ils auraient soustrait Henri IV à la dure nécessité de subir, pour la réconciliation de la France avec le saint-siège, les conditions du pape; mais de peur d'avoir à interrompre leurs orgies, ils n'ont pas terminé leurs misérables querelles, qui les réduisent à l'impuissance. A quoi bon, d'ailleurs, les exhorter à n'être plus spectateurs oisifs

1. Ed. 1695, p. 367, à Camerarius, 25 juin 1595.
2. Ed. 1695, p. 379, à Camerarius, 17 juillet 1595.
3. Ed. 1695, p. 351, à Camerarius, 12 avril 1595; — Berne, 149 B, n° 92, à un seigneur de la cour de l'électeur palatin, 1589 : « Il semble que Dieu veuille que le roi, par sa seule vertu, se sauve lui-même et rende au peuple chrétien sa liberté ».

des événements? Les objurgations qu'on leur adresse sont « des feuilles de papier que le vent emporte ».

L'exemple que donne la France devrait pourtant stimuler l'Allemagne; manquant de tout, elle résiste à l'Espagne. « Du moins, dit Bongars, nous mourrons debout, comme cet empereur romain voulait qu'on mourût; nous tomberons au milieu même de nos efforts et de nos travaux[1]. »

Lorsqu'il lance d'éloquentes invectives contre les princes, Bongars ne cède pas à un sentiment d'antipathie nationale ou de rancune personnelle. Nourri, élevé en Allemagne, où se sont écoulés les deux tiers de sa vie[2] et où il cherchera plus tard une douce et tranquille retraite, il aime ce pays presque autant que la France. Parlant à des Allemands, il dit *notre* Allemagne[3]. Ainsi qu'il l'explique à Camerarius, il doit, ne serait-ce que par reconnaissance, vouloir le bien des Allemands. Sans cela s'échaufferait-il pour leur honneur et leur salut, au risque d'être accusé par eux d'être un boutefeu? Du reste, les Allemands ont fini par rendre justice à son zèle; l'un d'eux, Plessen, l'a jugé « bon patriote, c'est-à-dire bon Français et bon Allemand[4] ».

On vient de le voir, Bongars n'épargne pas les princes,

1. Ed. 1695, p. 472, à Camerarius, 24 juin 1596.

2. *Mém.*, 7130, f° 93, Bongars à Anhalt, 17 septembre 1600; 7128, f° 219, à Plessen, 15 août 1604; — Berne, 149 B, n° 192, à l'administrateur de Strasbourg, 1603.

3. Ed. 1695, p. 220, à Camerarius, 7 novembre 1592; — Berne, 141, n° 261, Raulin à Bongars, 6 octobre 1602.

4. Arch. Aff. étr., *Palatinat*, à Villiers-Hotman, 6 août 1612. Le 13 décembre 1612, un ministre de Naumbourg, Jean Rosinus, écrivait à de Thou : « Je conçois aisément par ma sensibilité au sujet de la mort de M. Bongars... quelle a été votre douleur à une si triste nouvelle. La France et surtout l'Allemagne, qu'il aimait beaucoup, perdent infiniment à sa mort. Il me disait quelquefois qu'il était Français, mais que, ayant passé la plus grande partie de sa vie en Allemagne, il ne le cédait à aucun Allemand en affection pour ce pays... » (*Hist. univ.*, XV, p. 347, éd. 1734). — V. Lingelsheim à Bongars, 9 février 1605 (*J. Bong. et Ling. epist.*, l. 54).

dont les divisions et la nonchalance nuisent à la cause commune. Il est encore plus sévère à l'égard des ministres luthériens d'Allemagne, qui, en haine des calvinistes, scindent le parti réformé en deux, quand, pour combattre l'Espagne, le protestantisme aurait besoin de toutes ses forces. Il dénonce leur avarice, leur audace, leur folie; il les blâme de préférer aux dissidents les Turcs, sans s'apercevoir qu'ainsi ils attirent les Infidèles au cœur de l'Allemagne, « car leurs manières déplaisent fort à Dieu ». C'est affaire au magistrat, et Bongars insiste sur ce point, de brider les mains et les langues de ces petits déclamateurs, dont l'ambition est sans fond comme sans bord. D'autre part, il reproche aux théologiens calvinistes leur ignorance. Assurément, il déteste les jésuites, *illas pestes* [1]. Entendant, en 1599, parler de la possibilité de leur retour en France, il s'écrie qu'y consentir, c'est courir de gaieté de cœur à sa perte (*scientes, volentes, in perniciem ruimus* [2]), et quand, en effet, les jésuites ont été rappelés, il s'étonne que le roi ait laissé rentrer dans son royaume des hommes dont les conseils et les couteaux ont été si funestes à sa personne et à ses peuples [3]. Mais il ne lui échappe pas que la compagnie compte dans ses rangs des polémistes doctes et subtils. « Je ne connais personne, écrit-il, que je voulusse opposer au moins habile d'entre eux [4]. »

Protestant sage, modéré, Bongars, pendant les négociations qui précédèrent la signature de l'édit de Nantes, se tient pour content du jour où Henri IV accorde que les

1. Ed. 1695, Avertissement.
2. Berne, 149 B, n° 403, à Peucer, 29 septembre 1599.
3. *Mém.*, 7132, f° 85, à de Thou, 1er mai 1607.
4. Ed. 1695, p. 292, à Camerarius, 10 juillet 1593.

garnisons des villes d'otage seront soldées sur les deniers royaux; il lui suffit que la sécurité des Églises soit garantie. Il s'indigne donc quand plusieurs de ses coreligionnaires réclament de nouvelles concessions. « Certes, notre Sion est bien malade! Il n'y a rien de chrétien parmi les chrétiens, rien de réformé parmi les réformés. Les belles demandes que nous faisons au roi viennent-elles d'un cœur religieux ou ambitieux? Nous nous voulons mettre à notre aise pour nous perdre. Nous voulons avoir part aux honneurs pour n'avoir plus de part au Christ. Nous avons l'honneur d'avoir, les premiers, ébranlé l'autorité de nos rois et le fondement de notre État; nous voulons avoir l'honneur de l'achever [1]. »

Sans dire que les huguenots ont refusé d'aider Henri IV à reprendre Amiens tant qu'il ne serait pas satisfait à toutes leurs exigences, Bongars écrit à Camerarius : « J'ai l'espérance que, dans un mois, nous aurons sur pied une armée puissante, surtout si les difficultés que nous avons avec le roi se terminent heureusement; quand je dis nous, je parle de ceux qui professent la religion réformée [2]. » Henri IV se montre-t-il de bonne composition, les intrigues de la Trémouille et de Bouillon, non moins que la fureur des catholiques, entravent la négociation; ils insistent pour

1. Berne, 149 B, n° 449, 5 mars 1597. Partisan déclaré de la prérogative royale, Bongars porte le jugement suivant sur le *Franco-Gallia* d'Hotman : « Je sais bien que le bonhomme se plaisait de cette pièce-là; il l'avait témoigné par les impressions réitérées. C'est une maladie de laquelle beaucoup de nos gens et trop sont entachés qui eussent volontiers réduit une monarchie à une anarchie. S'il y a du mal en une chose, ce n'est pas à dire qu'il la faille ruiner » (éd. 1695, p. 651, à anonyme, mai 1595). Ailleurs, Bongars anathématise ceux qui ont, sous le masque de la religion, troublé les États, et incline à croire que Condé, Coligny, Guillaume de Nassau ont péri misérablement « parce que leurs armes n'étaient point agréables à Dieu » (éd. 1695, p. 151, à Camerarius, 15 septembre 1591).

2. Ed. 1695, p. 588, 2 août 1597.

qu'en cas de non-payement du subside promis pour les garnisons il soit loisible aux protestants de se saisir des deniers royaux, dont plusieurs particuliers sont devenus « merveilleusement friands ». Las, irrité des difficultés soulevées, Henri se décide à partir pour la Bretagne afin de mettre le duc de Mercœur à la raison ou de traiter avec lui. MM. de la Trémouille et de Bouillon sont invités à aller à sa rencontre. Si l'un se présente et non pas l'autre, Henri essayera, en l'accueillant avec faveur, de rompre la ligue faite entre eux au préjudice du bien général [1].

Comme à la cour on n'ignorait pas que Bongars désapprouvait l'attitude de MM. de Bouillon et de la Trémouille, il lui fut enjoint de se rendre à Châtellerault « pour fiance que le roi avait en sa prudence et affection, desquelles avaient besoin plusieurs de l'assemblée [2] ».

Dans l'une des dernières lettres à Camerarius, Bongars montre que les réformés ont, en vertu de l'édit de Nantes, *etiam supra spem nostram* [3]. Plus tard, il les blâmera de ne s'être pas contentés de la situation que Henri IV leur avait faite, et dira au sujet des réclamations formulées à Saumur : « Je reconnais ce dont je n'ai jamais douté, que nos gens sont hommes comme les autres, sujets à leurs passions et à leurs avantages. Je les souhaiterais plus mortifiés et restreints dans les bornes de la religion, de laquelle nous faisons profession. Mais il n'y a plus de religion. Ou la superstition, ou l'ambition et avarice dominent le monde. J'ai vu copie des articles proposés à Leurs Majestés. J'at-

1. Bibl. nat., *Ve Colb.*, 32, nos 46, 47, 50, 52, 55 *bis*, 64, 67, 70, 71, passim.
2. *Mém.*, 7127, fo 85, Villeroi à Bongars, 5 juillet 1597.
3. Ed. 1695, p. 611, 29 avril 1598.

tendais de cette assemblée quelque chose de plus relevé et de plus généreux [1]. » Souvent Bongars s'emporte contre les pasteurs qui parlent dans les synodes de garnisons, de villes de sûreté, de pensions, de gouvernements, au lieu de s'occuper de questions dogmatiques et de catéchisme [2]. Son bon sens l'avertissait que la place des ministres du culte est dans le temple. Il lui semblait encore que ceux-ci, en prévision des disputes futures, devaient avant tout s'appliquer à compléter leurs études théologiques, si fort négligées pendant les guerres civiles [3].

On connaît les idées politiques de Bongars. Sa correspondance nous initie à ses convictions, à ses sentiments, à ses aspirations. Chrétien fervent, il déclare qu'il se propose « de servir Dieu premièrement, et puis le public. On ne peut empêcher le second; le premier ne saurait m'être ôté, non pas même en m'ôtant la vie [4]. » Et ailleurs : « Il n'est d'espoir qu'en Dieu... Les royaumes, comme les rois, sont dans sa main, et en dehors de lui on ne peut rien. Il gouverne tout... Puisqu'il est le souverain maître, il convient que nous nous soumettions nous-mêmes et nos affaires à la conduite de sa Providence. » Il ne suit pourtant pas de là qu'il faille dédaigner les moyens humains. « Ceux qui disent : Seigneur! Seigneur! n'entreront pas au royaume des cieux. Les vierges qui ont négligé de faire provision d'huile demeurent dehors et trouvent la porte fermée [5]. »

Très modeste, Bongars se récrie « quand on lui donne

1. Bibl. nat., *F. F.*, 15580, f° 173, à Villeroi, 7 septembre 1611.
2. *Mém.*, 7131, f° 593, à anonyme, sans date.
3. Ed. 1695, p. 292, à Camerarius, 10 juillet 1593.
4. *Mém.*, 7128, f° 135, à Christian d'Anhalt, 17 septembre 1597.
5. *Mém*, 7128, f° 160.

de l'ambassadeur », car il n'a que le titre de résident [1], et il ne croit pas qu'il lui appartienne de recommander un prince de l'Empire à Henri IV [2]. Mais se rappelant toujours qu'il représente le roi de France, il ne souffre pas que l'archevêque de Mayence lui écrive d'un style différent de celui dont les plus hauts personnages usent d'ordinaire avec les envoyés français. « Je suis serviteur très humble de Votre Altesse, mais n'ayant pas d'avis qu'elle m'ait fait don d'un fief, je prie affectueusement M. son secrétaire de ne me traiter en vassal [3]. » Une autre fois, le duc de Wurtemberg lui ayant refusé audience, quoiqu'il fût porteur de dépêches de Henri IV, il informe le roi, qui exige des excuses [4]. Puis, dès qu'il a été satisfait à la dignité de son maître, il oublie sa propre injure en souvenir des services que le duc a rendus à la France [5].

Extraites des *Mémoires*, les propositions suivantes achèveront de faire apprécier Bongars : « Ceux qui ont le plus passé par toutes les affaires du monde et qui en ont acquis plus d'habitude, pour connaître les vicissitudes et accidents auxquels nous sommes tous sujets, doivent accorder la compassion à ceux qui sont calamiteux sans leur faute. — La maxime : ne s'embrouiller d'affaires étrangères, a pour auteurs des malicieux et ignorants :

1. Bibl. nat., *F. F.*, 15577, à Villeroi, 5 octobre 1600. Ce titre de résident, Bongars le reçut, ainsi qu'on l'a déjà dit, en 1593. Comme les Allemands n'ont qu'un seul terme (*Gesandte*) pour désigner les envoyés des princes étrangers, quel que soit leur rang hiérarchique, on donna désormais à Bongars, à la table du comte palatin, la place qu'il était d'usage d'attribuer à l'ambassadeur du roi de France. Bongars se défendit de l'occuper, sans réussir à faire comprendre aux ministres de l'électeur la différence entre les mots ambassadeur et résident (Bibl. nat., *F. F.*, 15921, f° 261, Bongars à Villeroi, 26 août 1609).
2. *Mém.*, 7130, f° 238, Bongars à la Thuillerie, 25 août 1602.
3. *Mém.*, 7130, f° 235, 18 août 1602.
4. *Mém.*, 7126, f° 261, le roi à Bongars, 1er juillet 1599.
5. *Mém.*, 7130, f° 110, à Buwinkhausen, 1er janvier 1601.

Homo sum, humani nihil a me alienum puto. — On a vu de grands effets de peu; nous en avons les exemples en France, aux Pays-Bas. On a vu les hautes et grandes entreprises se ruiner d'elles-mêmes. Ne jetons point notre vol si haut; touchons ce qui nous touche et pied à pied nous irons bien loin. — Les hommes sont mortels, les États immortels. Cela veut dire que les États n'étant point liés aux personnes des princes, princes et sujets doivent lutter et travailler pour rendre les États durables et, tant qu'il se peut, immortels. La parole de ce tyran est horrible : Moi mort, que la terre s'engloutisse [1]. »

Doué de qualités de premier ordre, Bongars était universellement estimé, de sorte que s'il était attaqué à tort, il rencontrait des défenseurs parmi ceux mêmes dont le séparaient sa croyance et ses antécédents.

Depuis sa conversion au catholicisme, Gaspard Schoppius habitait Rome. Circonvenu par deux agents de l'Autriche, l'Allemand Welser et le cardinal italien Madruccio, il accusa Bongars d'avoir dit que nonobstant son abjuration Henri IV « n'avait point changé d'opinion en son cœur, mais s'était accommodé au temps et à ce que son profit requérait, afin de jouir tranquillement de son royaume ». L'imputation était mensongère. Le cardinal d'Ossat, qui, à cette époque (1600), était à Rome en qualité de protecteur de l'Église et du royaume de France [2], en instruisit Villeroi, quoiqu'il ne crût pas « que Bongars eût tenu ce langage si contraire à la vérité et à la bonne foi dont le roi doit

1. *Mém.*, 7131, f° 354, 461; 7128, f° 161.
2. Duméril, *le Cardinal d'Ossat* (Annales de la Faculté des lettres de Bordeaux, 1882).

être recommandé non seulement envers les catholiques, mais aussi envers les protestants, qui, autrement, ne s'y pourraient fier et ne voudraient s'employer pour lui ». D'Ossat eût été plus affirmatif s'il eût su qu'un jour Bongars avait répondu à des personnes qui se plaignaient que Henri IV, conversant avec l'ambassadeur de Venise, se fût montré favorable aux catholiques : « Puisque le roi s'est fait catholique, il doit parler et écrire en catholique [1] .»

Averti, Bongars allait se justifier, quand il apprit que d'Ossat, après avoir tiré l'affaire au clair, avait mandé à Villeroi que « la charge mise sus audit Bongars était pure calomnie [2]. »

Bongars a eu le sort de ceux qui, par élévation d'esprit, dédaignent les querelles d'école et se gardent de toute exagération : il fut suspect à ses coreligionnaires eux-mêmes. Parce qu'il avait désapprouvé le synode de Gap d'avoir qualifié le pape d'Antéchrist et d'avoir condamné les thèses de Piscator, contraires à ce nouvel article de foi, le bruit courut qu'il avait renié le calvinisme « pour suivre ou la superstition ou l'ambition [3] ». Son raisonnement était simple : « Nous avons assez à mordre sans mordre nos membres mêmes. » Et à ceux qui, comme Tilenus, rappelaient que le synode de Gap, lui aussi, avait ses avocats : « Une folie ne doit pas se corriger par une autre... C'est découvrir de petits Antéchrists parmi nous en montrant celui de Rome. Certes nous en sommes gros [4]. » Enfin, n'était-ce pas rejeter le principe de la Réforme que vou-

1. Ed. 1695, p. 323, à Camerarius, 1er mars 1594.
2. *Mém.*, 7131, f° 501 ; 7129, f° 98.
3. *Mém.*, 7128, f° 188, à Du Plessis-Mornay, 26 novembre 1604.
4. Berne, 149 B, nos 169, 172, 19, 25 mai 1603.

loir confondre toutes les Églises dans une confession unique « au lieu de se borner à les étreindre d'un seul lien de charité »? Tenter pareille entreprise, c'était « non pas chercher des compagnons, mais faire du maître [1] ».

Prompt à confesser ses fautes, il s'excusait d'avoir, un jour où il était échauffé par le vin, dit que la noblesse allemande allait à la guerre comme les marchands vont à la messe, et que, sottement éprise de luxe, elle vendait, pour s'équiper avec magnificence, ses prés et ses bois [2]. Mais au sujet de fausses accusations dirigées contre lui, il écrivait à un conseiller du margrave de Brandebourg : « Pour moi, je suis prêt à rendre compte de tous mes desseins et de toutes mes actions. Je vois que ma conduite est critiquée je ne sais par quels personnages. S'ils m'échauffent la bile, je les ferai repentir amplement de leur témérité [3]. »

Lorsque le duc de Bouillon, soupçonné d'avoir participé aux coupables projets de Biron, eut quitté la France (1602), Bongars hésita à croire que ce seigneur, zélé protestant, eût conspiré avec le maréchal, de connivence avec les pires ennemis de la Réforme, le roi d'Espagne et le duc de Savoie. Sans doute, ses envieux, qui le savaient mal vu à la cour depuis l'assemblée de Châtellerault, avaient transformé en crime d'État des démarches irréfléchies, et donné à d'imprudentes paroles un sens sinistre. Alexandre, Parménion, tels sont les noms sous lesquels Bongars désigne alors Henri IV et Bouillon, peut-être parce que le complot pour lequel Alexandre ordonna le meurtre de Parménion est resté une énigme pour l'histoire.

1. Berne, 140, n° 8, à anonyme, 22 septembre 1604.
2. Berne, 149 B, n° 78.
3. Ed. 1695, p. 94, à Stitten, 18 mai 1603.

Chargé d'annoncer aux princes que Bouillon n'était pas venu à Paris, où il avait été appelé, Bongars ne laissa point percer son sentiment particulier. Quelque temps après, à Heidelberg, il évitait la rencontre de M. de Bouillon [1]. Enfin, toutes les fois que des amis maladroits de ce seigneur incriminaient Henri IV en sa présence, il réfutait leurs insinuations avec vivacité. M. de Bouillon s'irrita et de la réserve de Bongars à son égard et de la chaleur avec laquelle il défendait le roi. La lettre où il s'en plaignait, adressée à Gravisset, se terminait par ces mots ambigus : « Que M. de Bongars attende de moi tout ce qu'il doit attendre d'un qui le reconnaît mieux mériter que ce de quoi il est récompensé [2]. »

Pour avoir jadis été le collaborateur de M. de Bouillon et pour être encore l'agent de Henri IV, Bongars ne s'aveuglait ni sur l'un ni sur l'autre. « J'ai vu, manda-t-il à Bouillon, ce qu'il vous a plu d'écrire à M. Gravisset dès le 26 juin, qui m'a ému diversement de plaisir et de déplaisir. De plaisir, par l'assurance de vos bonnes grâces; de déplaisir, pour l'opinion que vous montrez avoir prise de moi comme ayant fait jugement de vos actions autre que je ne dois [3]. Je n'ai jamais dit de vous ni cru en moi que vous fussiez coupable de ce dont vos ennemis vous chargent. Mais je confesse m'être quelquefois laissé aller à dire mon opinion

1. Bibl. nat., *F. F.*, 15578, f° 17, Bongars à Villeroi, 8 février 1603.
2. *Mém.*, 7128, f° 223, 26 juin 1604.
3. A Henri IV, qui venait de l'entretenir des soupçons dont M. de Bouillon était l'objet, Bongars avait répondu : « Sire, les cheveux me dressent en la tête quand je repasse ce qu'elle m'écrit de Mgr de Bouillon. J'espère qu'il s'y trouvera de l'artifice de ses ennemis. S'il est autrement, qui s'osera plus dire Français? Quelle nation y aura-t-il plus monstrueuse que la nôtre, et quelle sûreté trouverons-nous en ce monde? Le maréchal de Biron nous a assez flétris sans que d'autres s'en mêlent » (Bibl. nat., *F. F.*, 15577, f° 334, 24 déc. 1602).

et celle de quelques autres, forcé par l'importunité et indiscrétion de ceux qui, pour vous décharger, chargeaient le roi trop facilement. Je n'ai obligation au roi que celle de ma naissance. Son service m'a apporté de l'incommodité, de la peine, des maladies et de la pauvreté. Mais il ne me fera jamais tant de mal que je taise ses vertus et que j'endure qu'on le blâme de ce qui n'est point. Aussi ne me fera-t-il jamais tant de bien que je dissimule ses vices, toutes les fois qu'il sera question d'en dire la vérité. Je vous supplie très humblement de pardonner à mes imperfections, lesquelles croissant avec l'âge et la maladie, et l'un et l'autre me rendant inutile aux affaires des grands, je ne soupire qu'après une vie cachée et couverte. Et je reconnais d'ailleurs que, sans vous, il n'y a moyen de servir le roi par deçà bien utilement. C'est un chemin que Dieu vous ouvre pour rentrer d'où vous êtes sorti, au déplaisir de tous les gens de bien [1]. »

Loin de suivre ce sage avis, Bouillon aggrava ses torts en encourageant, de concert avec les comtes d'Auvergne et d'Entraigues, un soulèvement des catholiques du Limousin, du Quercy et du Périgord. Nul plus que Bongars ne condamnait ces pratiques; mais quand il sut que pour complaire à sa maîtresse, la marquise de Verneuil, fille de M. d'Entraigues, Henri IV avait épargné ce misérable, il s'écria : « Nous n'avons point d'honneur, nous ne pouvons excuser sa conservation qu'en nous chargeant d'une autre saleté [2]. »

1. *Mém.*, 7128, f° 225, 30 septembre 1604.
2. *Mém.*, 7131, f° 24, note écrite en marge d'une dépêche de Villeroi, 22 décembre 1605.

S'il blâmait la conduite de M. de Bouillon, Bongars jugeait que Henri IV devait faire le sacrifice de son légitime ressentiment en considération des princes allemands qui avaient sollicité la grâce de ce seigneur, leur parent; déjà mécontents du dédain avec lequel on accueillait leurs réclamations par rapport à leurs créances sur la France, ceux-ci, au cas que le roi investît Sedan, pourraient se rapprocher de l'Autriche, au préjudice de la cause commune. « La vanité, écrivait Bongars à Villeroi, a fait le Spinola de marchand capitaine; le dépit, le désir de vengeance est bien plus grand maître. Cette passion se couvrira d'un prétexte de justice et de religion; de justice, pour ce que M. de Montglat n'a apporté que des paroles nues, sans preuves [1]...; de religion, pour ce que de ceux mêmes qui aiment le roi et la France, il s'en trouve qui croient et craignent que ce siège (de Sedan) soit un degré pour passer à une guerre ouverte contre le corps de ceux de la religion, ayant abattu une tête après l'autre... » Lorsque de nombreux ferments de sédition existaient encore dans le royaume, était-il prudent d'engager la France dans une aventure? « Le roi, demandait Bongars, l'a-t-il sauvée pour la perdre? Et la perdre pour M. de Bouillon? Pour Sedan? Monsieur, les plus courtes folies sont les meilleures [2]. »

A Henri IV lui-même Bongars osait dire : « Les princes ne connaissent M. de Bouillon que par Votre Majesté. Son nom, son être leur étaient inouïs, inconnus, devant que Votre

1. Montglat avait été envoyé en Allemagne pour dénoncer aux princes les intelligences de Bouillon avec les catholiques du Quercy, du Limousin et du Périgord.
2. Bibl. nat., *F. F.*, 15920, n° 57, 23 mars 1606.

Majesté le mît en avant, l'avançât. De vouloir que subitement ils l'abandonnent, il y a de l'incivilité. De flétrir son honneur par un procès criminel, et par ce moyen de tacher tant de princes et seigneurs qui lui sont alliés, sire, il y a du hasard. On ne se maintient au monde sans le monde. Avoir beaucoup d'ennemis acquis, en acquérir tous les jours de nouveaux, n'est pas pour durer [1]. »

Ce langage, singulièrement hardi, était maladroit; Villeroi le fit doucement sentir à Bongars : « Vous pouviez nous donner les mêmes conseils que vous nous avez départis en termes plus convenables que ceux dont vous avez usé, car ils eussent été mieux reçus et eussent peut-être plus profité [2]. » De son côté, Henri IV reprochait à Bongars de n'avoir pas assez envisagé ce qu'exigeaient tant la dignité que l'intérêt de son maître, et lui annonçait que les voies amiables étant fermées, il exposerait sa couronne, sa personne, ses enfants, plutôt que de souffrir que l'impunité de M. de Bouillon servît d'exemple à ses semblables et de triomphe à son audace [3].

Bongars s'était exprimé comme il l'avait fait « pour acquitter sa conscience envers Dieu, envers le roi [4] ». Puisque ses remontrances avaient déplu, il suppliait Henri IV de lui pardonner. « Offensé, scandalisé », Henri ne se laissa fléchir qu'après que Bongars se fût itérativement excusé [5];

1. Bibl. nat., *F. F.*, 15920, n° 55, 20 mars 1606.
2. *Mém.*, 7131, f° 24, 25 mars 1606.
3. *Mém.*, 7131, f° 40, 25 mars 1606.
4. Bibl. nat., *F. F.*, 15920, n° 64, au roi, 3 avril 1606.
5. Bongars, qui n'avait pas attendu la pleine soumission du duc de Bouillon pour faire amende honorable, explique « son escapade » dans plusieurs lettres adressées à Henri IV et à Villeroi (Bibl. nat., *F. F.*, 15920, n°s 92, 90, 22, 29 avril 1606). Le 17 juin, enfin, il reconnaît « que les rois ont des considérations d'eux-mêmes auxquelles nous ne pouvons atteindre, des mouvements

alors il l'assura « qu'il ne lui demeurerait aucune souvenance de son indignation [1] ». Seulement Villeroi joignit ce mot à la lettre de Henri IV : « Et néanmoins il faut que je vous die, comme votre ami et pour le respect que je porte à votre mérite et utilité que je connais peut-être mieux que tous nos courtisans, que vous devez penser dorénavant à pourvoir à votre santé. » Bongars interpréta cette phrase comme un congé déguisé et traça ces lignes en regard : « *Valetudinem tuam cura diligenter*, c'est-à-dire : *Res tuas tibi habeto*, soignez attentivement votre santé, c'est-à-dire ne vous occupez plus que de vos affaires [2]. »

Il est certain que Bongars fut désormais plus circonspect. Cependant ce qu'il appelle « la liberté de son naturel » le poussa quelquefois encore à formuler dans sa correspondance ou des réserves ou des critiques : en 1609, Villeroi le reprenait de n'avoir pas caché l'impatience que lui causait la lenteur avec laquelle on procédait dans l'affaire de Clèves et de Juliers. « Tant s'en faut que de semblables pointes hâtent d'aller Sa Majesté, qu'elles font souvent des effets tout contraires; contentez-vous de nous représenter les défauts des autres et de leur conduite [3]. » Mais Bongars se défendait d'avoir songé à lancer des traits contre le roi. « Je n'en ai plus », disait-il mélancoliquement.

Entre 1606 et 1609, Bongars, qui avait conservé la qualité de résident pour le roi de France auprès des princes du Saint-

d'en haut desquels nous ne sommes pas capables. J'ai jugé, ajoute-t-il, comme un pauvre serviteur passionné pour le bien de son maître, transporté de peur et d'appréhension pour son maître. Cette seule passion, sire, m'a mis hors des termes de raison et de respect » (Bibl. Nat., *F. F.*, 15920, n° 129).

1. Bibl. nat., *F. F.*, 15920, n° 99.

2. *Mém.*, 7131, f° 50, 12 mai 1606.

3. *Mém.*, 7131, f° 158, 23 décembre 1609.

Empire, n'a pas toujours vécu en Allemagne; on le trouve aussi fréquemment à Paris qu'à Francfort ou à Strasbourg. De plus, il passa, en 1608, en Angleterre. Le but de son voyage, Villeroi l'indique à l'ambassadeur de France à Londres, la Boderie. « Le bon M. de Bongars... a un dessein que je n'approuve pas, qui est de réunir tous les princes et États protestants, principalement de la Germanie, sous la bannière du roi de la Grande-Bretagne, pour vider leurs différends et controverses en leur religion. Ce n'est pas une œuvre d'un jour, et néanmoins il n'est que bien à propos d' y avoir l'œil [1]. » Il ne s'agissait plus de placer les réformés français seulement sous le protectorat de Jacques Ier, comme il en avait été question quelques années auparavant; ce qu'on voulait, c'était l'instituer chef de tous les dissidents, suivant l'idée du duc de Bouillon et de Du Plessis-Mornay. Bongars, qui louait l'attachement de Jacques Ier à ses croyances [2], exprimait dès 1606 l'espoir que ce monarque prendrait, dans l'intérêt de la foi, des résolutions dignes d'un grand roi [3]. Mais pour mener à bien une entreprise aussi difficile que celle de concilier des sectaires entre eux, il eût fallu que Jacques n'eût pas été lui-même un théologien. Sans nous dire que Bongars échoua dans la tâche qu'il s'était imposée, Lingelsheim se demande curieusement quelle philosophie nouvelle il aura rapportée d'Angleterre [4]. Du moins Bongars profita de son séjour à Londres pour nouer des relations avec plusieurs érudits anglais, entre autres sir Henry Saville [5].

1. *Mém. de la Boderie*, III, p. 335, 28 juin 1608.
2. Berne, 149 B, n° 69, à Colbius, 19 mai 1603.
3. Berne, 149 B, n° 429, 23 juillet 1606.
4. *J. Bong. et Ling. ep.*, 92, 17 juin 1608.
5. *J. Bong. et Ling. ep.*, 126, 21 mars 1611.

La dernière affaire à laquelle Bongars a mis la main est celle de Clèves et de Juliers. Dès qu'elle fut débattue dans les conseils de Henri IV, on recourut à lui; de l'aveu de Sully comme de Villeroi, il la connaissait à fond.

Pour obéir à l'ordre du roi qui le renvoyait en Allemagne, Bongars dut se faire violence. Il lui en coûtait de renoncer à la tranquillité dont il jouissait après l'avoir longtemps souhaitée. En 1597, il avait demandé à être déchargé de ses fonctions[1]; il venait de perdre Odette et était en proie au chagrin et presque au désespoir. Ce vœu, il l'avait renouvelé en 1600, quand Ancel avait été accrédité auprès de l'Empereur; puisque le roi aurait désormais un ambassadeur à Prague, il semblait à Bongars que sa présence en Allemagne n'était plus nécessaire[2]. Cependant Henri IV le laissa attaché à son rocher[3]. Comme il parlait toujours de retraite, Villeroi n'avait pu dissimuler son étonnement. Passe encore s'il eût été marié, de même qu'Ancel, « qui ne pouvait durer en sa peau, séparé de sa femme[4] »; mais Bongars ne serait-il pas en peine de vivre sans emploi? Avec les années, le désir du repos redoubla chez Bongars. « J'espère, écrivait-il en 1606, que sur la fin de l'hiver on me rendra à moi-même; alors je dirai adieu pour jamais aux affaires publiques... et après Dieu je serai mon maître à moi-même[5]. » Où irait-il s'établir? Serait-ce en France? Serait-ce en Allemagne? « La douceur du pays m'appelle en France; beaucoup de choses m'en tiennent éloigné, même

1. Ed. 1695, p. 579, à Camerarius, 25 mai.
2. Inst., *Coll. God.*, 263, 27 mai.
3. *Mém.*, 7130, f° 75, Bongars à Anhalt, 1600.
4. *Mém.*, 7129, f° 190, 14 juin 1602.
5. Ed. 1695, p. 102, à un ami, 26 juin.

que là *non licet otiose vivere*... Je n'ai pas d'argent pour mettre en états, et quand j'en aurais, ce ne serait pas pour notre sire. Il en a assez à moi. La pauvreté, qui m'est honneur en ce pays-ci, m'est à blâme en France, où l'on ne se peut persuader qu'elle puisse procéder d'intégrité [1]. » C'est à Bâle qu'il se fixa. « Et puisqu'il ne m'est pas permis de mener ici présentement la vie champêtre que loue le poète, je charmerai mon loisir avec mes livres, ces fidèles compagnons [2]. »

L'activité extraordinaire que Bongars dut déployer en 1609 acheva d'épuiser ses forces; chaque jour aussi s'accroissait son dégoût du monde. « Que vous êtes heureux, écrivait-il au savant Bâlois Zwinger; vous allez chercher parmi les anciens sages ceux que vous voulez, et vous n'entendez et n'apprenez d'eux que ce que vous voulez. Pour nous, placé au milieu du rebut des hommes, les courtisans, et réduit à vivre dans cette lie, nous sommes contraint de voir et d'entendre ce qu'il leur plaît de dire ou de faire [3]. »

Le répit que sollicitait Bongars lui fut accordé. A la date du 2 mai 1610, l'un des agents de Henri IV en Allemagne, Boissise, informait Villeroi que Bongars, congédié, s'était arrêté à Heidelberg, d'où il irait à Bâle pour sa santé « et

1. *Mém.*, 7132, f° 85, à anonyme, 1er mai 1607.

2. Ed. 1695, p. 106, à Peucer, 15 septembre 1609. — « Legendi et scribendi me non tam fructus et gloria, quam studium ipsum exercitatioque delectat, quod mihi nulla unquam res eripiet » (Berne, A, 447).

3. Bâle, *Coll. Zwinger*, *Epist. lat.*, VIII, 12 février 1610. Ce même jour, Bongars devait s'excuser auprès de Henri IV qu'avaient blessé quelques-unes de ses paroles, et il disait à Villeroi : « Puisque je suis si sauvage que je ne peux m'accommoder à ceux desquels je dois attendre du bien ou pour moi ou pour les miens, il faut que je m'enferme comme un être farouche. La santé, le défaut de toutes choses nécessaires à la continuation de ce servive, le peu de gré que j'en ai de tous côtés, même de ces gens-ci, me forcent aussi à cette résolution. Il est plus que temps que je quitte et que je fasse place aux autres. Je le ferai de bon cœur, monsieur, et de tout cœur » (Bibl. nat., *F. F.*, 15922, f° 56).

de là trouver Sa Majesté, qui eût été beaucoup mieux servie s'il fût demeuré par deçà, car il vaut en affaires plus qu'on ne peut dire [1]. » Du reste, il était depuis quelque temps convenu que la question de Clèves et de Juliers une fois débrouillée, Bongars serait libre. « Quand vous aurez aidé à finir cet ouvrage, lui avait mandé Puisieux, je vous conseille de vous reposer, et le pourrez faire certes avec gloire [2]. »

Rentré enfin dans la vie privée, Bongars continua de s'intéresser aux destinées de l'Allemagne. « J'ai pris la hardiesse, disait-il à Villeroi, d'écrire à M. le landgrave et à quelques autres qu'ils devaient regarder à améliorer leur condition, laquelle me semblait empirer par l'avènement du roi de Hongrie, et chercher de couper au roi d'Espagne l'espérance de cette succession [impériale], laquelle chargerait l'Allemagne d'un joug insupportable [3]. » Ou bien, il adressait un mémoire aux princes pour leur démontrer de quel avantage il leur serait d'être toujours unis et d'entretenir les alliances déjà formées avec la France, l'Angleterre, le Danemark et la Hollande. Que les difficultés du chemin ne les rebutent point; rien, en effet, ne s'acquiert sans effort...

Vis amare; vis potiri; vis, quod des illi, effici;
Tuum esse in potiundo periclum non vis : haud stulte sapis.
Si quidem id sapere 'st, velle te id, quod non potest contingere.
Aut hæc cum illis sunt habenda, aut illa cum his mittenda sunt [4].

Mais plus encore que l'Allemagne, la France était l'objet de la sollicitude de Bongars. A voir le mauvais train dont

1. Inst., *Coll. God.*, 20, f° 125.
2. *Mém.*, 7131, f° 125, 24 juillet 1609.
3. Bibl. nat., *F. F.*, 15580, f° 139, 2 juillet 1611.
4. Térence, *Heautontimorumenos*, v. 322 et suiv.; — *Mém.*, 7132, f° 2.

allaient les choses au début de la Régence, il reprochait à ceux qui exerçaient le pouvoir de ne demeurer point dans les pas du feu roi [1], « qui connaissait bien ses gens ». Puis, avec la bonhomie qui était le fond de son caractère, il disait à l'un de ses amis : « Il n'y a rien de si fâcheux qu'un fainéant; il contrôle et reprend les actions des autres, bien empêchés au milieu d'une mer d'affaires; lui, sur le rivage, assis et de loisir. Je suis, à cette heure, de ces gens-là. Si j'en ai trop dit, ôtez le trop [2]. »

En 1610 et 1611, Bongars surveilla l'impression de l'une des deux collections auxquelles son nom est attaché. Des deux volumes qu'il publia (Hanau, 1611), le premier est intitulé : *Gesta Dei per Francos* [3], ou *Histoire des expéditions en Orient et du royaume franc à Jérusalem, écrite par divers auteurs contemporains;* — le second : *Livre des secrets des fidèles de la Croix sur*

1. On connaît le cri de douleur que le meurtre de Henri IV arracha à Bongars : « Nous sommes abattus par le coup le plus terrible, et personne ne peut nous relever que Dieu... Nous avons perdu un grand prince, bien supérieur à tous les rois, non seulement à ceux de son siècle, mais à ceux des âges précédents, et nous l'avons perdu par le forfait d'un coquin, ministre de Satan, sorti, personne n'en doute, de l'école des jésuites » (Bâle, *Coll. Zwinger,* 1er juin 1610).

2. *Mém.*, 7132, f° 2.

3. Ces mots : *Gesta Dei per Francos,* Bongars les a empruntés à l'un des auteurs compris dans sa collection, Guibert de Nogent. « De même, observe-t-il dans son *Avis au lecteur,* que nous disons que Dieu est dans le ciel, bien qu'il soit aussi ailleurs, puisqu'il est partout; de même nous appelons ces faits *Actions de Dieu,* non qu'il y ait chose, petite ou grande, que Dieu ne fasse mouvoir, ne dirige ou ne gouverne, mais parce que là sa présence paraît avoir été aussi manifeste et aussi évidente qu'elle l'est dans le ciel, au milieu des astres... De même nous disons : *accomplies par les Francs,* parce que c'est dans le royaume des Francs que cette expédition a été résolue; c'est du royaume des Francs qu'est sorti le plus grand nombre des chefs et des soldats, et les Francs ont tellement éclipsé par leur courage les autres peuples, que, aujourd'hui encore, dans tout l'Orient, on appelle Franc tout chrétien de l'Occident. » Plus court est le commentaire de Guibert de Nogent; le voici : « *Nomen indidi quod arrogantia careat, gentisque honori proficiat* ». Un an après la mort de Bongars, paraissait la dédicace du *Gesta Dei* « au roi très chrétien, Louis, fils de Henri le Grand ».

la conquête et la conservation de la Terre sainte (par Marino Sanuto). De nos jours, l'une des classes de l'Institut de France poursuit l'œuvre de Bongars en lui donnant de plus vastes proportions.

Onze ans avant la *Collection des historiens des Croisades* avait paru (Francfort, 1600) la *Collection des historiens de Hongrie*. Si Bongars ne se dissimulait pas que la plupart de ceux-ci étaient médiocres, il pensait que « c'est être trop délicat que de juger tout d'après la perfection du siècle de Cicéron et d'Auguste, et de ne pouvoir souffrir que les Salluste, les César, les Tite-Live [1] ».

En présentant aux regards le spectacle d'une nation, la nation hongroise, déchue de son antique grandeur à cause des dissensions auxquelles elle s'était livrée et de la corruption à laquelle elle était adonnée, Bongars avait voulu avertir les peuples du sort qui les attendait, s'ils ne renonçaient pas à leurs misérables querelles et ne s'amendaient point [2]. Ici, comme ailleurs, on trouve en Bongars le citoyen, le chrétien, également soucieux de l'avenir de sa patrie et du monde civilisé.

A la *Collection des historiens de Hongrie* Bongars a joint les inscriptions qu'il avait naguère recueillies en Hongrie, en Transylvanie et en Valachie. L'un des premiers, parmi les modernes, il a compris l'utilité de l'épigraphie pour l'intelligence des textes.

Dans ses travaux, Bongars a tout embrassé, sinon tout approfondi. Casaubon lui rend ce témoignage : « Bongars

1. Ed. 1695, p. 77, à P. Pithou.
2. *J. Bong. et Ling. ep.*, 8, Lingelsheim à Bongars, 26 mars 1600 : « Compellatio tua Ancellii profecto insignis, et convenienter ætati nostræ; utinam tandem veternum excutiant homines! »

à qui nos études doivent tant », par allusion aux scolies qu'il en avait reçues lorsqu'il se préparait à éditer les *Douze Césars*, le *Panégyrique de Trajan* et les *Satires* de Perse. Bongars procura à Rosinus la *Notice topographique de Rome et des provinces*, ainsi que les *Etymologies* d'Isidore; à Hœschel les *Histoires* de Procope; à Gruter des extraits de Quinte-Curce, de Salluste, de Sénèque et de Jules César; à un libraire de Francfort des documents manuscrits sur Cornélius Nepos; à Goldast ses notes sur Pétrone, et à Joseph-Juste Scaliger des éclaircissements sur la *Chronique* d'Eusèbe. Avait-il été averti que Hœschel, après Casaubon, songeait à publier Épictète, il lui recommandait d'y ajouter des passages tirés d'Arrien, de Simplicius, d'Antonin, et, en général, des stoïciens; « rien, lui faisait-il remarquer, ne sera plus avantageux au bien de l'État ». Il encourageait Ritthers à composer une cosmographie poétique avec l'*Aratus* de Germanicus, le *Périégèse* de Denys le Périégite et l'*Itinéraire* de Rutilius Numatianus. Pour n'être pas accusé de se borner à des conseils, il lui remettait ses propres commentaires sur Germanicus. Enfin il aidait Pierre Daniel, Renier Reineccius, Brodœus, Putsch, etc., dans leurs savantes recherches, et il rédigeait la préface du *Valère Maxime* de Coler [1].

Sans aller jusqu'à voir dans Bongars le collaborateur de M. de Thou, on rappellera que par les renseignements qu'il lui envoya sur les événements dont l'Europe orientale et septentrionale était le théâtre, il lui fournit les éléments avec lesquels furent faits plusieurs chapitres de l'*Histoire*

1. H. Hagen, *Jac. Bongarsius,* passim; — Ed. 1695, p. 640, à Camerarius, 25 octobre 1598.

universelle[1]. Ensuite il contribua à propager en Allemagne cet ouvrage, que Lingelsheim qualifiait de divin[2], et que lui-même définit ainsi : admirable pour former à la politique[3]. « Je ne vous dis rien, écrit-il à de Thou, de l'estime en laquelle est votre *Histoire* près de ceux qui en jugent par jugement, non par passion. Tous avouent que c'est la seule histoire de notre âge et au-dessus, toutes les autres n'étant que gazettes et déclamations. Achevez donc, monsieur, d'obliger et ce siècle et la postérité qui vivra en ténèbres si vous étouffez cette lumière[4]. »

Le désir de lire l'*Histoire* de M. de Thou était général, comme le montre le billet suivant de Bongars : « Ces gens-ci en sont affamés. Le peu d'exemplaires qu'il y en a trotte de main en main, de ville en ville, et la suite est attendue impatiemment. Certes, monsieur, ce que vous en avez donné au public se lit avec étonnement qu'en ce temps il se soit trouvé un homme, et de votre qualité, qui, sans détourner l'œil de la vérité, sans respect des grandeurs temporelles et spirituelles, ait dit ouvertement des affaires du monde ce qu'il en était, ce qu'il en pensait. La connaissance de ce qui s'est passé, même le plus secret, ce beau langage et cette proportion gardée en tout ce grand corps, se peuvent rencontrer en une âme basse et perverse; mais

1. Bibl. nat., *F. Dupuy*, 830, f°s 115, 118, 121, 123, Bongars à de Thou, 1604-1607. On ne croit pas se tromper en faisant commencer les relations de Bongars avec de Thou en 1571. Cette année-là, l'un et l'autre fréquentèrent les écoles d'Orléans, où ils eurent probablement les mêmes maitres, Jean Robert, Guillaume Fouché et Antoine Lecomte (De Thou, *Mém.*, I).

2. Lingelsheim à Bongars, 16 avril 1610.

3. *Mém.*, 7128, f° 225, à Stitten, 4 octobre 1604. Saint-Simon, à son tour, qualifiera de même l'*Histoire* de M. de Thou, qui, ajoutera-t-il, « égale au moins les plus belles de l'antiquité, et surpasse de bien loin celles des derniers siècles » (*Parallèle des trois premiers rois Bourbons*, p. 202).

4 Bibl. nat., *F. Dupuy*, f° 114, 25 septembre 1604.

cette liberté qui n'a objet que son devoir ne loge qu'aux esprits élevés et parfaits [1]. » Bientôt Bongars annonçait à de Thou qu'un Allemand s'offrait pour traduire l'*Histoire universelle*. « J'ai fait réponse que vous ne porteriez pas d'envie aux Allemands quand ils en feraient leur profit [2]. » Ce projet fut abandonné; mais une réimpression latine de l'*Histoire universelle* fut commencée à Francfort; des annotations, « dont la nation allemande est friande [3] », devaient y être jointes.

Lorsque l'*Histoire universelle* eut été condamnée à Rome comme l'œuvre d'un luthérien déguisé, Bongars ne put contenir son indignation. « La censure entreprise à Rome, manda-t-il à de Thou, est un plat du métier de ce lieu-là, ennemi de la vérité. *Tu ne cede malis*. Vous vous êtes obligé à la vérité pour la vérité, et la vérité l'emportera sur eux [4]. »

Après avoir séjourné à Hanau, où il faisait compagnie à Pierre l'Hermite [5], Bongars rentra en France (avril 1612). Son intention n'était pas d'y rester longtemps; il avait promis à Casaubon d'être à Francfort lors de la foire de septembre. Mais venu à Paris, il ne devait plus en sortir. Le 24 juillet, il écrivait à l'un de ses amis que l'excessive chaleur qu'il fit en France pendant la canicule lui donnait tantôt de la toux, tantôt un flux de ventre; et, contraint par

1. *Mém.*, 7128, f° 218, 19 juillet 1604.
2. Bibl. nat., *F. Dupuy*, 830, f° 115, 3 octobre 1604.
3. Bibl. nat., *F. Dupuy*. 830, f° 123, Bongars à de Thou, 15 juillet 1607. — En 1607, de Thou déclinait la proposition que Ciriacus Herdessianus, de Heidelberg, avait faite de traduire l'*Histoire universelle*, pour ne pas employer à copier l'ouvrage d'autrui une personne en état de travailler par elle-même (*Hist. univ.*, XV, p. 333, de Thou à Lingelsheim, 17 juillet).
4. Bibl. nat., *F. Dupuy*, 830, f° 117, 10 février 1606; — Ed. 1695, p. 673, 30 septembre.
5. Bibl. nat., *F. Dupuy*, 830, f° 128, à de Thou, 19 octobre 1611.

sa faiblesse de s'interrompre, il traçait d'une main incertaine ces mots : « Excusez-moi, je suis si lâche que je n'en puis plus [1] ». Cinq jours après, il avait cessé de vivre. On l'enterra au cimetière Saint-Germain, affecté par l'édit de Nantes aux sépultures des protestants. Le registre de ce cimetière, qui, en 1855, se trouvait au greffe de l'état civil de Paris, portait cette mention : 29 *juillet* 1612 : *Noble homme, Jacques de Bongars, maître d'hôtel ordinaire du roi* [2].

L'érudition de Bongars, tous les contemporains de ce savant utile et modeste l'ont, à l'envi, célébrée ; à l'un d'eux, Casaubon, il semble que par la disparition de Bongars le renom littéraire de la France en Europe sera amoindri [3]. Tous se sont plu aussi à louer, ou en vers ou en prose, sa sincérité, son désintéressement, sa bonté [4]. S'ils ont un peu

1. *Mém.*, 7131, f° 371 ; f° 571, extrait du testament de Bongars : « Je tâche d'ôter de devant moi tout ce qui pourrait m'arrêter ou me troubler, lorsqu'il plaira à Dieu m'appeler, et il me semble que cette heure est proche. La contagion, qui s'est longtemps retenue ailleurs, s'est enfin jetée parmi nous. Mais sans cela cette vie n'est que le chemin de la mort, à laquelle nous nous avançons à toutes les heures, les uns plus tôt, les autres plus tard, selon la volonté de Dieu, lequel je prie de tout mon cœur qu'il lui plaise me développer des soins et ruses de ce malheureux monde, et qu'il me trouve prêt à le suivre et à me présenter devant sa face, appuyé et soutenu de sa miséricorde par Jésus-Christ, son fils, mon seigneur et mon Dieu... Je confesse avoir abusé de ses biens, méprisé sa grâce ; je l'ai offensé vilainement et méchamment. Je lui en demande pardon de tout mon cœur et le prie qu'il lui plaise ne m'abandonner point en ces extrémités, mais m'assister par sa sainte grâce et me porter en son sein. »

2. Arch. nat., Z, I[a], 472. Sur le rôle des maîtres d'hôtel du roi pour l'année 1611 figure Bongars, avec attribution d'un traitement de 900 livres.

3. L. 698, à de Thou, 3 août 1612.

4. Voici les vers que Gruter composa en l'honneur de Bongars :

A quo candorem poterat sibi sumere Candor,
Fidem Fides, modestiam Modestia,
Quoque minus fuerat Pietas pia, Gratia grata,
Quo Comitas minus comis, minus Lepos ;
Quælibet a quo gaudebat doctrina doceri :
Tali videndus ore erat Bongarsius.

Ces vers sont inscrits sous le portrait de Bongars que nous avons fait reproduire.

surfait l'écrivain, ils ont prisé l'homme à sa juste valeur; les qualités qu'ils signalent, Bongars les posséda au plus haut degré. Sans autre souci que celui du bien public, il s'exprima toujours avec une entière franchise, quel que fût celui à qui il parlait. Pour suffire aux frais de ses voyages et pour représenter dignement la France dans les cours étrangères, il sacrifia toute sa fortune, en même temps que, pour ne s'obliger envers personne, il refusait les présents qu'il était d'usage de recevoir après chaque ambassade. Quant à la générosité, à l'élévation de son caractère, sa correspondance les révèle, et, de plus, elle montre que, doué d'une largeur d'esprit très rare au XVIe siècle, il était, malgré la ferveur de sa foi, partisan de la tolérance et de la liberté religieuse. Serait-ce donner, à son tour, dans l'exagération que lui appliquer les mots qu'on trouve dans l'une de ses lettres à Camerarius : *Animos supra hæc humana erectos, Deo proximos* [1].

D'autre part, la sûreté de son coup d'œil, la connaissance des questions les plus compliquées, une appréciation raisonnée des intérêts tant de la France que de l'Allemagne, un vif sentiment de l'honneur national et une activité extraordinaire, firent qu'il fut très propre à comprendre et à seconder les desseins de Henri IV. Le récit où nous allons entrer le montrera au niveau des tâches les plus difficiles. En mainte circonstance, d'ailleurs, l'estime qu'il s'était acquise dans les cours étrangères aida au succès de ses négociations. S'il s'est trompé sur la ligne de conduite à suivre envers le duc de Bouillon, cette erreur, la seule qu'il

1. Ed. 1695, p. 320, 27 novembre 1593.

ait commise durant toute sa carrière politique, s'explique par la conviction où il était qu'un acte de rigueur contre ce personnage peu scrupuleux et très remuant occasionnerait entre la France et l'Allemagne une rupture, préjudiciable à l'une comme à l'autre. Dans ses *Mémoires* Sully le range parmi les diplomates sages, secrets et bien entendus, et dans son *Histoire universelle* de Thou vante sa prudence consommée et son exacte probité. Venant de tels juges, l'éloge est grand. Mais nul n'a rendu à Bongars un hommage plus éclatant que Villeroi, qui, à l'époque où il résigna ses fonctions, lui écrivit : « Puisque votre santé ne peut vous permettre de vous rembarquer aux affaires publiques, je mettrai peine de vous en excuser auprès de Leurs Majestés, car il faut vous choyer et conserver, assurés que partout où vous vivrez et serez, Leurs Majestés y auront, et la France aussi, un fidèle serviteur et bon patriote [1] ».

1. *Mém.*, 7131, f° 196, 29 mars 1611.

HENRI IV ET L'ALLEMAGNE

CHAPITRE PREMIER

SECOURS FOURNIS PAR L'ALLEMAGNE A HENRI DE BÉARN, ROI DE NAVARRE, PUIS ROI DE FRANCE, SOUS LE NOM DE HENRI IV.

§ 1er. — Négociations suivies par MM. de Ségur-Pardaillan, de Sancy, de Fresne-Canaye, de Turenne, Bongars et Ancel, sous la médiation de la reine d'Angleterre, Elisabeth Tudor, et avec le concours des Provinces-Unies. — Les Allemands en France sous le baron de Dohna, 1587, et sous Christian d'Anhalt, 1591-1592. — Refus des princes allemands d'entrer dans la ligue offensive et défensive que la France a, en 1596, formée avec l'Angleterre et la Hollande. — Traité de Vervins, 1598; Henri IV y fait comprendre les princes allemands.

§ II. — Dettes du roi envers les princes et les villes d'Allemagne. — Lenteur avec laquelle s'effectuent les remboursements. — Affaire de la Chartreuse de Strasbourg. — Créance de la maison d'Anhalt-Bernbourg.

I

En 1591, après avoir fait remarquer à son ami et correspondant Joachim Camerarius que l'Allemagne n'avait rien produit de nouveau, Bongars disait tristement : « Plût à Dieu qu'il en fût de même de notre France qui, depuis quelques années, laisse bien loin derrière elle l'Afrique, si féconde cependant en monstruosités! » Depuis un quart de siècle et plus, la France, en effet, était livrée à toutes les horreurs des luttes religieuses.

Ce qui avait prolongé ces luttes, c'était l'intervention étrangère. Sans l'Espagne, sans la Savoie, les catholiques n'eussent pu les recommencer aussi souvent, et, quant aux huguenots, ils auraient promptement succombé si les divers États protestants de l'Europe, et tout particulièrement ceux d'Allemagne, ne les eussent secourus.

Certes, lorsque l'Allemagne envoyait ses lansquenets et ses reîtres à Henri de Béarn, le salut de la Réforme, menacée dans son existence par la sainte Ligue, était son principal mobile. On ne saurait toutefois oublier que la coutume des enrôlements à l'étranger était très ancienne en Allemagne ; pendant la guerre de Cent ans, les rois d'Angleterre avaient tiré de ce pays des contingents considérables. Vainement, en 1570, la diète de Spire interdit aux sujets de l'Empire de prendre du service au dehors, car une atteinte profonde était par là portée à la vieille discipline des armées germaniques; l'usage persista. Dans son *Histoire universelle* (liv. LXI) de Thou observe que cet usage avait pour objet de ne pas laisser émousser par l'inaction le mâle courage de la nation allemande et d'empêcher que, dans un empire où les intérêts de tant de princes étaient confondus, ces peuples remuants, ne rencontrant pas d'ennemis extérieurs, ne s'en fissent eux-mêmes au dedans. « Mais aussi, ajoute-t-il, n'est-il pas indigne et peut-être injuste que de braves gens, qui passent d'ailleurs pour les plus équitables du monde, se vendent honteusement au premier venu qui aura la fantaisie de guerroyer, et, semblables à de vils gladiateurs, mettent à prix leur propre vie? »

Tout autre, il est vrai, était l'idée que les Allemands se faisaient du métier de mercenaires. Au grand vizir de Soliman, Ali, se plaignant que des Allemands, sous un aventurier grec, eussent envahi et dévasté la Moldavie, l'ambassadeur de l'empereur Ferdinand Ier, Busbek, répondait : « Ignorez-vous que la Germanie est une nation libre, habituée à ne subsister que de la solde de l'étranger? »

On trouve des Allemands dans l'armée du prince de Condé (1562, 1567-1569), comme dans celle de l'amiral Coligny, qui eut le commandement des huguenots après Jarnac. Il y en avait encore sous Henri de Béarn, quand le fils de Jeanne d'Albret, échappé de la cour de France où, depuis la Saint-Barthélemy, il avait été retenu dans une sorte de captivité, eut pris la direction des opérations militaires de son parti (1576). Les capitulations souscrites par le premier et le second des Condés en 1568 et 1575, ou par Henri de Béarn en 1589, ainsi que les *Mémoires de la Huguerye*, nous font connaître comment et à quelles conditions se recrutaient les reîtres et les lansquenets [1].

En Allemagne, on donnait le nom de *Reitern*, d'où reîtres, aux cavaliers, et celui des *Landsknechts*, d'où lansquenets, aux fantassins. Comme les reîtres avaient, au milieu du XVIe siècle, substitué à la lance, ancienne arme de la cavalerie, le pistolet à rouet, on les appelait quelquefois pistoliers, et, à cause de la couleur sombre de leurs costumes, cavaliers noirs.

Si, il y a cent ans, le landgrave de Hesse et quelques autres principicules d'Allemagne, devenus souverains absolus, louaient en gros les services de leurs sujets à l'Angleterre, les choses ne se passaient pas ainsi au temps dont nous parlons. Au XVIe siècle, les engagements étaient individuels; d'ordinaire, ils se contractaient à Francfort-sur-Mein, où s'étaient rendus les capitaines et colonels chargés de fournir aux Condés, au roi de Navarre, ou à leurs intermédiaires habituels, le duc des Deux-Ponts et le palatin Jean-Casimir, les troupes dont ils avaient besoin. Quelquefois les colonels et les capitaines arrivaient dans cette ville à la tête de corps formés en Brunswick, en Saxe, en Brandebourg, avec le consentement préalable des princes suzerains. Après avoir reçu douze florins par reître enrôlé, un florin et demi par

1. Aff. étr., *Palatinat*, f°s 141, 511, capitulations du 28 janvier 1568 et du 27 septembre 1575; — *Mém.*, 7132, f°s 303, 313, capitulation et commission du 14 août 1589; — *Mém. de la Huguerye*, I, p. 385; — Egerton, *Négociations*, 1587; — *Bull. hist. du protestantisme français*, 1877.

lansquenet, ils devaient conduire leurs recrues à l'endroit où aurait lieu la première montre (revue générale). Un mois de solde était attribué à tout lansquenet et à tout reître pour couvrir ses frais d'entrée en campagne. Si le payement de cette somme était différé jusqu'à la cessation des hostilités, ce qui arriva en 1575, la montre était dite sèche. Au terme de la guerre, les lansquenets et les reîtres étaient gratifiés d'un autre mois, le mois de retour, qui s'acquittait en monnaie ayant cours en Allemagne, et, s'il y avait victoire gagnée, le mois courant était censé fini et un mois nouveau commençait [1].

Un régiment de reîtres comptait 1500 hommes, un régiment de lansquenets, 2000. Le premier se divisait en cinq cornettes, de 300 hommes chaque, et le second, en six enseignes, dont l'une comprenait 500 hommes, les autres n'en ayant que 300. Le colonel d'un régiment de lansquenets, à titre de premier fusilier, commandait l'enseigne de 500 hommes.

Lors de la première montre, les commissaires du roi de Navarre ou du prince de Condé s'assuraient que les lansquenets et les reîtres étaient « vrais Allemands ». Le lansquenet qui se donnait pour reître, ou le valet qui se donnait pour lansquenet, était puni exemplairement. Dans le serment de fidélité prêté au roi de Navarre, on réservait « la Majesté impériale et le Saint-Empire romain, la confession d'Augsbourg et le seigneur féodal d'un chacun ». Si toutefois le roi de Navarre était dans le cas de légitime défense, il pouvait employer les reîtres et les lansquenets contre tous ses enne-

1. La solde mensuelle du reître était de quatorze florins, celle du lansquenet, de quatre. Par mois, on donnait au colonel de reîtres 4048 florins, au colonel de lansquenets, 1302. Sur cette somme, l'un et l'autre devaient prélever l'entretien des « plus apparents », barons ou comtes qui les suivaient volontairement. Chaque régiment avait son capitaine des bagages, son interprète, son chirurgien, son fourrier, son boucher, ses trompettes, et chaque cornette ou chaque enseigne, son barbier et son armurier. Les capitulations indiquent les gages de ces différents agents. Le florin allemand valait un demi-écu sol ou trente sols de France.

mis, de quelque qualité ou de quelque religion qu'ils fussent.

Chaque reître était tenu d'avoir la chemise et le hausse-col de mailles, le corselet et la cuirasse, le casque, les brassards, les gantelets et une paire de pistolets. Quant aux lansquenets, ils n'étaient pas uniformément équipés. Dans une enseigne de 300 hommes, 80 avaient le mousquet, 120 le corselet et la pique, 20 la hallebarde, 10 l'épée à deux mains, et 70 l'arquebuse et le morion.

Pendant la première montre, on lisait devant le front de chaque cornette et de chaque enseigne le règlement militaire. En substance, il prescrivait :

1° D'une part, de ne rien entreprendre sans l'ordre du roi de Navarre ou de ses officiers; de l'autre, de ne pas se refuser à participer à une expédition ou à un coup de main sous prétexte que le nombre d'hommes désignés pour l'exécuter était insuffisant;

2° Dans les marches, de ne point s'écarter de son corps et de ne pas se dépouiller de ses armes « pour être d'autant plus diligent à la picorée et à la pillerie »;

3° Durant les haltes, de ne quitter son quartier ni de jour, ni de nuit;

4° De s'abstenir de toute violence contre les gens du *plat pays;*

5° De faire exactement le guet, nul ne devant être rencontré « ivrognant, dansant, chantant et tumultuant »;

6° De s'en remettre aux capitaines pour le jugement des différends, d'éviter tout défi et de s'interdire, dans les duels, les ruses ou les supercheries;

7° De ne point saccager les villes reçues à composition, etc.

D'après les capitulations, seront condamnés à mort non seulement les meurtriers, mais aussi les non-révélateurs des complots ourdis contre le roi de Navarre; ceux qui auront correspondu avec le camp ennemi, incendié une église, violé des religieuses, outragé un ecclésiastique ou maltraité des femmes, des enfants, des vivandiers; ceux enfin qui auront formé une association en vue d'une vengeance privée, ou débauché les reîtres d'une cornette et les lansquenets d'une enseigne; — à des châtiments corporels, les blasphémateurs; — à la dégradation et à la perte des biens, ceux qui auront exposé leur troupe à un échec en occasionnant quelque désordre pendant le combat; — à des dommages et intérêts, les voleurs.

Pour veiller à la police du camp, il y avait un prévôt, assisté d'un lieutenant, de sergents et de hallebardiers. Quand une sentence capitale avait été prononcée par le juge, le lansquenet ou le reître déclaré coupable était livré au bourreau après avoir reçu du chapelain du régiment les dernières consolations.

A chaque cornette, à chaque enseigne, était attaché un ministre; armé et bien monté, c'était le harnois sur le dos qu'il récitait la prière du matin et celle du soir, ou tenait le prêche.

Étrange était le spectacle qu'offraient les reîtres et les lansquenets allant à la guerre. Devant eux ils poussaient le bétail dérobé dans les villages qu'ils avaient traversés, et sur leurs chariots ils entassaient le blé qu'ils avaient enlevé, avec vans pour vanner, fléaux pour battre en grange, seaux pour puiser de l'eau, moulins à moudre le grain et fours pour cuire le pain. Là où ils s'arrêtaient, « ils ne faisaient, raconte un écrivain du XVIe siècle, Claude Haton, que chercher et fouiller ès logis, jardins, cours, fumiers, pour trouver butin ». Les chevaux surtout étaient de bonne prise, et quand les propriétaires dépouillés en réclamaient la valeur, « on les payait en coups de bâton ». A l'approche des Allemands, les gens du *plat pays* s'enfuyaient dans les bois, si grande était la crainte que leur inspirait cette soldatesque effrénée dont ils ne comprenaient pas la langue. Et nombre de gentilshommes vidaient leurs châteaux aussi vite que les gens du *plat pays* leurs maisons. C'est que les Allemands massacraient toutes les personnes qui leur résistaient; à celles qui leur avaient crié merci, ils répondaient en leur jargon tudesque qu' « étant fils du Diable, ils étaient aussi ennemis de miséricorde [1] ». Par un juste retour, il arriva quelquefois que, après la France, l'Allemagne fut saccagée, car, disaient les reîtres et les lansquenets qui venaient de piller la Bourgogne et se préparaient à dévaster les terres des archevêques de Mayence, de Trèves et de Cologne : « Après avoir déplumé la géline, il faut visiter les chapons [2] ».

Tels étaient les terribles auxiliaires dont le roi de Navarre, Henri de Béarn, allait avoir à se servir.

Fils d'Antoine de Bourbon, duc de Vendôme, et de Jeanne d'Albret, reine de Navarre, il était, sous le titre de *Protecteur des Églises*, chef des réformés français. Même avant d'avoir été reconnu en cette qualité par l'assemblée de Montauban (1579), il avait, à la tête de ses coreligionnaires, combattu Henri III et la Ligue, coalisés contre les dissidents. Avec lui la cour de France avait conclu les traités de Bergerac et de Fleix, qui avaient terminé ou plutôt suspendu la lutte. La fermeté et la souplesse nécessaires pour conduire un parti actif mais turbulent, dévoué mais ombrageux, il les possédait, et il savait se tirer d'une difficulté par un bon mot, et du péril par un élan de courage. Lorsque, en 1583, il eut lieu de craindre le renouvellement des hostilités, il chercha à se renforcer d'alliances étrangères. Pour les négocier, il fit choix d'un gentilhomme plein de zèle et de piété, M. de Ségur-Pardaillan, surintendant de sa maison, affaires et finances.

Ségur devait aller trouver la reine d'Angleterre, Élisabeth Tudor, le stathouder de Hollande, Guillaume de Nassau, le roi de Danemark, Frédéric II d'Oldenbourg, et les princes protestants d'Allemagne, entre autres l'électeur palatin, les margraves de Brandebourg, d'Anspach et de Bade, les ducs de Saxe, de Wurtemberg, de Brunswick, de

1. Bibl. nat., *F. F.*, 3393, Ancel à Henri III, 23 février 1588.
2. Bibl. nat., *Ve Colb.*, 398, p. 214, lettre de D. L'Abbe, juillet 1576.

Holstein, de Poméranie et de Mecklembourg, le comte palatin de Neubourg et les Anhalt. Dans le conseil de Henri de Béarn, on espérait qu'Élisabeth, contre qui Philippe II et le pape Sixte-Quint ne cessaient d'ameuter les catholiques d'Angleterre, d'Écosse et d'Irlande, consentirait à prendre la direction d'une contre-ligue et à faire porter dans quelque ville d'Allemagne 300 000 écus, qu'on emploierait, quand besoin serait, « à la défense de la cause commune par quelque bout qu'elle fût attaquée ». Le moins qu'Élisabeth pût faire, ce serait d'exhorter les princes allemands à la concorde.

Après avoir vu le stathouder de Hollande et le roi de Danemark pour les inviter à s'entremettre entre les calvinistes et les luthériens d'Allemagne, Ségur irait représenter aux princes que la nature seule du gouvernement allemand avait, jusque-là, contraint Rodolphe II « à atremper son humeur et à patienter, bien qu'impatiemment, avec ceux de religion contraire ». Mais si ayant épousé la fille de Philippe II, il devenait à la mort de son beau-père, dont l'héritier mâle était maladif, roi d'Espagne et des Indes, il serait assez puissant pour fouler aux pieds les libertés germaniques. L'unique moyen d'échapper à une servitude imminente, ajouterait Ségur, était que les luthériens et les calvinistes, laissant le débat *de cœna Domini*, qui les divisait, à la décision d'un concile universel, s'unissent étroitement entre eux, pour ensuite s'entendre avec les ennemis de la maison d'Autriche, la reine d'Angleterre, les États-Généraux de Hollande, les rois de Danemark, de Navarre, etc. [1]

La mission de Ségur dura vingt mois (juillet 1583—mars 1585); elle fut infructueuse. La reine d'Angleterre se contenta de faire dire aux princes allemands qu'il leur importait de secourir le roi de Navarre [2]. Quant à ceux-ci, tout en

1. *Mém. de Du Plessis-Mornay*, II, p. 272, instruction baillée au sieur de Ségur, juillet 1583.

2. Bibl. nat., *Ve Colb.*, 401, f° 108, instruction au sieur de Champernon allant vers le roi de Navarre, de la part de la reine d'Angleterre, janvier 1585.

prodiguant à Ségur les bonnes assurances, ils refusèrent de se confédérer, de peur de fournir à Rodolphe un prétexte pour rompre la paix d'Augsbourg. Et même aucun d'eux n'osa recevoir en dépôt les 500 000 écus que Henri de Béarn s'était procurés par la vente de quelques-uns de ses domaines patrimoniaux, et qu'il destinait à couvrir les frais de la prochaine levée [1]. C'est que, sans songer à leur salut éternel, ils étaient, selon un contemporain, ou livrés « à des bacchanales », ou indifférents [2]. On sait, d'ailleurs, que plusieurs, soit calvinistes, soit luthériens, égarés par l'esprit de secte, repoussèrent avec une sorte d'horreur l'idée d'une transaction confessionelle. En réalité, il n'y eut que le duc de Saxe, Auguste, sous les auspices duquel avait paru, en 1580 et 1582, le fameux *liber Concordiæ*, qui s'y montra favorable. Pour entrer dans les vues du roi de Navarre, il chargea quelques-uns de ses théologiens d'aviser avec ceux du margrave de Brandebourg à la rédaction d'un nouveau formulaire [3].

Cependant Henri III, qui redoutait les effets du voyage de Ségur en Allemagne, avait réclamé de Rodolphe l'arrestation de cet agent. « Car ce serait retrancher la licence que chacun prend d'envoyer messagers et gens... pour faire pratiques et menées au préjudice de la foi publique et du bien général de la chrétienté [4] ».

Ségur se trouvait alors en Saxe. Rodolphe, qui le soupçonnait de chercher à préparer la promotion de Henri de Béarn à l'Empire [5], s'empressa d'ordonner au duc de Saxe,

1. Bibl. nat., *Ve Colb.*, 401, f° 79, instruction pour M. de Ségur (8 mai 1585), où il est parlé de l'argent que ce seigneur avait précédemment porté en Allemagne; — Palma Cayet, *Chr. nov.*, p. 446; — Bibl. nat., *Ve Colb.*, 401, f° 132, causes qui ont mû M. le duc Casimir à manier la négociation du secours pour le roi de Navarre, par Couvrelles.

2. Bibl. nat., *Ve Colb.*, 401, f° 48, à Ségur, 14 décembre 1584.

3. Bibl. nat., *Ve Colb.*, 401, f° 2, 1584.

4. Bibl. nat., *F. F.*, 3304, à Ancel, 15 avril 1584.

5. Au nombre des lettres de créance remises à Ségur par Henri de Béarn, il y en avait une qui était adressée à Rodolphe (*Lett. miss.*, I, p. 462, 31 juillet 1583); Ségur n'en avait pas fait usage.

« comme à son bourreau et à son sergent », de se saisir de sa personne. Par dignité, Auguste n'obtempéra point à cette étrange injonction. Aussi bien, loin d'être ce perturbateur du repos des États que dénonçait Henri III, Ségur n'était passé en Allemagne que pour réconcilier les calvinistes avec les luthériens. Puis, aucun article des constitutions impériales n'interdisait les relations des princes avec les souverains étrangers [1].

En 1585, Ségur fut de nouveau député vers Élisabeth et les princes. Cette fois, il y avait à parer à un danger non futur, mais présent.

La mort prématurée du duc d'Anjou, frère de Henri III, avait rapproché Henri de Béarn du trône de France. Exploitant avec habileté la crainte qu'inspirait aux catholiques la perspective d'avoir, un jour, un hérétique pour roi, le duc de Guise avait fait valoir le prétendu droit d'un oncle de Henri de Béarn, le cardinal de Bourbon, sur la couronne. Il avait de plus sommé Henri III de révoquer les édits de tolérance et de chasser du royaume les huguenots endurcis. Le doute n'était plus possible : avec l'exclusion du successeur légitime, on poursuivait l'anéantissement des dissidents ; Henri de Béarn avait donc raison de dire : « Il y va de tout [2] ». Immédiatement Ségur partit pour l'Angleterre [3]. Lorsque Henri III, après une courte résistance, eut subi la loi du duc de Guise et des ligueurs ou, comme l'écrivait le landgrave de Hesse, « eut chanté des chansons à leur plaisir [4] », Ségur fut autorisé à offrir aux Allemands, qui rallieraient le roi de Navarre, de fonder des colonies en France. La proposition était monstrueuse ; peut-être fut-elle faite à l'insu de Henri de Béarn [5].

1. Bibl. nat., *Ve Colb.*, 401, f° 2, 1584.
2. *Lett. miss.*, II, p. 119, à Ségur, 19 août 1585.
3. L'instruction dressée pour Ségur est datée de Bergerac, 8 mai 1585. (Bibl. nat., *Ve Colb.*, 401, f° 79.)
4. Bibl. nat., *Ve Colb.*, 401, f° 234, aux électeurs de Saxe et de Brandebourg.
5. « Il les y faut embarquer le plus qu'on pourra et faire des colonies en ce royaume de ceux qui y voudront venir, afin qu'ils soient récompensés et

Arrivé à Londres, Ségur exposa aux ministres d'Élisabeth que la guerre déclarée à son maître était le prélude d'une attaque générale dirigée contre la Réforme; car les adversaires de celle-ci « feraient degré de la ruine des uns à la ruine des autres, et enfin de tous »; il demanda ensuite qu'une flotte anglaise allât croiser dans la Manche et l'océan Atlantique, pour mettre les côtes de France à l'abri d'une descente des Espagnols, et que 200 000 écus fussent avancés au roi de Navarre pour l'aider à recruter des reîtres et des lansquenets. S'adressant à Élisabeth elle-même, Ségur disait [1] : « Que si on jette les yeux sur tant d'âmes affligées, tourmentées de mille trahisons et cruautés... après qu'on a meurtri leurs pères, mères et parents, où auront-elles recours qu'à celle que Dieu leur a constituée protectrice? »

Un instant, Ségur crut avoir cause gagnée, du moins en un point : le 13 juillet, l'un des conseillers d'Élisabeth, Walsingham, lui annonçait que la reine enverrait l'argent « en toute diligence avec commandement exprès au gentilhomme qui en aurait la charge de le dépenser promptement ». Seulement il s'agissait non de 200 000 écus, mais de 50 000, somme tout à fait insuffisante. Et ces 50 000 écus, Élisabeth entendait qu'on ne les employât qu'après l'entrée des capitaines allemands en campagne [2].

Jamais ceux-ci n'avaient eu tant d'envie de monter à cheval. Parmi les plus empressés, on remarquait le comte de Mansfeld, qui, après avoir figuré dans l'armée de la Ligue, sollicitait maintenant l'honneur de combattre dans les rangs des champions du saint Évangile. D'autre part, le jeune duc de Brunswick-Lunebourg promettait de conduire 6000 reîtres et quatre régiments de lansquenets au secours des huguenots [3]. Il est certain que l'un et l'autre seraient passés en

accommodés. » Cette phrase se lit dans une dépêche du secrétaire de la main, Du Pin (*Lett. miss.*, II, p. 115, note, 11 août 1585.)

1. Bibl. nat., V^c *Colb.*, 401, f° 181, mémoire donné à la reine d'Angleterre, 1585.
2. Bibl. nat., V^c *Colb.*, 401, f°s 120, 103, Ségur à Leicester, 1585.
3. Bibl. nat., V^c *Colb.*, 401, f° 222.

France s'ils eussent reçu l'*Enrichtgeld* d'usage (frais d'entrée en campagne). Mais comme, par suite des embarras financiers ou de la parcimonie d'Élisabeth, Ségur, « venu sans argent et sans latin, ne pouvait les entretenir que d'espérances », ils ajournèrent leur départ. Puis, l'Empereur, par un rescrit, s'opposa à tout enrôlement en faveur du roi de Navarre, ce qui intimida plusieurs princes, les électeurs de Saxe et de Brandebourg, le comte palatin du Rhin, le landgrave de Hesse, les ducs de Poméranie et de Wurtemberg, etc. Pour n'avoir pas à prendre immédiatement parti, ils résolurent, dans l'assemblée de Worms (1586), d'offrir à Henri III d'être médiateurs entre lui et les réformés. Leurs députés, auxquels s'étaient joints ceux des villes libres d'Ulm, de Strasbourg, de Francfort et de Nuremberg, se rendirent donc en France. Dans l'audience qu'il leur accorda, le 11 octobre, Henri III ne leur cacha point qu'il entendait avoir la faculté de changer les lois qu'il avait faites, selon l'exigence des cas. Tel était le cours des choses en Allemagne; il voulait qu'il en fût de même en France. Sur le soir, s'exaspérant au souvenir de l'insolence des Allemands qui l'avaient accusé de mauvaise foi envers ses sujets protestants, il écrivit, de sa main, sur un petit papier, que quiconque avait dit que la révocation du traité de Fleix entachait son honneur, en avait menti. Ces mots, un officier alla, de sa part, les lire aux délégués des princes; en même temps, il leur signifia que le roi ne les recevrait plus [1].

On raconte que la mère du roi s'était vantée de faire tourner l'ambassade des princes à la destruction de la religion [2]. Il s'en fallut de peu que l'événement ne lui donnât raison. Aussi longtemps que les princes et les villes d'Allemagne s'imaginèrent que Henri III aurait égard à leurs représentations, les préparatifs de guerre furent suspendus au delà du Rhin. Cependant Henri de Béarn, qui voyait le péril

1. De Thou, *Hist. univ.*, l. LXXXVI.
2. Bibl. nat., *Ve Colb.*, 401, f° 249, Beuterich à Ségur, 28 janvier 1586.

croître d'heure en heure, avait alors besoin d'être secouru « le plus promptement et le plus fortement possible ». Dès le 29 avril 1586, il adressait à Ségur cet appel : « Hâtez! hâtez! hâtez! Passez par-dessus tout empêchement; le retardement nous ruine » [1]. Mais « l'un se remet sur l'autre, faisait remarquer Ségur, et ainsi rien ne se fait » [2]. Dans une autre lettre, il disait des princes : « Le malheur est qu'ils sont beaucoup, et qu'il n'en est un seul qui ait assez d'autorité pour bientôt, comme il est requis, les assembler. Tous veulent bien faire, mais ils attendent qui commencera [3]. »

Convaincu que, sans l'assistance pécuniaire d'Élisabeth, l'Allemagne resterait inactive, Ségur insistait pour que le subside anglais fût augmenté et à bref délai fourni. Sur les instances de Guitry, dépêché en Angleterre après Ségur, la reine l'avait doublé; par cette libéralité elle avait, suivant Henri de Béarn, « rendu humainement la vie aux Églises ». Néanmoins l'agent qu'elle envoya sur le continent, Horatio Pallavicini [4], n'apporta que la moitié de la somme accordée. En outre, ordre lui avait été donné de ne délivrer cette moitié au duc Jean-Casimir que si celui-ci s'engageait à conduire lui-même 8000 chevaux et 14 000 fantassins en France, et à ne déposer les armes qu'après avoir procuré « une bonne paix » aux réformés. « Cela est à désirer, objectait Ségur; mais il n'y a prince qui puisse s'assurer de le pouvoir faire, car les événements de la guerre sont incertains. »

Ces exigences, « ces subtilités et chicaneries », indignaient Ségur. « Je n'eusse jamais pensé, mandait-il à Walsingham, que les belles paroles et grandes promesses fussent à si bon marché à votre cour qu'elles sont, et ne voulais croire qu'on

1. Bibl. nat., *Vc Colb.*, 401, fo 306.
2. Bibl. nat., *Vc Colb.*, 401, fo 319, 30 mai 1586.
3. Bibl. nat., *Vc Colb.*, fo 324, 12 juin 1586.
4. Après avoir embrassé le protestantisme, le Génois Pallavicini s'était retiré en Angleterre, où Elisabeth l'avait pris sous sa protection. Il avait pour les négociations toute la finesse qu'ont d'ordinaire les Italiens, et pour la religion réformée un zèle de néophyte. Ses voyages en Allemagne ont commencé en 1585. (*Mém. de la Huguerye*, passim.)

eût si peu de soin de les effectuer. Je n'en dirais mot si elles se fussent adressées à moi seul; mais y allant de la gloire de Dieu, de la conservation de son Église et du plus excellent prince qui fût il y a mille ans, et de votre État même, il faut que je m'en plaigne. Je ne sais à quoi il sert à la reine, votre souveraine, de publier par toute la chrétienté qu'elle a un extrême soin du roi de Navarre et qu'elle lui veut aider, exhortant un chacun de faire de même, et cependant elle est la première qui nous refuse ce que Dieu lui donne d'abondance et ce qu'elle a promis si souvent, car il eût été beaucoup meilleur, si elle n'avait volonté de nous aider, qu'elle n'en eût fait tant de démonstrations. » Mais un jour viendra peut-être où Élisabeth sera elle-même en danger. « Vous en aurez votre part, ajoutait Ségur, si vous nous délaissez, et ce par le juste jugement de Dieu [1]. »

Quand Francis Drake, l'un des plus intrépides corsaires sortis des ports de l'Angleterre au XVIe siècle, eut fait, aux dépens des Espagnols, un butin énorme en Amérique, Élisabeth se décida à avancer 100 000 écus. Au grand déplaisir de Ségur, ces 100 000 écus et, de plus, les 100 000 thalers [2] que prêtait le roi de Danemark, furent versés entre les mains de Jean-Casimir. Seul chargé des levées, celui-ci, par l'accord de Fridelsheim (11 janvier 1587), fit prévaloir toutes ses prétentions; elles étaient exorbitantes. Il est vrai, les Allemands promettaient de servir pendant trois mois et même plus longtemps; mais s'ils étaient battus et dispersés avant d'entrer en France, ou si la paix se signait avant l'expiration du premier terme de leur engagement, trois mois de solde leur seraient comptés. Comme caution, Jean-Casimir prendrait hypothèque sur les biens du roi de Navarre, sur ceux des Églises et sur ceux des seigneurs français de la religion. En sus, il conserverait, à titre de gages, toutes les places qu'il aurait occupées pendant la guerre, et les sommes pour lesquelles il était créan-

1. Bibl. nat., *V^c Colb.*, 401, f° 373, 13 septembre 1586.
2. Le thaler équivalait à un écu sol de France.

cier de la couronne de France depuis 1576, lui seraient remboursées. S'il le fallait, les hostilités continueraient jusqu'à ce qu'il eût reçu satisfaction.

Cessation des poursuites exercées contre les auteurs des rébellions passées; liberté de conscience et liberté de culte, sans aucune exception ni restriction; admissibilité des réformés à tous les emplois publics; entretien des pasteurs par un prélèvement fait sur les revenus du clergé catholique; création de tribunaux mi-partis; remise à Henri de Béarn de trois villes d'otage et reconnaissance de son droit au trône de France, telles étaient les bases sur lesquelles on pourrait traiter avec Henri III.

Ségur fut contraint de donner à Jean-Casimir quittance des 100 000 écus envoyés par la reine d'Angleterre, et de souscrire en sa faveur une obligation de 109 000 florins dont l'emploi n'était pas déterminé. Bref, disait-il, Jean-Casimir avait imposé au roi de Navarre des conditions telles que « quand il l'eût tiré du sépulcre il n'en eût su demander de plus avantageuses pour son particulier [1] ».

On se plaignait aussi que le palatin eût accordé aux colonels de reîtres ou de lansquenets des capitulations onéreuses, sans réserver aux agents du roi de Navarre la faculté de les modifier ou de les annuler. On se fût expliqué qu'il tranchât du maître en cette affaire s'il eût contribué personnellement aux frais de la levée des 3000 lansquenets et des 6000 reîtres qu'il avait à fournir. Mais l'argent de Henri de Béarn et d'Élisabeth devait couvrir cette dépense. Au moyen d'une combinaison qu'avait imaginée son secrétaire la Huguerye, *le Casimir*, sans bourse délier, se procurerait l'artillerie et les chevaux de trait dont il avait besoin, enfin les munitions. Et même au cas où Élisabeth avancerait quelques milliers de florins de plus, il pourrait en retenir une partie « pour ses nécessités ». Ainsi, fait observer la Huguerye, « son Altesse

1. Bibl. nat., *Vc Colb.*, 402, f° 166, instruction donnée au sieur d'Averly, août 1587.

aurait mis sur pied la plus belle armée qui fût encore sortie d'Allemagne depuis les troubles, sans y employer, de son côté, autre chose que son autorité [1] ».

Ce ne fut pas sans peine que Jean-Casimir effectua les enrôlements qu'il avait à faire. En le désignant comme intermédiaire entre l'Allemagne et elle, Élisabeth n'avait pas réfléchi qu'il était suspect à la plupart des cours allemandes où l'on savait qu'il s'était, en 1580, concerté avec les Guises, à la fois pour renverser Henri III et pour favoriser les vues ambitieuses du second des Condés, ennemi de Henri de Béarn. Comme prix de ses services ou à titre d'assurances, il aurait reçu Toul et Verdun, Chalon-sur-Saône et Langres, Châlons-sur-Marne, Sainte-Ménéhould et Rocroy. Un peu plus tard, en 1582, il avait répondu à un émissaire des princes lorrains, Maleroy, qui l'invitait à entrer avec ses maîtres « en une correspondance franche et véritable, à l'allemande », qu'il n'était engagé ni envers le roi de France, ni envers la reine d'Angleterre, ni envers le roi de Navarre, ce qui signifiait qu'il serait « au premier occupant » ou au plus offrant, pourvu que sa conscience fût sauve et que, par le fait de ses nouvelles alliances, Condé n'éprouvât aucun préjudice. De semblables négociations dont il disait « vouloir porter tout le maletalent », l'avaient discrédité dans son propre parti [2]. Les luthériens étaient, d'ailleurs, mécontents du zèle fougueux avec lequel il propageait le calvinisme dans le Palatinat qu'il administrait pendant la minorité de son neveu Frédéric IV. Déjà le duc de Wurtemberg et le prince de la Petite-Pierre avaient essayé de faire insurger les populations du Palatinat contre lui [3]. En 1587, là où les luthériens étaient en majorité, on s'opposa aux levées qu'il faisait faire. Il se peut même qu'en haine des calvinistes, les électeurs de Saxe et de

1. *Mém. de la Huguerye*, II, p. 385 et suiv.
2. Bibl. nat., *Ve Colb.*, 402, f° 166, instruction donnée au sieur d'Averly, août 1587; — *Mém. de la Huguerye*, II, p. 40, 177.
3. Bibl. nat., *F. F.*, 398, f° 787, Ancel à Henri III, 5 novembre 1585.

Brandebourg aient facilité le recrutement des reîtres à la solde de Henri III [1].

Il avait été convenu à Fridelsheim que le commandement de l'armée appartiendrait soit au roi de Navarre, soit à quelque prince de son sang; en l'absence de l'un et de l'autre, à Jean-Casimir ou « à celui qu'il ordonnerait ». Forcé par le duc de Joyeuse de se replier vers le Midi, Henri de Béarn devait-il envoyer l'aîné de ses cousins, Condé, au-devant des Allemands? C'eût été le rapprocher de Jean-Casimir, qui naguère l'avait encouragé à supplanter le roi de Navarre dans la direction des réformés de France. Henri de Béarn aima mieux faire dire à Jean-Casimir que, comme son arrivée au camp étranger n'était que différée, il jugeait raisonnable de confier, en attendant, la conduite de la guerre au duc de Bouillon, Guillaume-Robert de la Mark; il était prince souverain et venait d'être nommé lieutenant général pour le roi de Navarre en Champagne [2].

Si, après avoir renoncé à participer à l'expédition projetée, Jean-Casimir eût placé, comme il y avait d'abord songé, le duc de Brunswick-Lunebourg ou le prince de la Petite-Pierre à la tête du contingent allemand, Henri de Béarn n'eût pas parlé du duc de Bouillon. Mais Jean-Casimir avait investi des fonctions de général le burgrave Fabien de Dohna que ne signalaient ni des talents supérieurs, ni des services exceptionnels; il s'était toutefois distingué dans une guerre que le roi de Pologne, Étienne Bathori, avait faite aux Turcs. Probablement les Français ne se résigneraient pas à obéir à un chef sans notoriété lorsqu'ils avaient manifesté l'intention de ne pas se subordonner à Jean-Casimir lui-même; dans le but de les y contraindre, on avait inséré dans le traité de Fridelsheim une clause suivant laquelle ils ne toucheraient leur solde qu'à la fin de la campagne, tandis que les Allemands

1. Tuetey, *les Allemands en France*, I, p. 48.
2. Bibl. nat., *Ve Colb.*, 402, fo 11, accord passé entre le duc de Bouillon et Ségur, 1er décembre 1586.

seraient payés tous les trois mois. On avait sans doute espéré que leur intérêt ferait taire leurs répugnances. Néanmoins, à la suite de la nomination de Dohna, ces répugnances éclatèrent avec tant de vivacité qu'on dut compter avec elles : il fut décidé que le duc de Bouillon commanderait les Français et le baron de Dohna les Suisses et les Allemands. Donné par le premier, le mot d'ordre serait, contrairement à l'usage, porté au second [1]. Ces divisions étaient d'un fâcheux augure pour le succès de l'entreprise.

Après de longs délais, les Allemands, enrôlés par Jean-Casimir, et les Suisses, qu'avait recrutés M. de Clervant, se réunirent près de Strasbourg. Les Allemands étaient au nombre de 7000, dont 4000 reîtres et 3000 lansquenets, les Suisses au nombre de 16 000. A ces 23 000 hommes, il faut ajouter les 3000 arquebusiers et les 500 cavaliers français du duc de Bouillon. Si les Suisses et les Français étaient bien armés, les lansquenets et les reîtres étaient « en fort mauvais équipage [2] ».

On était au commencement du mois de juillet 1587. Il eût fallu se rendre immédiatement, par la Lorraine, en Champagne, afin de ne pas laisser au duc de Guise le temps d'organiser la résistance dans cette province. Mais les Allemands et les Suisses séjournèrent en Alsace pendant six semaines. Les excès qu'ils y commirent furent tels que, pour échapper aux violences dont elles étaient accablées, les populations se retiraient dans les bois. « Plus propres, disait Ségur, à faire mal à nos amis qu'à nos ennemis, ils engendraient une si universelle haine contre nous que l'on n'attendait que l'heure que les paysans prissent les armes en la campagne, et ceux de Strasbourg nous chassassent pour satisfaction des dommages faits par les nôtres [3]. » Sur plusieurs points on

1. Bibl. nat., *Vc Colb.*, 401, Montlouet à Ségur, août 1587.

2. Bibl. nat., *Vc Colb.*, 402, f° 164, d'Averly à Pallavicini, août 1587. Cette assertion de d'Averly est, il est vrai, contredite par le docteur Chelinet (Tuetey, *les Allemands en France*, I, p. 50, note 1).

3. Bibl. nat., *Vc Colb.*, 402, f°s 148, 152, Mme de Schomberg à Ségur,

parlait de recourir à l'Empereur pour être délivrés de ces bandes de brigands et d'assassins.

Au milieu de « ces confusions », il ne se faisait rien. Désespéré, Ségur suppliait Jean-Casimir d'envoyer à Dohna l'ordre d'aller en Lorraine. « Certes, Monsieur, c'est chose déplorable de voir ces grandes forces, l'ombre desquelles fait déjà trembler toute la France, ne correspondre par les effets à cette première appréhension [1]. » Qu'on différât encore d'agir, le passage des Vosges deviendrait impossible, car s'étant fortifiés sur leur propre territoire, les Lorrains poussaient des reconnaissances en Alsace même. Enfin, dix-sept jours après la première montre, Dohna entra en Lorraine par Phalsbourg.

Il avait pillé l'Alsace, pays neutre; pour se conformer à la recommandation de Jean-Casimir, il voulut épargner la Lorraine, quoiqu'il fût naturel de faire sentir à la maison qui la gouvernait et à laquelle se rattachaient les Guises, quelques-uns des maux de la guerre. Mais les négociations que la Huguerye, qui l'accompagnait, entama avec le duc Charles, n'aboutirent pas, et la Lorraine fut, comme l'Alsace, mise à feu et à sang [2].

De la Lorraine, où ils n'avaient assiégé aucune place importante, les Allemands se dirigèrent sur la Champagne. Ayant franchi la Moselle à la hauteur de Bayon (7 septembre), ils n'attaquèrent point les ducs de Nemours et de Guise à Saint-Vincent, près de Toul, quoique les forces de ceux-ci fussent inférieures aux leurs. C'est qu'ils avaient plus à cœur de faire du dégât que de combattre, et de malmener des gens sans défense que d'affronter des troupes régulières.

Le duc de Bouillon désirait que les auxiliaires étrangers ravitaillassent Jametz et Sedan; ensuite ils seraient passés en Picardie. Mais les Suisses et les Allemands, que M. de Châtil-

29 juillet 1587; Ségur à Mme de Schomberg, 30 juillet; — Tuetey, *les Allemands en France*, I, p. 54 et suiv.; — Legrelle, *Louis XIV et Strasbourg*, p. 51.

1. Bibl. nat., *Vc Colb.*, 402, f° 146, 25 juillet 1587.

2. Tuetey, *les Allemands en France*, I, p. 71-73; — *Mém. de la Huguerye*, III, p. 123.

lon, venu du Languedoc, rejoignit à Prez-sous-la-Fauche, refusèrent de se porter au nord. Une fois la Marne franchie à Villiers (19 septembre), ils atteignirent l'Aube. Afin de se procurer du vin, dont ils étaient avides (de là le sobriquet de tonneaux [1] sous lequel ils sont désignés dans plusieurs chiffres du temps), ils investirent l'abbaye de Clairvaux, sans pouvoir l'enlever.

Désormais leur objectif était la Loire. Il ne leur aurait pas été très difficile de la traverser à Neuvy, en amont de la Charité; ils n'osèrent toutefois tenter l'aventure, parce que Henri III, avec un corps de troupes, campait à la gauche du fleuve (21, 22 octobre). Au lieu de chercher à s'ouvrir un chemin vers le roi de Navarre en manœuvrant dans la direction de la haute Dordogne, ils gagnèrent la Beauce, où ils espéraient se refaire. Mais ils se laissèrent surprendre à Vimori, près de Montargis (26 octobre). « Comme ils se mettaient à table pour souper, messeigneurs de Guise et du Maine... les vinrent si rudement servir que pour tout mets il en demeura grand nombre de morts sur la place. » Outre beaucoup des leurs, ils perdirent cent vingt chariots « et entre autres choses deux chameaux et un tambour de cheval que le baron de Dohna faisait conduire devant lui par orgueil ».

Tandis que l'armée allemande fondait en quelque sorte, décimée par la maladie autant que par le fer ennemi, les Suisses, avec lesquels des pourparlers étaient engagés par les ministres de Henri III, cessèrent de participer aux opérations. Ils n'avaient pas entendu, disaient-ils, s'attaquer au roi de France, mais bien aux ligueurs. Par la Bourgogne et la Franche-Comté, ils retournèrent en Suisse.

Cependant, sur les instances du duc de Bouillon, les Allemands avaient consenti à remonter vers le Vivarais, en marchant parallèlement à la rive droite de la Loire. S'étant

1. *Mém.*, 7131, f° 227.

avancés jusqu'à Auneau, bourgade voisine de Chartres, ils furent, le 24 novembre, de grand matin, assaillis par Henri de Guise. Dohna, suivi de quelques cavaliers seulement, se fit jour au milieu des ligueurs pendant que plusieurs centaines des siens étaient égorgés dans Auneau.

Ce désastre acheva de démoraliser les Allemands. Leur retraite ressembla à une déroute. Pour fuir plus légèrement, on avait entassé les lansquenets sur les chariots. Le 8 décembre, Dohna, qui avait perdu son artillerie et ses munitions, conclut la capitulation de Marcigny-les-Nonnains avec M. d'Épernon, lieutenant de Henri III : aux Allemands, qui s'engagèrent par serment à ne jamais servir contre le roi de France, il était permis de se retirer sans livrer leurs drapeaux ; on devait les convoyer jusqu'à la frontière. Très peu d'entre eux revirent l'Allemagne, car presque tous ceux que n'atteignit pas le duc de Guise, acharné à leur poursuite, furent massacrés par les paysans.

D'une chanson du temps, véritable hymne de délivrance (elle est intitulée *le Cimetière des reîtres* et se récitait sur l'air : « J'aime ma mie comme mon cœur »), on détachera cinq couplets :

1. Adieu, les reîtres, adieu ;
Retirez-vous en autre lieu ;
Laissez notre pays de France ;
Allez au pays navarrois
Réformer le peuple et les lois,
Car vous êtes gens de science.
. . . .

2. Vous pensiez dans vos chariots
De France emporter les trésors
Pour vivre désormais à l'aise,
Mais vous n'avez eu que des coups,
De la pluie, du vent et des poux,
Dont vous n'étiez pas à votre aise.
. . . .

6. Vous avez mangé notre blé,
Mais il vous a bien cher coûté,
Car il vous a coûté la vie.

Vous avez pillé nos maisons,
Mangé nos poules et chapons;
De vous voir n'avons plus envie.
. . . .

11. Or, adieu tous les régiments
De reitres noirs et allemands;
Fuyez soudain en Allemagne!
Souvenez-vous une autre fois
Que pour avoir vu les François,
Vos corps en portent les enseignes.
. . . .

12. Quand reviendrez en ce pays,
Si voulez être ensevelis,
Apportez draps ou toile blanche,
Car les Français, preux et hardis,
Vous apprendront en ce pays;
Vous ne reviendrez plus en France [1].
. . . .

Le défaut de cohésion, l'absence de plan, l'inhabileté des généraux et l'indiscipline des soldats, telles furent les causes de l'insuccès de la campagne de 1587 [2]. Pris à parti dans des écrits qui parurent en Suisse et en Allemagne [3], la Huguerye et Dohna essayèrent de rejeter sur le duc de Bouillon et les officiers français la responsabilité des revers qu'on avait subis. Incapacité, trahison, lâcheté, voilà ce qu'ils reprochaient à Bouillon, à Ségur et à Guitry. Un mémoire de M. de Châtillon, mémoire où ce vaillant capitaine traitait sévèrement plusieurs de ses compatriotes [4], fut envoyé en Angleterre à l'appui des assertions de Dohna et de la Huguerye. Mais les Français répondirent aux calomnies de la Huguerye et de Dohna, et le sieur de Réau alla présenter à

1. *Premier recueil de toutes les chansons nouvelles*, Troyes, 1590.
2. *Sages et roy. Œc.*, ch. XXIV; — *Mém. de Du Plessis-Mornay*, IV, p. 95; — Bibl. nat., *F. F.*, 3398, f° 165, Mélander au duc Philippe de Brunswick-Lunebourg; — Tuetey, *les Allemands en France*, I, p. 81 et suiv.; — Baguenault de Puchèse, *la Campagne du duc de Guise dans l'Orléanais*, passim.
3. *Mém. de la Huguerye*, III, introduction, p. XVI.
4. Bibl. nat., *F. F.*, 3975, Châtillon au roi de Navarre, 31 décembre 1587; — *Mém. de la Huguerye*, III, introd., p. XXI.

Élisabeth et aux différentes cours allemandes une apologie des actions tant du roi de Navarre que de ses agents [1].

Il y avait mieux à faire qu'à récriminer. Ségur le comprit, et s'il ne laissa point de réfuter ceux qui cherchaient à déshonorer ou son maître ou lui-même, il s'efforça de préparer la revanche de Vimori et d'Auneau. Du reste, il n'avait pas attendu la destruction du corps de Dohna pour réclamer de la reine d'Angleterre de nouveaux sacrifices, et de l'Allemagne protestante une seconde armée. Dès août 1587, il avait dépêché d'Averly à Londres [2], et son secrétaire interprète, Bongars, à Halle, à Dresde, à Cassel, à Lubeck. Ni Bongars ni d'Averly ne devaient réussir dans les missions dont ils étaient chargés.

Certes Élisabeth, pressée par un émissaire de Jean-Casimir, Junius [3], en même temps que par d'Averly, s'engagea à subventionner la prochaine expédition; mais elle entendait « n'y mettre du sien » qu'après que les Allemands auraient franchi le Rhin. Or, elle savait bien que, sans le subside d'Angleterre, le recrutement de ceux-ci ne pourrait s'opérer. En réalité, ce qu'elle donnait d'une main, elle le retirait de l'autre. Ségur aurait désiré qu'elle se montrât plus coulante. « Je ne dis point pour nous, mais pour elle et pour les gens de bien. Dieu, qui a conservé le roi de Navarre et ses Églises jusqu'à cette heure, et sans les reîtres, les conservera encore, s'il lui plaît [4]. »

Après avoir visité l'administrateur de Magdebourg à Halle, l'électeur de Saxe à Dresde, et le landgrave de Hesse à Cassel (sptembre, octobre 1587), Bongars vit le roi de Danemark, Frédéric II, à Lubeck (novembre). Peut-être

1. Bibl. nat., *F. F.*, 4142, f° 657, Guitry au sieur de Ligny, 20 décembre 1587. — Dans les n°s 401 (f°s 130, 15, 132) et 402 (f°s 293, 295, 332) des *V° Colb.*, on trouve plusieurs mémoires composés pour disculper les Français des accusations formulées par les Allemands, entre autres la réfutation du pamphlet intitulé : *Perfidia et imposturæ Segurii.*

2. Bibl. nat., *V° Colb.*, 402, f° 166, instruction donnée à M. d'Averly, août 1587.

3. Bibl. nat., *V° Colb.*, 402, f° 200, Pallavicini à Ségur, 27 octobre 1587.

4. Bibl. nat., *V° Colb.*, 402, f° 228, à Pallavicini, 10 décembre 1587.

est-ce sur sa prière que Frédéric invita le duc de Saxe, les margraves de Brandebourg et d'Anspach, le landgrave de Hesse, l'administrateur de Magdebourg, etc., à se confédérer, et cela dans l'intérêt de l'Allemagne non moins que dans celui de la France. Car, uni au marquis de Pont-à-Mousson, Henri de Guise dévastait le comté de Montbéliard, qui était terre d'Empire; le gouverneur des Pays-Bas espagnols, Alexandre Farnèse, menaçait Bonn, sur le Rhin, et l'Empereur venait d'autoriser le roi d'Espagne à lever en Allemagne 10 000 reîtres qui iraient combattre les alliés naturels des princes, les Hollandais. « Il est à craindre, faisait remarquer Frédéric d'Oldenbourg (20 janvier 1588), que [le roi d'Espagne et l'Empereur] ne se veuillent servir des Allemands contre les Allemands et tâchent d'irriter cette nation les uns contre les autres, comme chiens enragés, et les laisser misérablement se couper la gorge l'un à l'autre, afin que, peu après, y ayant faute d'hommes en Allemagne, ils puissent mieux et plus aisément faire du reste ce qu'ils voudront. » Il était donc urgent d'être sur ses gardes « avant qu'on eût du tout jeté la corde par-dessus les cornes... Par ainsi il serait raisonnable que les États évangéliques, en suivant l'exemple des papistes et de leur ligue impie, laquelle a été dressée pour offenser, se laissassent persuader... à entrer en une ligue chrétienne pour se défendre en cas de nécessité. » Aussi bien, les catholiques ne se regardaient pas comme liés par le recez de 1555, que n'avaient ratifié ni le saint-siège ni le concile de Trente [1].

Mais les princes refusèrent encore de constituer cette *Union* que le roi de Danemark, après le roi de Navarre, conseillait d'établir; la sécurité de l'Empire leur semblait garantie par la paix d'Augsbourg [2]. Sur ces entrefaites (4 avril), Frédéric II d'Oldenbourg mourut à Copenhague; seul, au témoignage

1. Bibl. nat., *Ve Colb.*, 402, f° 249.
2. Bibl. nat., *Ve Colb.*, 402, f 271, le margrave de Brandebourg au roi de Navarre, 18 mars 1588.

de Ségur, il était capable d'entraîner les Allemands à des résolutions viriles. Si la reine d'Angleterre donnait enfin quelque argent, il serait à propos qu'elle l'envoyât, non en Allemagne, « car de cette année, mandait Ségur à La Noue, nous ne pouvons rien espérer en ce pays-ci », mais bien en France, « où en six mois on peut faire de belles choses [1] ».

Ces « belles choses » que prévoyait Ségur et qui devaient suivre la réconciliation de Henri III et du roi de Navarre, se firent attendre, puisque, au lieu de se concerter avec son cousin pour accabler les Guises qui l'avaient chassé de Paris, le roi de France subit d'abord leur humiliante protection. Il est vrai que pendant les états généraux de Blois il fit périr deux d'entre eux. Mais « si morte était la bête, mort n'était point le venin [2] ». A la nouvelle du meurtre des Guises, les Parisiens exaspérés avaient déclaré Henri III déchu du trône et avaient reconnu l'un des frères des « Maccabées », Mayenne, en qualité de lieutenant général de la couronne de France. Sans l'alliance de Henri de Béarn, Henri III serait probablement devenu, selon le mot de Catherine de Médicis, de roi de France roi de néant; c'est pourquoi il se rapprocha de son cousin (avril 1589). Lorsque la convention de Plessis-les-Tours eut été signée, il envoya en Allemagne Baradat pour négocier un emprunt de 300 000 écus. Bongars, qui, depuis la retraite de Ségur, représentait par intérim Henri de Béarn en Allemagne, fut d'avis qu'on pouvait lui avancer cet argent [3]. Il eût voulu que les princes assistassent aussi Henri de Béarn d'une manière effective; mais leur apathie lui faisait dire : « Je ne sais qu'espérer des électeurs; ils sont toujours semblables à eux-mêmes... Metz les pourrait chatouiller s'ils ne sont du tout insensibles. Et on en jette quelques paroles. »

Après l'assassinat de Henri III, Bongars insista pour que les 300 000 écus promis à Henri III fussent versés à son suc-

1. Bibl. nat., *Vc Colb.*, 402, f° 295, 8 juin 1588.
2. Palma Cayet, *Chr. nov.*, p. 99.
3. Berne, 42 A. — Éd. 1695, p. 655, Bongars à Ségur, 3 mai 1589.

cesseur, Henri de Béarn ou Henri IV. Ils seraient d'autant plus utiles que les troubles civils privaient ce dernier du produit des recettes publiques. Avec ces 300 000 écus, Henri IV défrayerait 3000 reîtres. N'était-il pas raisonnable de faire pour lui, protestant, autant que pour le catholique Henri III, surtout quand Philippe II, l'allié des ligueurs, aspirait à la monarchie universelle et était sur le point d'y atteindre? Apostrophant les princes, Bongars s'écriait : « Ne croyez pas que votre éloignement vous mette hors de péril; l'ambition ne connaît point de distances. Elle franchit des montagnes infranchissables, vogue sur des mers inconnues, traverse des déserts sans bornes, force des limites qui semblaient avoir été posées par la nature; si elle le pouvait, elle s'attaquerait au ciel même. Pour vous, si vous laissez l'incendie se répandre plus longtemps, vous le verrez bientôt à votre porte [1]. »

Mais les fils du duc de Brunswick répondaient que, depuis la folie de leur père, ils ne décidaient rien avant d'avoir consulté l'administrateur de Magdebourg et leur beau-frère, le margrave d'Anspach. Quant au duc de Holstein, qu'avaient ruiné ses prodigalités, il n'avait rien à donner et n'aurait pu, sans danger pour lui-même, exiger de ses sujets de nouvelles contributions. En Danemark, à cause de la minorité de Christian IV, on ajourna l'examen de la *proposition* de Bongars jusqu'à la diète qui s'assemblerait dans un an, et le négociateur français ne rapporta de Copenhague que « de vaines et bien longues espérances ». A moins d'être de parti pris, était-il permis de soutenir que les ducs de Mecklembourg et de Poméranie, qui, dans l'intérêt de la Pologne, luttaient alors contre les Turcs et les Tartares, étaient assez forts pour aider en même temps le roi de France? Enfin, des trois villes hanséatiques, l'une, Hambourg, dont la richesse était pourtant proverbiale, n'avancerait rien, sous prétexte que les précédentes guerres maritimes l'avaient ruinée, et une autre,

1. *Mém.*, 7125, f°s 24, 29, proposition faite aux princes et villes.

Lubeck, excitée par sa « prêtraille » contre ceux qui, comme Henri IV, étaient de religion calviniste, se montrait indifférente, pour ne pas dire hostile. Restait la troisième, Brême ; il eût été insensé de lui demander de se déclarer seule [1].

M. de Sancy, que Henri IV, aussitôt après son avènement, avait député vers les princes [2], fut plus heureux dans l'Allemagne du Sud que Bongars, « son adjoint [3] », ne l'avait été dans l'Allemagne du Nord et en Danemark. A son instigation, le landgrave de Hesse, Guillaume le Sage, tint à Cassel (décembre 1589) une assemblée secrète à laquelle assistèrent le duc de Saxe, Christian Ier, l'électeur palatin, Frédéric IV, et son oncle Jean-Casimir. Si tout projet de ligue d'État ou de ligue offensive et défensive fut écarté, du moins on convint de fournir à Henri IV, pour la campagne de 1590, 4000 reîtres et 9000 lansquenets. Mais on insista pour que Henri IV dépêchât à Constantinople un personnage « ayant bec et onze dents », avec charge de détourner les Turcs d'attaquer l'Allemagne, car tant que celle-ci se croirait menacée par les Infidèles, elle ne donnerait au roi de France que des secours insignifiants [4].

Plus empressé ou plus libéral que ses coreligionnaires en général, le landgrave de Hesse procurait immédiatement 100 000 florins. Cette somme, à laquelle s'ajouta quelque argent qu'on tira d'Ulm et de Nuremberg, Guillaume l'accorda sur l'assurance que Henri IV abrogerait tous les édits qui restreignaient « la liberté de l'Évangile [5] ».

L'habileté avec laquelle Sancy avait en 1589 conduit les corps suisses et allemands destinés à l'armée de Henri III,

1. Berne, 149 B, n°s 38, 101, 432, 455.

2. *Mém.*, 7132, f° 293, instruction pour M. de Sancy, 8 août 1589; f°s 314, 318, 320, 324, 328, propositions faites par Sancy au comte palatin Jean-Casimir, au landgrave de Hesse, aux ducs des Deux-Ponts et de Wurtemberg, à la ville de Francfort, etc. — De Thou, *Hist. univ.*, l. LCVIII.

3. *Mém.*, 7125, f°s 24, 29.

4. Aff. étr., *Allemagne*, III, f°s 164, 191, dépêches concernant le secours d'Allemagne, février 1590.

5. Rommel, *Corr. in.*, p. xvi.

lui avait acquis en Allemagne autorité et réputation. Mais, tandis qu'il était en Saxe, un régiment de lansquenets s'étant, sans en avoir reçu l'ordre, dirigé vers la basse Alsace, puis vers la haute, fut enveloppé et dispersé à Battenheim par les Lorrains de M. de Saint-Pol (5, 6, 7 décembre 1589) [1]. Ce fut Sancy qui porta la peine de cet échec : Henri IV lui retira le commandement des auxiliaires allemands. Bien qu'affligé de ne pouvoir plus être utile, Sancy se montra, après comme avant sa disgrâce, bon Français, car lorsque Jean-Casimir offrit de fournir, contre la cession de Metz, l'argent dont on manquait, il rejeta cette ouverture, dût Metz être enlevée par les Lorrains, qui l'assiégeaient. Engager cette ville à un prince étranger, quel qu'il fût, disait-il, ce serait démembrer le royaume; en y consentant, Henri IV se déshonorerait aux yeux de ses sujets. Cette réponse digne et ferme plut à Henri IV ; il se promit de l'opposer à la reine d'Angleterre, qui s'apprêtait à réclamer, en échange de ses subsides, ou Calais ou Boulogne [2].

C'est qu'il avait fallu recourir encore à Élisabeth. Elle disposait d'abondantes ressources; de plus, « l'alliance d'Angleterre était la liaison de toutes les autres, tant d'Allemagne que d'ailleurs [3] ». Dès le 19 août 1589, Henri IV déclarait à Élisabeth « qu'il n'aurait pour le bien de leurs affaires d'autre volonté que la sienne ». Quelques jours plus tard (27 août), il annonçait l'intention d'aller baiser ses mains et passer une semaine avec elle. Ce langage toucha Élisabeth; elle lui envoya 4000 soldats et des vivres. Dans l'effusion de sa reconnaissance, Henri IV lui écrivait (16 novembre) : « Il ne reste plus

1. De Thou, *Hist. univ.*, l. LCVIII; — *Lett. miss.*, III, p. 131, le roi à Fresne-Canaye, 29 janvier 1590; — Mossmann, *Un échec militaire de Henri IV en Alsace,* d'après la correspondance du nonce Ottavio Paraviccini, conservée à la Vaticane.

2. Sancy, *Discours sur l'occurrence de ses affaires.*

3. Egerton, p. 364, Beauvoir-Lanocle au roi, 5 mai 1590. Parlant des princes, qu'inquiétait l'accord de Plessis-les-Tours, un anonyme dit : « Ils branlent... Ils jettent l'œil sur la reine d'Angleterre, et suivront le chemin qu'elle leur montrera ». (Berne, 149 B, n° 34.)

rien en moi-même que je ne doive dire être plus vôtre que mien ». Mais dès qu'il eut obtenu ce qu'il voulait, il cessa de correspondre avec elle. Pendant les six semaines qui suivirent la bataille d'Ivry, Élisabeth ne reçut de lui ni lettre ni billet. Quoiqu'elle affectât l'indifférence, comme l'indique ce propos : « Eh bien ! nous aurons de ses nouvelles quand il aura affaire de sa ménagère [1] », elle s'ingéniait de diverses manières pour l'amener à rompre le silence. Le plus sûr moyen était, paraît-il, de parler en créancière impitoyable ; pour avoir du répit, Henri IV se hâtait de répondre [2]. Cependant son ambassadeur en Angleterre, Beauvoir-Lanocle, lui conseillait de ne pas négliger Élisabeth, de peur que celle-ci, blessée dans son amour-propre, n'écoutât les Anglais enclins à désirer que les difficultés intérieures, en se prolongeant, le détournassent des entreprises extérieures. Assurément il prenait plus de plaisir à manier l'épée que la plume ; au lieu de se taire toutefois, il était bon de remercier la reine « de ce qu'elle faisait et ne faisait pas [3] ».

Élisabeth ne s'était pas trompée. Dès qu'il eut besoin « de sa ménagère », Henri IV lui écrivit. Les Espagnols venaient de s'emparer du Blavet ; tout aussitôt il la supplia de l'aider à protéger les côtes de la Bretagne et de la Normandie. « Au nom de Dieu, lui dit-il (21 mai 1590), ne me refusez pas ce que je vous demande. » Élisabeth ne lui tint pas rigueur ; le 9 juin, elle l'informait que la flotte anglaise rallierait les vaisseaux français dans la Manche.

En fin octobre, tout en le blâmant d'avoir laissé sortir de Paris assiégé les bouches inutiles [4], elle lui envoyait, en signe d'amitié, une écharpe sur laquelle elle avait elle-même brodé des abeilles. A ce cadeau galant Henri IV eût certes préféré une grosse somme d'argent ; mais Élisabeth ne mettait pas

1. Egerton, p. 330.
2. Egerton, p. 331, 334.
3. Egerton, p. 347, 353, 357, au roi, 5, 11 juillet 1590.
4. *Lett. miss.*, III, p. 283.

volontiers la main à la bourse. En 1589, pour obtenir d'elle les 500 000 écus avec lesquels on avait soldé les Suisses passés du service de Henri III à celui de Henri IV, Beauvoir-Lanocle et de Fresne-Canaye avaient dû négocier pendant deux mois (octobre-novembre). Durant ces interminables débats, Élisabeth et surtout ses ministres les avaient souvent traités avec une hauteur insultante. Aussi de Fresne, à bout de patience, s'écriait : « Ah! pourquoi n'en est-il pas aujourd'hui comme sous Charles VII, où la France se rétablit d'elle-même et chassa ses ennemis étrangers sans secours étranger [1] ».

Au début de l'année 1590, Pallavicini suivit Fresne-Canaye sur le continent; au nom d'Élisabeth, il exhorterait les princes à s'intéresser à Henri IV. Débarqués à Stade, Fresne et Pallavicini s'aperçurent bientôt « que les Allemands n'étaient guère plus échauffés que de coutume... Cette froideur gèlerait l'Angleterre. » Néanmoins, l'électeur de Saxe, le comte palatin et le landgrave de Hesse promirent ou des soldats ou des subsides. « Cette diversité, disait Fresne-Canaye, serait fort aisée à concilier, car bons ménagers mettent tout en œuvre. Nous prendrons de chacun ce qu'il offrira, soit hommes soit argent, puisque aussi bien le tout se doit convertir en hommes [2] ».

Après s'être concerté avec le duc de Saxe, Pallavicini retourna en Angleterre (fin mai 1590), sans communiquer le résultat de ses démarches à Fresne-Canaye ni à Sancy. Bongars, qui avait appris son départ avec étonnement, s'indignait de ce manque de procédés [3], au sujet duquel Sancy, de son côté, s'exprimait ainsi : « Il ne sera pas mal à propos d'écrire à M. Peucer (ministre de l'électeur de Saxe) que le roi ne pourra trouver que fort étrange, ayant ici des ambassadeurs, gens d'honneur et de qualité, que l'on ne daigne pas lui faire

1. Egerton, p. 322.
2. Egerton, p. 347, à Beauvoir, 17 mai 1590.
3. Berne, 149 B, n° 98, au landgrave de Hesse, juin 1590; n° 115, à Christian d'Anhalt, 16 juillet.

savoir ce qui concerne ses affaires par leur voie, comme si le secours que les princes lui accordent avait à dépendre d'ailleurs que de son mérite envers la chose publique ; que telle façon de faire semblait mettre de la défiance entre la reine d'Angleterre et lui, la faisant arbitre de ce qui est de son particulier et le jugeant incapable de ce qui est bon et mauvais [1] ».

Ce langage, Henri IV l'aurait à son tour tenu s'il eût cédé à son inclination naturelle ; dans l'état présent de sa fortune, il jugea prudent de dissimuler sa mauvaise humeur. Puisque Pallavicini, après avoir conféré avec Christian Ier, avait cru devoir rendre d'abord compte à sa souveraine, il fallait le renvoyer promptement en Allemagne, sans lui enjoindre d'aller *piano*, « ce qui serait la ruine de nos affaires [2] ».

Malgré l'insistance de Henri IV, trois mois s'écoulèrent avant que Pallavicini revînt en Allemagne. Pour gagner ce pays, il traversa la France. Accompagné de l'ambassadeur d'Angleterre, lord Stafford, il alla trouver le roi à Gisors (octobre 1590), et ne lui cacha point la répugnance qu'éprouverait le duc de Saxe à confier le commandement des troupes auxiliaires à Sancy, dont quelques-unes des opérations avaient été malheureuses. Pallavicini indiqua ensuite le nombre et la qualité des soldats que l'Allemagne enverrait à Henri IV. Enfin, il rappela que les princes se proposant, outre la conservation du roi, le rétablissement de la liberté religieuse en France, il importait de leur faire connaître les mesures déjà prises à cet effet.

A la suite de cet entretien, Henri IV désigna le vicomte de Turenne pour aller, avec le titre d'ambassadeur extraordinaire, « vers tous les rois et princes protestants, nommément vers la reine d'Angleterre, le roi de Danemark, le roi d'Écosse, les électeurs et autres princes et États d'Allemagne ». Jusque-là fidèle serviteur de Henri IV, le vicomte de Turenne était

1. Berne, 141, n° 257, à Bongars, 14 juillet 1590.
2. Egerton, p. 358, à Élisabeth, 4 juin 1590.

l'un de ces personnages *a latere* par lesquels, d'après Pallavicini, l'Allemagne désirait être éclairée sur les intentions du roi [1].

Après avoir vu la reine d'Angleterre et le roi d'Écosse, Turenne devait passer en Allemagne avec Pallavicini. Le duc de Saxe serait le premier prince qu'il visiterait. Par Bongars et Sancy, comme par Pallavicini, Henri IV connaissait les dispositions favorables de l'électeur; elles s'étaient manifestées aussitôt que Christian avait su qu'Élisabeth était prête à seconder Henri IV [2]. Au dire de Sancy [3], les autres princes avaient peu de moyens, et ceux qui en avaient « en faisaient leur Dieu », si ce n'est le duc de Brunswick. Pour les villes, elles étaient conduites par des marchands, « qui ne voyaient pas plus loin que leur nez ». Seulement il fallait dissiper les scrupules du duc de Saxe, qui, très zélé réformé, accusait Henri IV de tiédeur religieuse. En même temps que Bongars se ferait auprès du prince d'Anhalt-Bernbourg garant de la piété de son maître, qui « par prières et par jeûnes » implorait le secours du ciel, Turenne déclarerait au duc de Saxe que le roi n'attendait qu'une occasion propice pour convoquer une assemblée de notables où il rendrait les principaux d'entre les catholiques « capables de la raison et de la nécessité ». A brusquer les choses il risquerait de s'aliéner ces derniers, qui déjà se montraient bons royalistes.

Turenne ferait au duc de Saxe et à ses alliés une vive peinture des maux dont l'Espagne, sous le masque de la religion, menaçait l'Europe, et il leur représenterait l'utilité d'une contre-ligue, bien que le souvenir toujours présent du châtiment infligé par Charles-Quint aux confédérés de Smalkalde pût les détourner de s'unir avec l'étranger.

Il accepterait, au nom du roi, la proposition faite par le

1. *Mém. de Du Plessis,* IV, p. 490, le roi au duc de Saxe, 3 octobre 1590.
2. Berne, 149 B, n° 37, l'électeur de Saxe à MM. de Sancy et de Fresne, 13 septembre 1590.
3. Berne, 149 B, n° 38, 13 janvier 1590.

duc de Saxe de fournir 6000 reîtres et 8000 lansquenets à la tête desquels serait placé celui que nommerait l'électeur, car puisque Sancy n'était pas agréable à Christian, le roi ne l'emploierait point.

Pouvoir était donné à Turenne de délivrer, en retour des sommes avancées, des obligations que le roi ratifierait par lettres patentes, expédiées sous son grand sceau et signées de sa main et de celle de l'un de ses secrétaires d'État.

En dernier lieu, il était prescrit à Turenne d'annoncer qu'une fois vainqueur de tous ses adversaires, Henri IV aurait à cœur d'aider la reine d'Angleterre et les princes d'Allemagne contre leurs communs ennemis [1].

Ainsi qu'il en avait l'ordre, Turenne commença par aller en Angleterre, où Élisabeth l'accueillit avec distinction. Avant de fournir à Henri IV les 4000 hommes, l'argent et les munitions qu'elle lui envoya bientôt, elle aurait voulu que le roi de France interdît à ses sujets le commerce direct avec l'Espagne [2]; néanmoins elle n'insista pas sur cette condition. De même, elle renonça à rappeler de Hollande, où ils servaient depuis 1585, 3000 Anglais pour les diriger sur la France. En attirant ces 3000 Anglais en France, Henri IV aurait mécontenté les Provinces-Unies, dont l'amitié lui était nécessaire [3]. Ravi de la facilité avec laquelle Élisabeth avait accédé aux demandes qu'il lui avait adressées, ou avait accueilli les représentations de Turenne, il lui écrivait (11 avril 1591) : « Et si rien me restait à vous engager de moi-même, je le vous offrirais en récompense; mais vous étant déjà acquis tout entier, je ne vous puis proposer que l'honneur que ce vous sera de conserver ce qui est à vous ». Puis, averti qu'Élisabeth se trouverait à Portsmouth quand lui-même serait en Normandie, il formait de nouveau le projet « d'être

1. Berne, 42 A, n° 7, instruction baillée à M. le vicomte de Turenne, octobre 1590; — De Thou, *Hist. univ.*, l. C.
2. Egerton, p. 388.
3. *Lett. miss.*, III, p. 827, 6 avril 1591.

auprès d'elle afin qu'il eût ce bien d'avoir vu, au moins une fois en sa vie, celle à qui il avait consacré et corps et tout ce qu'il aurait jamais, et qu'il aimait et vénérait plus que chose qui fût au monde [1] ».

Les grâces et l'esprit insinuant de Turenne avaient séduit Élisabeth. Pour achever de la gagner en flattant ses secrètes passions, l'ambassadeur français ne porta pas à Jacques VI Stuart les lettres dont il était chargé pour ce prince [2]. Morlas, dépêché en Écosse, expliqua à Jacques que Turenne avait dû se rendre sur le continent afin de hâter les levées dont son maître avait le plus pressant besoin.

D'Angleterre, Turenne alla en Hollande (janvier 1591), sur le conseil de la princesse d'Orange, veuve de Guillaume le Taciturne et belle-mère du stathouder Maurice de Nassau. « Je viens à cette heure, lui avait écrit la princesse [3], à l'utilité que votre passage par ici apportera au service du roi; sans doute qu'il sera très grand, car si Sa Majesté a envie d'entretenir ces gens ici et d'en tirer du secours, elle ne peut le faire si bien par personne du monde que par vous... Ils sont un peu ambitieux et veulent que l'on fasse cas d'eux. Je sais par quelques-uns d'eux-mêmes qui me l'ont dit que si le roi envoyait vers eux quelque seigneur d'autorité, qu'ils accorderaient beaucoup et... que si le sieur de Buzenval vient, il y sera longtemps et il n'y fera guère, et une heure de vous fera plus qu'un an de lui... » Pour être éclairé sur les intentions de *Messieurs de Hollande*, « qui sont la grosse cloche », ainsi que sur les moyens de faire réussir sa négo-

1. *Lett. miss.*, III, p. 461, 16 août 1591.

2. Déjà, en 1583, Ségur avait dû ne point passer en Écosse. « Il fallut que je cédasse à la volonté de ceux qui ne trouvaient bon mon acheminement vers V. M. » (Bibl. nat., *V^c^ Colb.*, 401, f° 104, 8 juillet 1585.) — Pour être agréable à Jacques en quelque façon, Henri de Béarn lui envoya, en 1587, le poète Du Bartas. Admirateur des œuvres de Du Bartas, Jacques les avait presque toutes traduites en vers écossais, et il disait souvent qu'il s'estimerait le plus heureux prince du monde, s'il lui était donné de voir l'auteur de la *Semaine*. (Egerton, *Compilation d'actes authentiques*, l'Aubespine-Châteauneuf au roi de France, 13 mars 1587; — Pellissier, *Du Bartas*, 1882.)

3. Laugel, *la Réforme au* XVIe *siècle*, p. 120.

ciation avec les princes, Turenne devait consulter Marnix de Sainte-Aldegonde. « Et certes, ajoutait la princesse, je donnerais de bon cœur de mon sang et que vous puissiez parler à lui, et si c'était chose que vous désirassiez, le mener avec vous en votre voyage. »

La princesse d'Orange avait vu juste : à la prière de Turenne, les États-Généraux, quoique presque ruinés par les frais d'une longue guerre, avancèrent 30 000 écus d'or à Henri IV.

Après avoir chargé Buzenval d'aller exposer à Élisabeth ce qu'il avait fait en Hollande, Turenne s'embarqua pour Hambourg. En Allemagne, il visita d'abord le duc de Saxe, à qui il fit comprendre que, dans cette conjoncture, il s'agissait avant tout de sauvegarder l'indépendance de l'Empire. En empêchant le démembrement de la France, qui autrefois avait servi de rempart aux libertés germaniques, on tiendrait la maison d'Autriche en échec. L'Allemagne avait donc intérêt à s'allier avec Henri IV sans attendre, pour se résoudre, qu'on se fût assemblé, car trop souvent une diète n'avait abouti qu'à la convocation d'une autre diète, et l'occasion s'était perdue au milieu d'interminables délibérations.

Si Christian Ier était, de lui-même, porté à bien faire, d'autres princes étaient assez froids. Du moins, le landgrave de Hesse et le duc de Wurtemberg ne s'expliquaient pas sur leurs projets. Quant au palatin Jean-Casimir, il aurait voulu avoir, comme en 1587, l'entière disposition de tout l'argent affecté aux levées; *hic latet anguis*, disait Bongars [1]. D'ailleurs, il s'imaginait qu'à cause du rôle prépondérant qu'il avait eu précédemment, il serait déshonoré si le roi ne jetait encore l'ancre de salut au seul Palatinat [2]. Venu à Heidelberg, Turenne calma ses susceptibilités. Ensuite, informé que le margrave de Brandebourg, interrogé par Rodolphe, hésitait à affirmer le droit de Henri IV à la couronne de France, il se

1. Berne, 149 B, n° 58, note inscrite en marge d'une lettre de Sancy, septembre 1590.
2. Berne, 149 B, n° 36, 3 juin 1590.

rendit à Berlin. Feignant de croire que l'Empereur seul était incertain, il représenta à Jean-George que tous les princes seraient en danger d'être, un jour, privés de leur souveraineté, si Henri IV cessait d'être considéré comme légitime, uniquement parce qu'il n'était pas catholique. Soit qu'il eût honte d'avoir, un instant, prêté l'oreille aux suggestions de Rodolphe, soit qu'il se fût laissé convaincre par les raisons de Turenne, l'électeur promit d'aider Henri IV. Bientôt les ducs de Saxe et de Wurtemberg, le landgrave de Hesse et le comte palatin, prenaient le même engagement. A Altenbourg, ils convinrent de recruter 16000 lansquenets et 10000 reîtres, et de les placer sous les ordres du jeune Christian d'Anhalt-Bernbourg, dont nul d'entre eux ne se défiait [1].

« Mais comme le fer d'Allemagne ne se remue pas sans or et sans argent, ce secours fut lent à lever [2]. » Dans l'espoir de le hâter, Turenne accourut à Francfort, où les agents du duc de Saxe traitaient avec les colonels. Si son maître, dit-il aux colonels, succombait dans la lutte qu'il soutenait contre le duc de Mayenne et Philippe II, l'Espagne, victorieuse en France, se tournerait vers l'Allemagne, autant pour imposer le catholicisme aux réformés que pour dépouiller ceux qu'avait enrichis la sécularisation des biens ecclésiastiques. En même temps, il suppliait l'oncle du stathouder, Jean de Nassau, de négocier, au nom du roi, des emprunts avec les évêques d'Osnabruck et de Paderborn, ou avec les villes de Cologne et d'Aix-la-Chapelle. Enfin, il voulait que la princesse d'Orange usât de son influence pour que chacune des sept Provinces-Unies fournît immédiatement la part des 30000 écus d'or mise à sa charge. Demeurée Française de cœur, la noble veuve du Taciturne ne s'épargna pas pour satisfaire Turenne. « Vous suppliant de croire, lui écrivait-elle (24 mai 1591), que nous n'oublions rien de tout ce qui peut avancer cette affaire, et

1. La capitulation arrêtée entre le vicomte de Turenne, agissant au nom du roi de France, et le prince d'Anhalt, porte la date du 24 avril 1591.
2. Palma Cayet, *Chr. nov.*, p. 202.

pour moi je désespère et languis de voir ces longueurs; mais en matière d'argent il y en a toujours. » Et plus bas : « Tout bruit de votre belle armée et se dit que vous commencerez à marcher cette semaine. O Dieu! qu'il me tarde de voir cette nouvelle certaine! » Cependant, en dépit des efforts de Turenne, Henri IV, qui avait pensé ouvrir la campagne d'été avec les Allemands, ne fut rallié par eux qu'à l'automne.

Au mois de mai 1591, Turenne dépêcha Bongars en Danemark : il devait inviter Christian IV à donner le bon exemple aux Allemands. Différer d'agir jusqu'au vote d'une assemblée générale, quand déjà était sûre l'approbation des grands du royaume, ce serait remettre le remède après la ruine, la médecine après la mort. Bongars irait ensuite recueillir les subsides de Nuremberg, de Spire, de Worms et de Francfort [1].

En effet, lorsqu'il fut revenu de Danemark (juin), il se rendit dans ces villes, mais il n'en obtint rien. Du moins, pendant qu'il était à Francfort, il vit les gens de guerre y affluer de toutes parts. Le 1er août, eut lieu, dans une plaine voisine, la première montre : en élevant les mains, les Allemands firent le serment de servir fidèlement le roi pendant trois mois; le 2, ils franchirent le Rhin en aval de Mayence, et le 18, après avoir passé la Sarre, ils entrèrent en Lorraine. Cette fois encore, la Lorraine fut horriblement ravagée sans que Charles II essayât de s'opposer à la dévastation de son duché.

Parti de Pierrefonds le 15 septembre, le roi, suivi de mille cavaliers, vint par Mézières et Sedan à la rencontre des Allemands; le 29, il les trouva rangés en demi-cercle (c'était leur ordre de bataille) à Vandy, non loin de Verdun-sur-Meuse. « A sa vue, ces étrangers firent jouer toutes leurs pièces par plusieurs fois, avec une si grande dextérité qu'un coup n'attendait pas l'autre, tant ils étaient prompts à les recharger [2]. »

1. Ed. 1695, p. 684, instruction donnée au sieur de Bongars, 13 mars 1591; — Berne, 149 B, n° 17, Turenne à Bongars, même date.
2. Palma Cayet, *Chr. nov.*, p. 308.

Les Allemands étaient divisés en huit *osts* ou régiments, quatre de reîtres et quatre de lansquenets. Au nombre de leurs colonels ou lieutenants-colonels, de Thou nomme les comtes de Weda, de Dessau et de Westerbourg, les barons Fabien de Dohna et de Créhanges, Lenty, Arnauld Frentz, Olivier Tempel, Iselstein, etc.

A Vandy, le roi alla d'escadron en escadron, embrassa chaque colonel et s'arrêta quelques instants sous la tente de Christian d'Anhalt, où une collation avait été préparée. Puis, il dirigea les Allemands sur la Picardie. Chargé de les conduire, le maréchal de Biron voulut les astreindre à la discipline française; mais deux régiments de lansquenets, entre autres celui de Lenty, s'étant séparés du gros de l'armée qui manœuvrait entre l'Oise et la Somme (fin octobre), se choisirent de nouveaux officiers et rétrogradèrent vers Guise. Accompagné du prince d'Anhalt et de Lenty, le maréchal se lança à leur poursuite; il les atteignit près de Rocroy. Sa résolution était prise : les lansquenets ou rentreraient dans le devoir ou seraient taillés en pièces, car il ne fallait pas qu'ils allassent renforcer les troupes de la Ligue. En s'interposant, Lenty et Anhalt les décidèrent à se soumettre. « Et fut-on contraint de porter patiemment cette escorne, et faire encore bonne mine, comme si on leur eût été beaucoup obligé de ce qu'ils étaient retournés [1]. » On les plaça désormais au centre, entre le roi, qui était à l'avant-garde, et le duc de Nevers, qui commandait l'arrière-garde, « ce qui les empêcha de faire beaucoup de méchancetés qu'ils eussent faites s'ils n'eussent été ainsi serrés ». Peu après (24 novembre), Henri IV arriva en vue de Rouen, qu'il investit.

Outre les Allemands [2] et les Français, 4500 Anglais, qu'avait amenés le comte d'Essex, et 2000 ou 3000 Flamands, que

1. Palma Cayet, *Chr. nov.*, p. 310.

2. Le *Mémoire d'Adrien Milon,* publié par M. F. Bouquet, fait monter le nombre des Allemands présents sous les murs de Rouen à 18000; P. Cayet (*Chr. nov.*) le réduit à 15500.

les États-Généraux avaient envoyés sous Philippe de Nassau, participèrent aux opérations du siège. Quoiqu'il tâchât de contenter les Allemands en leur distribuant tout l'argent dont il disposait, Henri IV ne put les empêcher ou de s'insurger [1] ou de déserter. Bientôt l'armée royale fut à peu près ruinée. Mis au courant, Bongars exprimait (5 avril 1592) la crainte que le duc de Parme ne profitât de la situation critique de Henri IV pour tenter de s'introduire dans Rouen. Ce qu'il redoutait arriva. Celui qu'il appelle un renard (*vulpecula*) et qui fut un des plus habiles capitaines du XVIe siècle, réussit à franchir la Seine, à jeter un renfort dans Rouen et à regagner les Pays-Bas sans avoir été sérieusement entamé. Bongars explique ce succès d'Alexandre Farnèse par le dénuement où se trouvait Henri IV. « La pauvreté nous accable. Que le duc de Parme soit battu, nouvel Antée, il reprendra des forces en touchant la terre, tandis que notre victoire nous affaiblira. Les Allemands demanderont de l'argent; nous n'en avons pas. Nos Français retourneront chez eux pour la plupart, comme si tout était terminé. Or, le roi ne peut seul achever la guerre avec ce peu d'Anglais et de Flamands qui tirent leur subsistance de leur pays même [2]. »

A partir du mois d'août, après la reprise d'Épernay, ces Anglais, ces Flamands furent les seuls soldats étrangers que conserva Henri IV. Quant aux Allemands, dont la solde eût absorbé le reste de ses ressources [3], le vicomte de Turenne, connu sous le nom de duc de Bouillon depuis son mariage avec l'héritière de Sedan, Charlotte de la Mark (1591), les reconduisit à la frontière, où « ils dévalisèrent tous les vivandiers dudit sieur duc, et même ils proposèrent de se saisir de sa personne pour l'assurance de ce qui leur était dû. Aussitôt qu'ils furent passés la Meuse, ils commencèrent de se séparer, qui cent d'un côté, qui plus, qui moins d'un autre,

1. Éd. 1695, p. 155, 172, Bongars à Camerarius, 20 sept. 1591, février 1592.
2. Éd. 1695, p. 196, à Camerarius, 7 juin 1592.
3. Berne, 149 B, n°s 73, 74, Fresne-Canaye à Bongars, 1592.

pour s'en retourner le plus promptement qu'ils pourraient en leurs provinces [1]. » La plupart d'entre eux se répandirent en accusations contre les Français; mais, disait Bongars, « ils ne considèrent pas que le royaume est épuisé... D'ailleurs, que l'on consulte les principaux officiers de l'armée et Anhalt lui-même, leur chef. Ils diront qu'ils n'ont pas été trop mal pour l'état misérable du royaume, et qu'il n'était pas au pouvoir du roi de les mieux traiter. Je ne voudrais pas toutefois excuser les fautes que nous avons réellement commises, et je plains sincèrement ceux qui ont perdu leurs biens à notre service... Cependant ils ont aussi quelque sujet de se consoler. Ils voient les royaumes et les empires s'écrouler, et ils s'indignent de quelques pertes légères. De plus, tous les sacrifices qu'ils ont faits, ils les ont faits pour la bonne cause, pour le roi légitime, et, en allant au fond des choses, pour eux-mêmes et pour leur patrie [2]. »

D'après l'historien italien Campana, les reîtres et les lansquenets avaient été, en 1591 et 1592, *di piu gravizza agli amici che di damno a'nimici*. Certes Henri IV aurait voulu se passer d'eux; mais comme la Ligue, soutenue par Philippe II, ne désarmait pas, il fut réduit à faire encore appel à leur concours, sans toujours l'obtenir. Son abjuration (1593) refroidit singulièrement le zèle de plusieurs princes à son égard. Il eut beau leur représenter dans un manifeste daté de Fontainebleau « que s'il ne se fût pas rangé à la religion catholique, il se serait trouvé hors d'état et d'empêcher l'élection d'un roi, et de traiter avec la Ligue, et de tirer ses sujets de la main des Espagnols [3] »; l'électeur palatin et le landgrave de Hesse ne se consolèrent pas d'une défection qui alarmait leur piété. A la vérité, le margrave de Brandebourg, dans le même temps, se faisait fort d'apaiser l'irritation qu'elle avait causée aux princes, ainsi qu'à la reine d'Angle-

1. P. Cayet, *Chr. nov.*, p. 374; — De Thou, *Hist. univ.*, l. CIV.
2. Éd. 1695, p. 228, à Camerarius, 6 décembre 1592.
3. Rommel, *Cor. in.*, p. 10, 15 septembre.

terre, et, en outre, de déterminer l'Allemagne à fournir à Henri IV de nouveaux subsides; mais en retour le roi aiderait son fils Jean-George à disputer l'évêché de Strasbourg au cardinal de Lorraine. Aussi bien, la maison de Brandebourg, que l'Empereur offrait de dédommager par l'abandon de Juliers, ne combattait le cardinal de Lorraine que pour assurer aux troupes allemandes envoyées en France le passage du Rhin par le pont de Strasbourg [1].

Quoiqu'il ne comptât pas beaucoup sur le margrave de Brandebourg, « qui ne songeait qu'à achever son demi-quart de lieue, c'est-à-dire le reste de sa vie paisiblement [2] », Henri IV déclara qu'il soutiendrait Jean-George à trois conditions : 1° l'Allemagne équiperait 6000 lansquenets et 1200 reîtres qu'elle défrayerait, suivant en cela l'exemple de la Hollande et de l'Angleterre; 2° l'électeur de Brandebourg et les autres princes empêcheraient Rodolphe II de secourir l'Espagne; 3° Strasbourg ne réclamerait pas les 30 000 livres qu'elle lui avait naguère prêtées [3]. « Comme les fautes passées nous doivent faire sage à l'avenir [4] », Henri demandait à l'Allemagne plus de lansquenets que de reîtres, car ceux-ci étaient moins utiles que ceux-là dans une guerre de sièges.

On sait ce que désirait le margrave de Brandebourg. Une lettre de Sancy nous apprend que d'autres princes pressaient derechef Henri IV d'agir à Constantinople, afin que les Turcs, dont les incursions menaçaient incessamment l'Empire, s'attaquassent à l'Espagne de préférence. La négociation était difficile, car, suivant Sancy, « le Turc n'était pas accoutumé à laisser aller ses armées à la volonté d'autrui ». A ce propos, Sancy racontait à Bongars qu'un jour où l'ambassadeur d'Angleterre prétendait s'interposer entre les Allemands et les Turcs, le bassa lui avait montré l'envoyé de Rodolphe

1. *Mém.*, 7126, f° 2, Waldenfels au duc de Bouillon, novembre 1593.
2. *Mém.. de Du Plessis,* V, p. 545, Coignet à Du Plessis, 4 septembre 1593.
3. *Mém.*, 7126, f° 4, à Bongars, décembre 1593.
4. Berne, 149 B, n°ˢ 73, 74, le roi à Fresne-Canaye, 1593.

enchaîné en lui disant : « Prends exemple sur celui-ci à ne nous tromper point sous ombre d'amitié [1] ». Henri IV consentit pourtant à appuyer à Constantinople les démarches de l'Angleterre. Se conduisant d'après les maximes de quelques-uns de ses prédécesseurs, il avait, aussitôt après son avènement, recherché l'alliance du Grand Seigneur. Précédemment, lorsqu'il n'était que roi de Navarre, il s'était assuré de celle des souverains du Maroc.

Bongars, qui depuis le rappel de Fresne-Canaye était le seul agent de Henri IV en Allemagne, devait prier le margrave de Brandebourg de se prononcer dans le délai de six semaines [2]. Avant de mettre un terme à la mission de Sancy, qui cherchait à détacher de la Ligue le duc de Lorraine, il importait d'être éclairé sur les intentions de l'Allemagne. Mais l'année 1594 s'écoula sans que l'électeur de Brandebourg et ses associés les fissent connaître. Ils avaient bien parlé de fournir 4000 lansquenets et 800 reîtres, entretenus sur leurs deniers. Encore eût-il fallu que cette proposition fût suivie d'effet, et il n'en était rien résulté. Cependant, dès le mois de septembre 1594, Bongars les avait avertis des ouvertures que Henri IV avait faites au cardinal de Lorraine : contre sa renonciation à l'évêché de Strasbourg, celui-ci aurait reçu en France des bénéfices d'égale valeur. En outre, Bongars avait insisté pour que les délégués des princes se rendissent, en octobre, à Metz, où ils trouveraient Sancy, et lui communiqueraient les résolutions définitives de leurs maîtres [3]. A ses instances, à ses sommations, les princes étaient restés sourds, bien que leur silence prolongé pût avoir de fâcheuses conséquences. « Je juge par les lettres du roi, écrivait Bongars à Camerarius, qu'il est mécontent d'être abandonné de toutes les troupes étrangères, et de voir

1. *Mém.*, 7126, f° 9, 30 décembre 1593.
2. Bibl. nat., *F. Dupuy*, 43, f° 68, instruction du 3 décembre 1593.
3. Bibl. nat., *F. Dupuy*, 43, f° 74, instruction à Bongars allant en Allemagne, 29 septembre 1594.

que ceux qui sont intéressés dans la même cause demeurent spectateurs de nos périls. C'est là, si je ne me trompe, ce qui le pousse à rechercher la paix avec plus d'empressement [1]. » A son tour, Sancy faisait remarquer que Henri IV, sollicitant l'absolution du pape, ne pouvait désormais favoriser Jean-George autant qu'il l'eût fait autrefois, car il ruinerait ses affaires s'il donnait prétexte au duc de Lorraine de dire qu'il songeait à enlever un évêché à un cardinal de Rome pour en gratifier un protestant [2].

Pressé d'en finir, Henri IV offrit de garantir à Jean-George la moitié des revenus de l'évêché de Strasbourg. Et comme il n'était en mesure d'exécuter qu'une partie de ses anciennes promesses, il se réduisait à demander aux Allemands 3000 lansquenets au lieu de 6000, et la solde desdits lansquenets pour une année et non pour deux.

Mais les Allemands ne se décidèrent pas plus à agir en 1595 que les deux années précédentes. Leur hésitation, leur timidité indignaient Bongars d'autant plus qu'il ne manquait pas en Allemagne de gens toujours prêts à accuser Henri IV. « Je vous fais juges, vous et tous les hommes sensés, mandait-il à Camerarius [3]. Est-ce celui qui dévoue sa personne et ses biens à la chose publique, qui chaque jour affronte les dangers et s'y expose avec joie, qui se donne tout entier à la défense de l'intérêt commun, ou bien ceux qui, engourdis dans l'oisiveté, voient arriver sans bouger l'esclavage, qui méritent le nom de traîtres?... Ainsi donc ce prince serait de connivence avec l'Espagne, lui dont l'Espagne attaque les États et la vie par les armes et les artifices. »

Lorsqu'une trêve eut été signée entre Jean-George de Brandebourg et le cardinal de Lorraine, Sancy, qui l'avait ménagée, organisa, avec les soldats licenciés par les deux

1. Éd. 1695, p. 383, 12 juillet 1595.
2. *Mém.*, 7126, f° 3, instruction de M. de Sancy pour Bongars, 20 août 1595.
3. Éd. 1695, p. 471, 1er juin 1596.

adversaires, un régiment d'élite à la tête duquel fut placé le comte Eberhard de Solms, « seigneur d'aussi grande espérance qu'il y eût en Allemagne [1] ». Pendant les trois premiers mois, la solde de ce régiment serait fournie par la ville de Strasbourg, le duc de Wurtemberg, l'électeur palatin, etc. Mais après que le comte de Solms eut été blessé mortellement devant la Fère (décembre 1595), qu'assiégeait Henri IV, ses lansquenets devinrent très indisciplinés. « Il n'y a, marquait Sancy à Bongars [2], nul commandement parmi eux, parce qu'ils n'ont pas voulu recevoir de lieutenant-colonel... Ils pillent et volent tout le pays à six lieues à la ronde et disent n'être point obligés à faire montre. Je ne pense pas qu'en chaque compagnie il y ait aujourd'hui trente morions, car les soldats les ont tous jetés, même les briquiers... S'ils veulent continuer comme cela, il n'y aura plus moyen de se servir de lansquenets. » Après la capitulation de la Fère, Henri IV congédia ces auxiliaires, qui, plus mutins que vaillants, étaient inutiles et coûtaient très cher. D'ailleurs, les princes, infidèles à leurs promesses, le laissaient le plus souvent sans argent.

« Dieu veuille, s'écriait Bongars [3], réduire les affaires de Sa Majesté en tel état que nous n'ayons plus besoin de secours étranger! » Henri IV formait le même vœu, dont la réalisation n'était possible qu'au cas où il se rapprocherait de Philippe II. Au nom de celui-ci, le gouverneur des Pays-Bas, le cardinal Albert d'Autriche, lui avait fait des ouvertures pour un accommodement. Mais comme Henri IV doutait de la sincérité du cardinal (il a, disait-il, la paix à la bouche et la guerre au cœur), il voulut, avant d'entrer en pourparlers avec lui, savoir si l'Angleterre, les Provinces-Unies et l'Allemagne protestante ne consentiraient pas à faire un nouvel effort en sa faveur.

Tout d'abord il fallait connaître les intentions de la reine

1. Sancy, *Discours sur l'occurrence de ses affaires*.
2. *Mém.*, 7126, f° 140, 6 décembre 1595.
3. Éd. 1695, p. 657, à Hochfelder, 6 mars 1596.

d'Angleterre; le duc de Bouillon, assisté de Sancy, d'Ancel et de Du Vair, fut chargé de les sonder. Bien conduite, sa négociation aboutit (24 mai 1596) à la conclusion d'une ligue offensive et défensive. Ni la reine d'Angleterre ni le roi de France ne devaient, sans l'agrément l'un de l'autre, traiter avec l'Espagne. Immédiatement 4000 Anglais seraient mis par Élisabeth à la disposition de Henri IV [1]. Seulement les effets de cette convention étaient, en partie, détruits par une clause secrète aux termes de laquelle le corps expéditionnaire anglais serait de 2000 hommes, non de 4000; il ne passerait sur le continent que quand le roi, avec toute son armée, opérerait en Picardie; il ne sortirait pas de cette province; enfin il serait rappelé en Angleterre si la reine n'était pas, dans le délai de six mois, remboursée des dépenses qu'elle aurait faites pour l'équiper et le solder [2].

Plus généreux que la reine d'Angleterre, les Hollandais s'engagèrent envers le duc de Bouillon et Ancel, venus à la Haye, à donner 450000 florins au roi (31 octobre 1596). De plus, il était stipulé que Maurice de Nassau se concerterait avec Henri IV sur le point des possessions espagnoles qu'il serait à propos d'assaillir au printemps de l'année suivante.

Naguère il suffisait d'une admonestation d'Angleterre (cette expression, nous l'empruntons à Sancy [3]) pour amener l'Allemagne protestante à secourir Henri IV. C'est probablement afin « de se donner, comme dit Villeroi, crédit et réputation » auprès d'elle que Henri IV avait ratifié (9 juillet 1596) le traité du 24 mai, encore qu'il le jugeât peu avantageux. Mais les temps étaient changés; Ancel, envoyé vers les princes [4], s'en aperçut bientôt. Il est vrai, aucun ambassadeur anglais ne l'accompagnait dans sa tournée, et le comte de Lincoln,

1. Du Mont, *Corps dipl.*, V, 1re part., p. 525.
2. Egerton, *Compilation d'actes authentiques*, p. 327.
3. *Mém.*, 7126, f° 212, à Bongars, 8 avril 1596.
4. Les lettres de créance d'Ancel portent la date du 16 août 1596.

dépêché par Élisabeth vers le landgrave de Hesse, ne s'employait pas pour faire réussir ses démarches.

Au commencement de l'année 1597, Ancel visita l'électeur palatin, les margraves d'Anspach, de Bade-Dourlach et de Brandebourg, les ducs de Wurtemberg et de Brunswick, le landgrave de Hesse, le comte palatin de Neubourg, les Anhalt et l'administrateur de Magdebourg. S'il n'alla point trouver le roi de Danemark et le duc de Saxe, c'est qu'il avait appris qu'à Copenhague comme à Dresde prévalait, pour le moment, la faction espagnole. A tous ceux qu'il vit il montra l'Espagne aspirant à la monarchie universelle. Quand la France aurait été démembrée, l'Angleterre vaincue et la Hollande asservie, Philippe II fondrait sur l'Allemagne protestante, car il s'était juré d'anéantir les hérétiques, en quelque lieu qu'ils fussent. Il venait de placer des garnisons dans plusieurs villes de la Westphalie et poussait ses incursions jusqu'en Hesse. On n'arrêterait le cours de ses attentats contre l'intégrité et l'indépendance de l'Allemagne qu'en s'appuyant sur quelques-unes des grandes puissances de l'Europe.

Mais les princes entendaient se renfermer dans une stricte neutralité. Pour expliquer leur décision, ils alléguèrent le respect dû aux constitutions impériales qui défendaient toute liaison avec l'étranger, et la nécessité de réserver la totalité des forces de l'Allemagne contre les Turcs établis au cœur même de la Hongrie. D'ailleurs, et ce langage fut, en particulier, celui du landgrave de Hesse, était-il prudent de s'exposer, en adhérant à la ligue dont Ancel avait développé le plan, au ressentiment de l'Espagne sans avoir l'assurance d'être protégé par l'Angleterre, que gouvernait une femme capricieuse et égoïste ; par la Hollande, qui avait assez à faire de se soutenir elle-même, et par la France, qui, outre qu'elle était inconstante dans ses amitiés, était appauvrie par trente années de guerre civile? En plusieurs endroits, où les partisans de l'Espagne avaient adroitement fomenté le fanatisme des luthériens, on ne cacha point à Ancel qu'on envisageait avec indifférence la ruine imminente de l'Angleterre et de la France, parce que, en France et en Angleterre, les réformés n'avaient pas adopté la confession d'Augsbourg [1]. Bref, partout Ancel fut éconduit, de sorte qu'au terme de sa négociation, qu'avaient entravée les intrigues d'un agent espagnol, don Francisco de Mendoza [2], il se demandait anxieusement de quel côté son maître, pressé au dedans et menacé du dehors, pourrait tourner ses regards?

Sans doute, le margrave d'Anspach et le comte palatin du Rhin parlaient d'organiser, en opposition à la maison d'Autriche, une confédération purement allemande. Mais Henri IV ne croyait pas que leur dessein pût réussir, car la plupart de ceux qu'il s'agissait d'associer dans une pensée commune étaient d'humeurs très diverses et de naturel très timide. Puis, sans le contrepoids de la France, la maison d'Autriche serait toujours plus forte que les princes, même coalisés [3]. Présentement, une seule chose était claire : malgré l'exemple de l'Angleterre et de la Hollande, l'Allemagne n'assisterait pas Henri IV.

Loin de tirer les Allemands de l'inaction, la surprise d'Amiens par les Espagnols (11 mars 1597), succédant à celle de Cambrai, de Calais et d'Ardres, sembla les rendre tout à fait insensibles au sort de la France. Un mois après cette catastrophe, qui nous privait de ce qui alors était « le boulevard de la France [4] », Villeroi écrivait à Bongars : « Ces princes, qui nous abandonnent, se chargent d'un grand

1. Bongars, qui vient de signaler les persécutions dirigées par des luthériens contre l'église réformée, ajoute : « Je crains bien que Dieu n'envoie le Turc en Allemagne pour leur punition, puisque ces petits déclamateurs de théologiens le préfèrent ou, du moins, le comparent aux calvinistes ». (Éd. 1695, p. 203, à Camerarius, 3 septembre 1596.) En Saxe, pays confit en dévotion luthérienne, dit M. E. Lavisse (*Etudes sur l'histoire de Prusse*, p. 322), on enseignait que les calvinistes pensaient en vingt-trois points comme les ariens, et en soixante-trois comme les Turcs.

2. De Thou, *Hist. univ.*, l. CXVIII; — *Revue des questions historiques*, avril 1885, la politique de Henri IV en Allemagne, par Alf. Baudrillart.

3. *Mém.*, 7124, f° 74, le roi à Ancel, 4 février 1597.

4. Egerton, p. 407, instruction au sieur de Foucquerolles, allant en Angleterre, 2 avril 1597.

reproche envers la postérité et mettent leurs États en grand danger... Ils perdent la liberté que nos pères les ont aidés à acquérir, mais ils ne s'en souviennent plus [1]. » Pourtant, s'ils eussent eu envie de quereller, faisait remarquer Bongars, « ils eussent eu mieux que Metz. Ils eussent eu et l'évêché de Strasbourg et la Lorraine. Mais ils sont résolus de refuser tout bien qui soit un peu accompagné de moleste [2]. »

Cependant l'Angleterre et la Hollande ne se hâtaient pas, nonobstant leurs promesses, de secourir Henri IV. Pour compléter le corps auxiliaire passé sur le continent l'année précédente, Élisabeth attendait que le roi fût en mesure de le défrayer, et même elle refusait de faire sur Calais, que Henri IV consentait à lui céder jusqu'à l'entier remboursement de tout ce qu'elle avait avancé [3], une diversion qui eût été très utile aux Français. Quant aux Hollandais, ils n'avaient pas encore paru sous Amiens [4].

A la fin, toutefois, tandis que les Anglais étaient renforcés, des Hollandais, au nombre de 4000, vinrent participer au siège d'Amiens; et Amiens une fois recouvré (17 septembre), il arriva que Henri IV eut autour de lui plus d'Anglais et de Hollandais que de Français. Le passage suivant de l'une de ses lettres ne laisse aucune incertitude sur ce fait : « Il faut que les déplaisirs talonnent tous les contentements. Vous devez penser quel je devais avoir du succès d'Amiens et

1. *Mém.*, 7127, f° 80, 20 avril 1597.
2. Éd. 1695, p. 663, à Joly, 9 avril 1597.
3. Lorsque se discutaient les clauses de la ligue offensive et défensive, Élisabeth avait réclamé Calais en garantie de l'argent qui lui était dû. « Mordié, madame, s'était écrié Sancy, seriez-vous bien si simple de croire que le roi vous voulût donner Calais? » Cependant il ne cachait pas à Henri IV que le refus de Calais aurait comme conséquence la rupture de sa négociation (Bibl. nat., *F. Dupuy*, 99, 24 avril 1596). Grâce à l'habileté du duc de Bouillon, la demande d'Élisabeth fut, en 1596, écartée. Mais pour déterminer, en 1597, cette princesse à faire quelque chose, il fallut subir sa loi. Dans l'instruction remise à Foucquerolles on lit ce qui suit : « Si ledit sieur reconnaît... qu'il n'y a point moyen de tirer secours d'elle qu'en la contentant en ce point, il lui dira que Sa Majesté est maintenant contrainte de convenir avec elle du délaissement de ladite ville de Calais, à condition toutefois qu'elle la gardera comme appartenante à la couronne de France, et pour gage de certaines sommes ». — L. de Kermaingant, *Jean de Thumery*, I, p. 107; II, p. 140.
4. *Lett. miss.*, IV, avril à juillet 1597, passim.

quel regret j'ai dans l'âme de voir le cours de ma bonne fortune arrêté par un débandement général de mon armée, qui, l'argent à la main, n'a su être empêché, tant la légèreté des Français est grande! Et l'exemple pernicieux des grands a été suivi. Je ne me plains de personne, mais je me loue de peu. S'ils disent que je leur ai donné congé, me le devaient-ils demander? J'avais jeudi soir 5000 gentilshommes; samedi à midi, je n'en ai pas 500. De l'infanterie le débandement est moindre... »

Et Henri IV ajoute : « Le conseil avait été bien tenu, les résolutions bien prises, les sujets de bien faire très beaux, les soldats ennemis étonnés, leurs villes effrayées. Mais qui, ainsi que Dieu, peut faire quelque chose de rien [1]? » Il ne lui restait plus qu'à signer la paix. Aussi bien, il avait les plus sérieuses raisons de la désirer. La France se dépeuplait; l'agriculture languissait, et la moitié des campagnes était en friche; par le manque de communications sûres entre les diverses provinces, le commerce avait cessé partout, et, dans les cités, l'industrie ne s'exerçait plus qu'imparfaitement [2]. C'est alors, ainsi que Bongars l'exposera bientôt au landgrave de Hesse, « que sa Majesté fut convaincue par l'expérience que les secours étrangers la mettraient peut-être en état de prolonger la guerre, mais non de la terminer; que ni ses propres ressources ni celles de ses alliés ne pourraient suffire pour reprendre les villes de France occupées par les Espagnols et pour relever de la misère le royaume et ses propres sujets [3] ».

Depuis 1596, le saint-siège, par l'intermédiaire soit du général des Cordeliers, Calatagirone, soit du cardinal de Florence, Alexandre de Médicis, suppliait Henri IV de se rapprocher de l'Espagne. Il espérait que le roi de France, après

1. *Lett. miss.*, IV, p. 855, à Catherine de Bourbon, 28 septembre 1597.
2. Poirson, *Hist. du règne de Henri IV*, I, p. 443. — Chéruel, *Histoire de l'administration monarchique en France*, I, p. 234 et suiv.
3. Rommel, *Corr. in.*, p. 28, déclaration faite par Bongars de la part du roi, 4 mars 1599.

s'être réconcilié avec Philippe II, se joindrait à lui pour détruire l'hérésie[1]. L'erreur était grossière; si jamais Henri IV unissait ses armes à celles de Philippe II, ce serait pour combattre les ennemis du nom chrétien, c'est-à-dire les musulmans, et point des chrétiens [2]. D'ailleurs, il exigeait la restitution de toutes les places que les Espagnols lui avaient enlevées, et prétendait conclure avec eux non une trêve, dont ils auraient profité pour accabler l'Angleterre et la Hollande, mais un traité. « Autrement il aurait filé la corde dont on l'étranglerait. »

Obligé, d'après l'un des articles de 1596, de prévenir la reine d'Angleterre et les Hollandais des propositions qu'on lui avait faites, Henri IV n'était astreint par aucune stipulation écrite à en informer les princes. Néanmoins Bongars, sur l'ordre qu'il avait reçu, mandait au duc de Wurtemberg, le 27 février 1596 : « Que si chacun pense assurer son repos ou, pour mieux dire, son oisiveté à ses dépens, Sa Majesté saura prendre parti aussi aisément et peut-être avec plus de sûreté qu'aucun autre; que les moyens de ce faire lui sont offerts et présentés; que ce n'est point pour intimider ou menacer qu'elle me fait porter ces paroles, mais pour échauffer ses amis à ce qui est de leur devoir au public, ou pour se justifier envers Dieu et le monde si le public ou sesdits amis pâtissent de ce qu'il leur adviendra ci-après; que c'est la dernière chose qu'elle veut faire que de se perdre pour des personnes qui font paraître avoir si peu de soin d'elle et d'elles-mêmes [3] ».

Cet avertissement ne fut pas le seul que Henri IV fit donner

1. Éd. 1695, p. 479, Bongars à Camerarius, 15 juillet 1596.

2. En 1599 (5 mars), entretenant M. de Villiers, ambassadeur à Venise, d'un projet de croisade en Orient, le roi dira : « J'en ai mandé mon avis à Sa Sainteté... et entrerais plus volontiers en part de ladite guerre que de la conquête de l'Angleterre et autres pays appartenant à ceux qui m'ont assisté en ma nécessité... Car je vous assure que je hasarderai plutôt mon État une autre fois que de rechercher mes avantages par une telle ingratitude; j'ai l'âme meilleure que cela ». (*Lett. inéd.*, publiées par E. Halphen, p. 21.)

3. Éd. 1695, p. 654.

aux princes. Dans une dépêche adressée à Ancel, colportant, sans succès, de cour en cour son projet de confédération, on lit ce qui suit : « Dites-leur que mes affaires sont dans un tel état qu'elles ne souffrent point d'ajournement et que, puisqu'ils ont plus de souci de leur particulier que du général, j'en userai de même [1] ». Il était impossible de se méprendre sur le sens de cette phrase, qu'Ancel se garda bien d'atténuer. Comme, en dépit de tout, les Allemands persistèrent à se tenir à l'écart, Henri IV aurait pu, sans encourir le reproche d'ingratitude, négliger leurs intérêts ; il fit toutefois insérer, dans le traité signé à Vervins, un article, le 24e, ainsi conçu :

« En cette paix, alliance, amitié, seront compris, de commun accord... premièrement de la part du roi très chrétien... les électeurs, princes ecclésiastiques et séculiers, villes, communautés et États du Saint-Empire, et par espécial, M. le comte palatin, électeur marquis de Brandebourg, duc de Wurtemberg, landgrave de Hesse, les marquis d'Anspach... »

Pendant la période que nous venons de parcourir (1583-1598), l'Allemagne protestante, ou par suite de ses divisions confessionnelles, ou faute de direction et de clairvoyance, n'avait pas aidé puissamment Henri IV sous le rapport militaire. A la vérité, en 1587 et 1591, des reîtres et des lansquenets, appelés par lui, étaient passés en France, mais ils n'y avaient accompli aucun fait de guerre éclatant, décisif. Plus tard, l'Allemagne protestante s'était refusée à entrer dans la ligue que la France, l'Angleterre et la Hollande avaient formée contre l'Espagne ; son adhésion eût été une cause de force, son abstention fut une cause de faiblesse pour Henri IV, qui, abandonné dans la crise la plus grave de son règne par ceux dont le concours lui était indispensable, traita avec l'Espagne. Du moins, par les avances d'argent qu'elle avait faites, l'Allemagne avait été utile au roi de France. Ces avances, Henri IV les avait sollicitées avec insistance, et il

1. *Mém.*, 7127, f° 74, 4 février 1597.

s'était empressé d'accepter les conditions qu'on y avait mises, quelque dures qu'elles fussent. Disons dès maintenant qu'il aurait dû, quand arriva le moment de rembourser ses créanciers, ne pas se régler sur plusieurs des souverains de son temps qui avaient érigé la banqueroute en système; sa considération y eût gagné, et il aurait ensuite eu une plus grande liberté d'action à l'égard de ses anciens alliés.

II

Avant d'être roi de France, Henri IV, pour se procurer des ressources, avait vendu quelques-uns de ses biens patrimoniaux ou ses bagues, et imposé les Églises, après consultation des protestants assemblés à Montauban, à Saint-Jean-d'Angély et à la Rochelle. Enfin, il avait eu recours à des princes, à des communautés, à des particuliers d'Allemagne, leur offrant, en échange de leur argent, du vin et du sel dont on avait, sur le conseil de Ségur, fait provision au pays d'Aunis [1]. Dès qu'il eut succédé à Henri III, il envoya Sancy et Fresne-Canaye en Allemagne « pour ensemblement ou séparément, l'un en l'absence de l'autre, prendre et recevoir en prêt, pour lui et en son nom, les sommes de deniers qu'ils pourraient trouver à emprunter de quelques personnes que ce soient qui l'en voudraient accommoder, à telles conditions qu'ils verraient bon être, soit moitié dettes, reconnaissances d'icelles ou autrement [2] ».

Muni de ce pouvoir, Sancy obtint du landgrave de Hesse 100 000 florins; de l'administrateur de Magdebourg 20 000, et de celui de Halle 24 000; du duc de Wurtemberg 36 000; du duc de Saxe 12 000; de l'électeur palatin 30 000; du duc Jean-Casimir 40 000, et du comte palatin de Neu-

1. Bibl. nat., *Vc Colb.*, 401, f° 324, au roi de Navarre, 12 juin 1586.
2. *Mém.*, 7132, f° 301, 8 août 1589.

bourg 6000; du margrave de Brandebourg 30 000 thalers, et du duc de Brunswick 24 000. Aux uns comme aux autres il délivra des obligations que Henri IV approuva par lettres patentes datées ou du Mans, le 6 décembre 1589, ou de Breteuil, le 7 février 1590. En cas de non-restitution à l'époque fixée dans les contrats, les parties s'indemniseraient par la saisie de gages nommément désignés [1].

Écrivant à l'administrateur de Halle, Henri IV lui faisait remarquer que la ratification qu'il lui expédiait était « telle qu'il l'avait demandée, en attendant qu'avec le temps il la pût envoyer en meilleure forme et plus usitée, selon les termes de ce royaume ». Peut-être entendait-il parler d'un acte certifiant l'enregistrement de la ratification susdite par le Parlement et la Chambre des Comptes, acte que plusieurs de ses créanciers avaient, jusque-là, réclamé en vain. Après de fréquentes remises, Henri IV les satisfit.

En 1589, Sancy avait promis que le landgrave de Hesse, l'administrateur de Madgebourg, etc., seraient remboursés dans trois ans. Mais il fut, en 1592, impossible à Henri IV de se libérer; les faibles moyens dont il disposait étaient absorbés par la guerre civile, bientôt compliquée de la guerre étrangère. Loin de diminuer, les embarras s'accrurent. Il fallait, d'ailleurs, distribuer le peu qu'on retirait des recettes royales aux soldats, si l'on ne voulait pas qu'ils désertassent en masse.

Presque totalement ruiné, Henri IV devait s'excuser auprès de Christian d'Anhalt de n'être pas en mesure de le dédommager des dépenses qu'il avait faites pour lui de 1591 à 1592 [2], et de solliciter des délais pour contenter les héritiers du comte Éberhard de Solms, mort à son service [3]. Si la

1. *Mém.*, 7132, f° 328, 6 décembre 1589; — M. Ritter, *Lettres et actes pour servir à l'histoire de la guerre de Trente Ans,* I, p. 1 et suiv. — Nulle part on ne voit que les princes aient, comme les Anglais, exigé des otages en garantie de l'exécution des engagements souscrits par le roi.

2. *Mém.*, 7126, f° 59, 28 septembre 1594.

3. Aff. étr., *Allemagne,* LXXXI, le roi au comte Reinard de Solms, 10 juillet 1596.

famille de Solms ou si Christian d'Anhalt étaient assez riches pour supporter un ajournement, des capitaines étrangers, congédiés sans avoir été payés, étaient forcés, dans leur dénuement, de recourir à des membres du conseil des finances, qui, « mangeant le cochon ensemble », achetaient leurs créances à vil prix, et ensuite se faisaient assigner sur des fonds liquides [1].

En 1590, 1591, 1595, Henri IV effectua de nouveaux emprunts en Allemagne [2]. D'après les *Sages et royales Œconomies*, des aliénations territoriales furent consenties en faveur de plusieurs de ceux dont il était le débiteur [3]. Déjà, du reste, il avait cédé (août 1589) au duc de Wurtemberg le comté d'Anguien (Hainaut) avec dix-sept villages et plusieurs terres nobles qui s'y rattachaient; la baronnie de Rhodes, voisine d'Alost, dans la mouvance de laquelle étaient dix-sept villages et trois cent cinquante fiefs; Haubourdin, proche de Lille, en Flandre; la baronnie d'Oisy, en Artois, avec treize villages, et les localités du Cambrésis dites Prémont, Allincourt, Serain, Audincourt, Troisville et Bertry [4]. Comme l'Espagne avait confisqué Anguien, Rhodes, Haubourdin, etc., échus à la maison de Bourbon par l'extinction de celle de Saint-Pol [5], Henri IV, en vertu d'une convention passée à Mœlsch (août 1595), leur substitua plusieurs seigneuries situées en Franche-Comté, et finalement celles de Montigny-le-Roi et de Nogent-le-Roi, en Champagne [6]. Seulement il se réservait, à perpétuité, la faculté de rachat. Sans avoir égard à cette stipulation, non plus qu'à la considération que par la réunion

1. *Lett. miss.*, IV, p. 564, le roi à Rosny, 15 avril 1596.
2. *Mém.*, 7132, f° 374, 28 octobre 1590; 7126, f° 41, 30 septembre 1591; 7131, f° 408, même date.
3. Outre les aliénations de territoires, il y eut des aliénations d'impôts; par exemple, en 1591, fut attribuée à la reine d'Angleterre la jouissance des droits de toute nature à percevoir sur Rouen et le Havre, quand ces villes seraient rentrées sous l'obéissance du roi. (Arch. nat., *Mémoriaux de la Chambre des Comptes*, 2331, f° 375, articles accordés par MM. de Beauvoir-Lanocle et de Réau, 25 juin 1591.)
4. Bibl. nat., *V^c Colb.*, 147.
5. *Lett. miss.*, I, p. 30, au cardinal de Bourbon, 13 septembre 1570.
6. *Lett. miss.*, IV, p. 463, 24 novembre 1595; — Arch. nat., *Conseil des finances*, EI, f° 146, 3 décembre 1596.

de la Navarre et de ses dépendances les pertes subies étaient largement compensées [1], la Chambre des Comptes s'éleva contre le démembrement du domaine de la couronne.

En 1599, Bongars fut chargé de prendre copie des obligations précédemment souscrites par MM. de Ségur-Pardaillan, de Sancy, de Turenne, de Schomberg et de Fresne-Canaye, pour prêts faits en deniers comptants [2]. Bientôt il expédiait à Paris les relevés, contrôlés, que lui avaient fait parvenir l'électeur palatin et d'autres créanciers du roi [3]; mais on voit dans l'une de ses lettres que le duc de Brunswick ne fournit qu'en 1602 le document qui lui avait été demandé trois ans auparavant [4].

Si l'on croit que pour connaître le montant des dettes de Henri IV envers l'Allemagne il suffit d'ouvrir les *Sages et royales Œconomies*, on se trompe. Aux chapitres CLI et CLXIV de ses *Mémoires*, Sully se borne à mentionner les sommes acquittées [5] sans dire ce qu'il y avait encore à rendre. Seuls, les arrêts du Conseil des Finances éclairent ces points. Malheureusement, d'une part, ils n'ont été reconstitués que pour la période antérieure à 1605, et, de l'autre, ils sont incomplets. Du moins, ils permettent de constater qu'en 1603, pour avances faites soit à Henri III, soit à Henri IV, il était dû à

1. *Mémoriaux de la Chambre des Comptes*, 2331, f° 607, lettres patentes du 7 septembre 1591, collationnées le 7 janvier 1592.

2. Bibl. nat., *F. Brienne*, 292, f° 91; — *Mém.*, 7126, f° 124, Bongars aux princes et villes du Saint-Empire, mars, avril 1599.

3. *Mém.*, 7126, f° 261, le roi à Bongars, 1er juillet 1599; 7128, f°s 53-56.

4. Bibl. nat., *F. F.*, 15577, f° 113, au roi, 6 mars 1602; — *Mém.*, 7130, f° 215, 12 avril.

5. Au ch. CLI (1605), on lit ce qui suit : État des sommes acquittées à la décharge du roi et du royaume... pour ce qui est dû aux princes d'Allemagne, villes impériales, colonels et capitaines de reîtres et de lansquenets... tant pour deniers par eux prêtés, services par eux faits, solde et appointements de gens de guerre, que pour arrérages de pensions, suivant les états qui ont été par eux présentés : 14 589 384 livres. Et plus loin (ch. CLXIV), il est dit que le roi voulant, en 1607, savoir ce qui avait été dépensé, depuis que Sully était surintendant, pour la liquidation des dettes « tant du dedans que du dehors du royaume », il lui fut porté un relevé dont un paragraphe était ainsi conçu : Payé aux princes d'Allemagne : 4 897 000 livres. Entre les indications données aux ch. CLI et CLXIV, il y a désaccord, à moins que les auteurs des *Sages et*

l'électeur palatin 858 404 livres 8 sols 9 deniers, et au duc de Wurtemberg 758 098 livres 11 sols 8 deniers, y compris les intérêts, calculés à raison tantôt de 8 un tiers p. 100, tantôt de 5 p. 100 [1].

Lorsqu'il vit, en 1599, l'électeur palatin, le landgrave de Hesse, les ducs de Wurtemberg et de Brunswick, les margraves de Brandebourg et d'Anspach, le régent de Saxe et Christian d'Anhalt, Bongars les avertit que le roi ne pourrait leur donner immédiatement satisfaction, car au milieu d'une détresse qu'on avait quelque peine à s'imaginer, il avait eu à payer les capitaines qu'il licenciait, à en récompenser quelques autres dont les services avaient été extraordinaires et à s'en concilier d'autres dont il suspectait la fidélité; à doter sa sœur unique, mariée au duc de Bar; à affermir ses frontières; à réparer les villes et les forteresses reprises, à les approvisionner, etc. [2]. A Christian d'Anhalt, en particulier, il dit : « Votre Excellence, qui sait ce que c'est des affaires du monde, sait aussi qu'il est non seulement malaisé, mais aussi impossible de se rétablir sitôt d'une quasi désespérée maladie de laquelle notre pauvre État a été affligé... La guerre est un double fléau pour le mal qu'elle porte tant qu'elle dure, et pour les vices qu'elle laisse après elle [3]. »

Cependant Rosny avait déjà entrepris la restauration des finances du roi. Tout d'abord il retira des mains des étrangers, la reine d'Angleterre, l'électeur palatin, le duc de Wurtemberg, etc., certains revenus qu'on leur avait naguère engagés. Cette mesure irrita les intéressés, dont les ambassa-

roy. Œcon. n'aient entendu parler, la seconde fois, que de ce qui avait été rendu aux princes, indépendamment des versements faits pour arrérages de pensions, solde des gens de guerre, etc... Dans ses *Recherches sur les finances* (p. 20), Forbonnais reproduit l'état de 1605 sans commentaire ni rectification, en le rapportant, il est vrai, à l'année 1595. Puis, à la date de 1609, il rappelle que 202 555 livres furent remboursées à plusieurs seigneurs allemands en acompte des sommes avancées pendant les troubles.

1. Arch. nat., *Conseil des fin.*, E1, f° 175; E5, f°s 146, 150; E2[d], f° 328; E3[d], f° 1; — Bibl. nat., *V° Colb.*, 402, f° 86.

2. Rommel, *Corr. in.*, p. 31, 14 mars 1599; — *Mém.*, 7128, f° 47, 21 juin.

3. *Mém.*, 7128, f° 135, 17 septembre 1599.

deurs remplirent la cour de leurs plaintes, et Rosny eut à démontrer au roi que, sans leur causer de préjudice, on assurerait, en ne cédant pas, de gros bénéfices au Trésor. Henri IV, d'ailleurs, ne demandait qu'à être convaincu, pourvu qu'on fît taire le petit Edmond, agent de la reine d'Angleterre, un grand gentilhomme allemand du duc de Wurtemberg, Wolmar, et quelques autres [1].

C'est que force est bien d'en convenir : Henri IV était naturellement enclin à se soustraire aux obligations qu'il avait consenties. En 1589, lorsqu'il était dans une pénurie extrême, il autorisait Sancy et Fresne-Canaye à lui procurer de l'argent « par tous les moyens ». Plus d'une fois on s'était adressé à des gens mal famés, à des usuriers, parce que « qui emprunte ne choisit pas [2] ». Et même Henri IV n'avait pas hésité à se reconnaître débiteur de sommes plus considérables que celles qu'il avait touchées : en 1589, il faisait remettre au margrave de Brandebourg un reçu de 30 000 thalers, quoique celui-ci n'en eût versé que 15 000. Pour le duc de Brunswick, qui en avait fourni 18 000, on lui en rendrait 24 000. A la vérité, il s'en faut que Henri IV se soit exactement et intégralement acquitté de ce qu'il devait.

Il venait d'épouser Marie de Médicis. A la nouvelle de ce mariage, qui ressemblait assez à une opération de banque [3], plusieurs princes, entre autres l'électeur palatin et le duc de Wurtemberg, députèrent vers lui pour le complimenter... et pour réclamer un règlement. Mais « ils ne purent être contentés que d'espérances [4] ». Bientôt Villeroi enjoignait à Bongars de rompre ces voyages, « qui ne servaient qu'à ne pas faire plaisir à M. de Rosny [5] ». Bongars y travailla, tout

1. *Sages et roy. Œc.*, ch. LXXXVI.
2. Egerton, p. 316, Fresne-Canaye au roi.
3. B. Zeller, *Henri IV et Marie de Médicis*, p. 17; — *Lett. miss.*, VIII, p. 763, à Chattes, 19 avril 1600 : « Et ne sera que bien à propos que vous lui disiez (à Élisabeth) que je suis de ceux qui espèrent qu'un bon mariage leur doit aider à payer une partie de leurs dettes ».
4. *Mém.*, 7129, f° 119, le roi à Bongars, 17 mai 1601.
5. *Mém.*, 7129, f° 127, 23 juillet 1601.

en représentant que l'honneur du roi, non moins que la raison et l'équité, exigeait que les Allemands fussent remboursés [1]. De son côté, le landgrave de Hesse, pendant le séjour qu'il fit en France (1602), se plaignit vivement que Henri IV payât, flattât, ménageât l'Angleterre, la Suisse et les Provinces-Unies, tandis qu'il laissait les Allemands crier, solliciter et même implorer, ne leur donnant que de belles paroles. On avait envoyé à Élisabeth 150 000 livres, aux Suisses un million d'écus, et aux États-Généraux de Hollande douze tonnes d'or; les Allemands, au contraire, n'avaient rien obtenu. Dédommager tout le monde, excepté ceux qui avaient le plus contribué à la paix dont la France recueillait les fruits, c'était, ajouta Maurice, s'exposer à n'être pas aidé lorsqu'on aurait de nouveau besoin d'appui [2].

Henri IV ne voulait pas se brouiller avec les Allemands. Sans doute, sur le bruit que plusieurs d'entre eux, d'après les suggestions du duc de Bouillon, songeaient à faire valoir leurs droits par la voie des armes, il écrivit au landgrave de Hesse que quiconque entreprendrait pareille chose, le trouverait prêt à le combattre, et à l'aller chercher en sa maison plutôt qu'à l'attendre en la sienne [3]. Néanmoins, entre 1602 et 1605, il rendit aux princes un peu plus de quatre millions, si l'on s'en réfère aux *Sages et royales OEconomies* [4]. Puis, sous prétexte que les sommes restituées seraient

1. Bibl. nat., *F. F.*, 15577, f°s 77, 91, 300, à Villeroi, 13 janvier, 8 février, 19 novembre 1602.

2. Rommel, *Corr. in.*, p. 70. Une lettre de Henri IV, celle du 26 février 1602 (*Lett. miss.*, V, p. 751, à Beaumont), mentionne le remboursement fait à Élisabeth Tudor. On n'acquitterait le restant de la dette (1 million et demi d'écus environ) qu'après que les commerçants français, victimes des pirateries des Anglais, auraient été indemnisés.

3. *Lett. miss.*, VI, p. 171, 6 novembre 1603.

4. Henri IV, qui, en 1598, ne conférait à César, créé duc de Vendôme, qu'un titre, toutes les appartenances du duché étant aliénées, a postérieurement battu monnaie en vendant ses terres de Flandre, l'hôtel Saint-Pol à Cambrai, etc... (Éd. 1695, p. 607, à Camerarius, 27 mars 1598; — *Lett. miss.*, VIII, p. 808, à Manicamp, 30 juillet 1601; VI, p. 459, à Berny, 13 juin 1605). En 1601, il affermait le revenu des aides de Montauban pour restituer à des princes étrangers, qu'il ne nomme pas, 510 000 livres, et au duc de Wurtemberg, 7 000 écus (*Lett. miss.*, IX, p. 35, au chancelier de Bellièvre).

probablement livrées au duc de Bouillon, dont l'électeur palatin n'était pas seul à favoriser les intrigues, il suspendit les remboursements commencés. D'ailleurs, disait Villeroi, si nous nous libérions de nos dettes, « nous ne pourrions secourir les États-Généraux, comme nous le faisons, et je crois que notre argent est mieux employé, pour le présent, audit secours qu'à l'acquit desdites dettes... Davantage, nous nous voyons à la veille d'entrer en forte guerre avec l'Espagne à l'occasion dudit secours qui importe au public. Devons-nous, en ce point, nous dégarnir de notre argent et demeurer sans moyens de nous défendre? Nous ferions une trop lourde faute, qui serait même préjudiciable à nos créanciers, lesquels, avec le temps, nous remercieront de notre conduite en ce fait, ou auront regret de ne nous avoir priés de mieux faire encore pour lesdits États [1]. »

Après que le duc de Bouillon se fut soumis, on allégua, pour se dérober aux engagements qu'on avait contractés, le vide fait « en notre Bastille » par l'expédition de Sedan et par les fêtes célébrées lors du baptême des Enfants de France (1606). Du moment enfin où l'on se prépara à soutenir les prétentions du margrave de Brandebourg et du comte palatin de Neubourg à la succession de Juliers, on répondit aux princes qui insistaient pour être payés, qu'il serait malaisé au roi de leur bailler à la fois des subsides pécunaires et des soldats [2]. Car, ainsi que Puisieux le mandait à notre ambassadeur à Londres, « Sa Majesté était butée à ne vouloir, pour sa réputation, s'incommoder en ses affaires [3] ».

A une exception près, les communautés dont Henri IV avait obtenu des avances, Nuremberg, Brême, Augsbourg, etc., ne furent pas mieux traitées que les princes [4]. Du moins,

1. *Mém.*, 7131, f° 21, à Bongars, 7 décembre 1605.
2. Inst., *Coll. God.*, 264, f° 102, Boissise au roi, 10 février 1610.
3. *Mém. de la Boderie*, V, p. 156, 20 mars 1610.
4. Nuremberg était, après Strasbourg, la ville qui avait prêté la plus forte somme (36000 fl.). Aux réclamations qu'elle avait formulées (1599, 1600, 1601, 1605), il n'était pas encore satisfait en 1612 (*Mém.*, 7127, f° 21, et 7130, f° 12, le roi (1er janvier 1600), Bongars (12 avril), à MM. de Nuremberg; 7129, f° 100,

Strasbourg reçut une suffisante compensation; mais pour faire aboutir ses réclamations, il fallut toute l'activité, toute la persévérance de Bongars.

Il y avait hors des murs de Strasbourg une Chartreuse qui commandait la ville en quelque sorte; depuis près d'un siècle, des économes, nommés par la république, en administraient les biens, dont le revenu montait à 750 livres environ. En 1585, le prieur de cette Chartreuse avisa le chapitre général de Grenoble que, scandalisés des désordres que produisait parmi eux le voisinage des hérétiques, les moines songeaient à évacuer la maison pour aller se fixer à Molsheim. Sur ces entrefaites, le comte Théodore de Schomberg, baron d'Alsace, offrit au prieur une rente annuelle de 1500 écus en échange de la Chartreuse. La proposition fut acceptée (1587), et le chapitre général ratifia (1589) le marché [1].

Pour que la transaction eût son plein effet, il était essentiel que le saint-siège la sanctionnât. Avant l'accomplissement de cette formalité, Schomberg fut tué à la bataille d'Ivry. Peu après, lorsque Turenne passa en Allemagne pour y effectuer des levées, les Strasbourgeois se déclaraient prêts à lui fournir 12 000 florins, à condition que Henri IV leur céderait ses droits sur la Chartreuse : elle était de la juridiction de France, et les Strasbourgeois n'avaient pas voulu s'en emparer, quoique, d'après la paix de 1555, il fût licite aux villes impériales, de même qu'aux princes, de confisquer tous les domaines ecclésiastiques compris dans leurs territoires. Le 3 juillet 1591, il fut convenu que contre la Chartreuse Strasbourg donnerait 12 000 florins, et, de plus, ne réclamerait ni les 42 000 florins que Henri IV lui avait empruntés en 1589, ni une indemnité pour les dégâts que les auxiliaires allemands avaient commis dans sa banlieue, quatre ans auparavant. La rente annuelle que le roi, se

Villeroi à Bongars, 22 février 1601; 7128, f° 207, Bongars à MM. de Nuremberg, 22 mai 1605); — Inst. *Coll. God.*, 20, p. 130 (12 décembre 1605).

1. De Thou, *Hist. univ.*, l. CI.

substituant aux héritiers de Schomberg, devait servir aux chartreux, serait de 2 500 écus sol. Mais à l'instigation du saint-siège, contraire à toute sorte de sécularisation, le prieur n'acquiesça pas à cet arrangement. Dans la suite (1596), sur les instances des chartreux de Molsheim et de plusieurs princes catholiques d'Allemagne, Rodolphe fit enjoindre aux Strasbourgeois d'avoir à laisser les chartreux jouir de leur bénéfice; en cas de désobéissance, ils seraient mis au ban de l'Empire.

Comme au lieu de recommander la modération aux chartreux de Molsheim, le chapitre général de Grenoble les excitait à la résistance, Henri IV lui adressa des lettres très fermes. « Il serait bien à désirer, disait à Villeroi le sénat de Strasbourg, qu'on leur eût écrit de cette façon il y a quelques années..., car les choses ne fussent venues si avant et n'eussent nos chartreux de deçà osé lever les cornes pour susciter et irriter l'Empereur et autres princes de l'Empire contre nous. Or, il vaut mieux tard que jamais [1]. »

Les Strasbourgeois se trompaient : les lettres du roi ne furent « ni fructueuses ni efficaces ». Se défiant peut-être de la solvabilité de Henri IV, les chartreux signifièrent qu'à la rente dont il était parlé, ils préféraient 100 000 livres comptant. Pour faire accueillir leur prétention, Bongars sollicita l'intervention de Sancy : « Monsieur, Messieurs de Strasbourg m'ont tiré de mon ermitage de Bâle pour me faire leurs plaintes du peu de soin que le roi et ceux qui les ont mis en peine ont d'eux, et me montrer les poursuites que font les moines contre eux... Monsieur, Messieurs de Strasbourg ont bien mérité et du roi, et de la France, et de vous... Il n'est question que de trouver une abbaye, et on les donne aux chiens [2]. »

Malgré la pénurie de son Trésor, Henri IV s'était procuré les 100 000 livres exigées lorsqu'il apprit que les chartreux,

1. *Mém.*, 7127, f° 59, 17 octobre 1596.
2. Éd. 1695, p. 665, 2 mai 1598.

rompant la nouvelle négociation, avaient cité les Strasbourgeois devant la Chambre impériale. Sous le coup de la colère, il prescrivit la saisie de tout le temporel de l'ordre en France. La mesure ne pouvait être que provisoire, et, en effet, si on la rendait définitive, il y aurait du tumulte dans le royaume. « Nos rois, faisait remarquer Villeroi, n'ont pas accoutumé d'user de tels moyens. Ils assujettissent leur autorité et puissance dans les bornes des lois et coutumes qu'ils ont faites et établies eux-mêmes pour la conservation et protection de leurs peuples, desquelles ils se dispensent mal volontiers, et avons éprouvé que toutes les fois qu'ils s'en sont émancipés ils s'en sont mal trouvés [1]. » C'est pourquoi Henri IV désirait que les Strasbourgeois acceptassent un moyen terme suggéré par le chapitre général de Grenoble : ils ne garderaient que les terres contiguës à Strasbourg, et l'ordre s'accommoderait de la rente offerte. Ce moyen terme, Henri IV le jugeait bon, puisque, d'une part, les Strasbourgeois éloigneraient ainsi les chartreux, dont la présence les inquiétait, et, de l'autre, lui-même n'aurait pas à débourser 100 000 livres.

Conformément aux conseils de Bongars, les Strasbourgeois se résignèrent à traiter sur les bases qu'avait indiquées le chapitre général. Par un acte qui porte la date du 12 septembre 1598, Henri IV concéda aux chartreux évincés une rente annuelle de 2500 écus sol à prélever sur le produit des greniers à sel de Normandie; elle pourrait être rachetée au prix de 50 000 écus. A la convention du 12 septembre, que le pape Clément VIII ratifia en 1599, les chartreux ajoutèrent la clause suivante, contre laquelle le roi ne s'éleva pas, quelque menaçante qu'elle fût pour Strasbourg : si la rente n'était pas régulièrement payée, ou encore si le catholicisme était restauré à Strasbourg, l'ordre rentrerait en possession de la Chartreuse. Postérieurement, un arrêt du Conseil des

1. *Mém.*, 7127, f° 113, à Bongars, juillet 1598.

finances obligea au service de la rente « tout le bien et patrimoine de la couronne [1] ».

Il restait à faire révoquer le mandement que Rodolphe II avait lancé contre Strasbourg. Quand le maréchal de Bois-Dauphin alla à Prague comme ambassadeur de Henri IV, il représenta à Rodolphe que dans l'affaire de la Chartreuse il n'avait été attenté ni à sa prérogative, ni à la liberté religieuse des chartreux; Strasbourg n'avait donc pas enfreint les constitutions de l'Empire et le recez de 1555. En 1601, Rodolphe rapporta son décret de 1596, à la grande joie de Bongars, comparant l'interminable affaire de la Chartreuse « à ce monstre qui rendait deux têtes pour une qu'on lui coupait [2] ». Alors (octobre 1601) Strasbourg délivra quittance des 190 366 florins 10 batz qu'elle avait avancés à Henri IV ou à Genève [3].

Bongars, qui, « soit en parlant, soit en écrivant », avait préparé la solution de ce long et fastidieux litige, demandait que Henri IV garantît les Strasbourgeois contre les revendications ultérieures des chartreux en rachetant la rente; Henri IV s'y refusa [4].

D'après ce qui a été dit plus haut, il n'est pas surprenant qu'à la mort de Henri IV la France fût encore débitrice d'un certain nombre de princes, l'électeur palatin, le duc de Wurtemberg, le landgrave de Hesse, le margrave de Brandebourg, les ducs de Saxe et de Brunswick, Christian d'Anhalt, etc.

Pour l'électeur palatin, il n'avait reçu entre 1600 et 1610 qu'une seule assignation (50 000 livres, en 1603 [5]), bien qu'il

1. Arch. nat., *Conseil des fin.*, E3, f° 156, 27 septembre 1601.

2. *Mém.*, 7130, f° 131, au sénat de Strasbourg, 18 janvier 1601.

3. *Mém.*, 7127, f° 197. — Genève avait, en 1589, emprunté à Strasbourg 20 000 florins, pour ensuite les prêter à Henri IV.

4. Bibl. nat., *F. F.*, 15924, f° 257, le sénat de Strasbourg à la reine régente, 14 septembre 1612.

5. Arch. nat., *Conseil des fin.*, E5a, f° 222, 4 mars 1603; — *J. Bong. et Ling. epist.*, p. 167, 41, Lingelsheim à Bongars, 3 mars 1603; l'électrice palatine au même, 10 novembre; — *Sages et roy. Œc.*, ch. CLV, le comte palatin à Sully, 8 juillet 1608.

eût député à la cour de France le comte Othon de Solms en 1601, Dathènes en 1602, Carl Paul en 1608 et Colli en 1609. Cependant on s'était, en 1604, engagé à lui rendre la plus forte somme possible s'il rappelait de Sedan son fils aîné; il s'y était décidé (1606), mais la promesse faite n'avait pas été tenue.

Plus heureux que l'électeur palatin, le duc de Wurtemberg avait depuis 1599, comme gage des 756 098 livres qui lui étaient dues, le duché d'Alençon et quelques autres fiefs normands, Saint-Sauveur-le-Vicomte, Saint-Sauveur-Laudeley, Valognes, Néhou, etc. Il est vrai, le Parlement et la Chambre des Comptes de Rouen n'avaient enregistré l'édit qui l'avantageait qu'en 1602, sur des lettres de jussion [1]. En outre, le Parlement avait protesté contre une résolution adoptée en 1607 relativement au rachat des domaines aliénés; l'affaire était encore pendante en 1610 [2].

En 1599, le landgrave de Hesse avait demandé un remboursement et un prêt, sans les obtenir [3]. En 1607, il accorda un sursis pour le payement des 100 000 florins que Henri IV lui avait empruntés. Probablement on retrouverait aujourd'hui dans les archives de la Hesse la preuve que sur ces 100 000 florins 70 000 étaient encore dus en 1610 [4].

Le margrave de Brandebourg, Joachim-Frédéric, avait été dédommagé d'une partie de ses avances au moyen de subsides fournis à l'un de ses fils, Jean-George, compétiteur du cardinal de Lorraine à l'évêché de Strasbourg [5].

1. Les lettres patentes renouvelant l'engagement, et portant la date du 7 février 1606, furent enregistrées par la Chambre des Comptes de Paris le 21 juin.

2. Inst., *Coll. God.*, 20, f° 12, le duc de Wurtemberg au roi, 16 mars 1610; — Aff. étr., *Palatinat*, 1, Plessen à Villiers-Hotman, 9 septembre 1611.

3. Rommel, *Corr. in.*, p. 47, le landgrave au roi, 7 avril 1599.

4. Rommel, *Corr. in.*, p. 33, note 1. Les archives de la Hesse ont été, postérieurement à 1866, centralisées à Marbourg.

5. *Mém.*, 7129, f° 215, le roi à Bongars, 27 octobre 1602; — Arch. nat., *Cons. des fin.*, E4, f° 335, 16 novembre 1602 : « Il est ordonné au trésorier de l'épargne, M. V. Bougier, que des deniers de sa charge de la présente année il paye et délivre comptant à M. le marquis de Brandebourg, pour M. l'électeur de Brandebourg, son père, la somme de 6000 livres, ne prenant de lui

Quant au duc de Saxe, qui avait, à diverses époques, assisté Henri IV, il n'était pas encore remboursé en 1606.

Quoique Henri IV eût jugé que, vu la modicité de la somme, on pouvait sans inconvénient se libérer, le duc de Brunswick n'avait rien reçu [1]. Sous Louis XIII, on le désintéressa complètement. En même temps, le duc de Saxe et l'électeur palatin étaient portés sur l'état, chacun pour 40 000 livres. On dégageait ensuite les terres données en nantissement au duc de Wurtemberg [2]. Enfin, on cherchait à éteindre peu à peu la dette contractée envers la maison d'Anhalt-Bernbourg [3]. Suivant le relevé fait en 1592, elle était de 1 103 065 écus 25 sols. De 1605 à 1623 inclusivement, au moyen de versements successifs, un peu plus d'un million fut restitué. Bref, en 1624, il ne restait plus à solder que 94 419 écus 33 sols.

Ce sont ces 94 419 écus 33 sols et, de plus, les intérêts qu'ils avaient produits pendant cent quatre-vingt-treize ans, soit 944 963 écus (en tout 1 042 382 écus 33 sols), que l'un des descendants de Christian, le duc Alexis, a, en 1816, réclamés de Louis XVIII. Invoquer contre son maître la prescription, disait l'agent du duc à Paris [4], cela n'était pas possible, quoiqu'il en fût parlé dans quelques salons de la capitale. Car entre les rois souverains de la France et les ducs souverains d'Anhalt, il n'y avait jamais eu ni lois civiles communes ni tribunaux compétents pour entendre et juger les demandes

que sa quittance à la décharge du roi, portant promesse de rapporter quittance dudit électeur, son père, dans le mois de janvier prochain ».

1. *Sages et roy. Œcon.*, ch. CXCII, le roi à Sully, 27 avril 1609.

2. Sattler, *Hist. du duché de Wurtemberg*, V, p. 206.

3. Assigné, en vertu d'un édit de février 1601, sur le revenu des aides, le remboursement fut différé à cause des difficultés élevées par quelques personnes dont Fresne-Canaye suspecte les intentions, « car, dit-il, y a tant de gens qui mangent ce cochon qu'il faudra des mains bien fortes pour le leur tirer des dents, et, quand la Ville aura consenti, et le Parlement et la Chambre des Comptes aura vérifié, il y a encore prou d'autres tempêtes à craindre, ne fût-ce que de la part de M. de Rosny » (*les Ambassades*, à Ancel, 1er février 1602). Un arrêt du Conseil des finances (4 mars 1604) fixa à 200 000 livres la somme à verser annuellement entre les mains d'Anhalt (Arch. nat., *Cons. fin.*, E6a, f° 200).

4. Aff. étr., *Anhalt*, III, mémoire du baron Foulon de Nordeck, février 1818.

contradictoires des parties. D'ailleurs, en France même, le débiteur ne bénéficie de la prescription qu'en cas où le créancier, capable d'agir légalement, a volontairement gardé le silence pendant trente années consécutives. Mais si pour une obligation, « fût-elle du temps de Clovis ou de Clovis même », il a toujours rappelé son droit, ou s'il a été empêché de le faire par un obstacle matériel invincible, la créance subsiste. Or, la maison d'Anhalt n'a pas, depuis 1624, cessé de revendiquer ce qui lui est dû ; à cause des embarras de la France elle a consenti des délais, et ces délais, accordés à la prière du gouvernement français, ont le caractère de reconnaissances renouvelées de la dette. Que s'il s'est écoulé trente-neuf années entre la dernière requête adressée en 1779 à Necker, directeur général des finances [1], et celle qui a été présentée en 1818 à M. de Richelieu, président du conseil, vingt-cinq de ces trente-neuf années doivent être en quelque sorte effacées, parce que le souverain légitime ayant été, dans cet intervalle, absent de France, le recours eût été inutile. A Louis XVIII de décider si le capital et les intérêts seront assignés sur le Trésor public ou sur les biens personnels de tous les enfants et héritiers de Henri IV, ce roi « de si chère et heureuse mémoire [2] ».

Contre le payement effectué par la France d'une somme de cent millions, les États secondaires de l'Europe avaient, en 1815, renoncé aux réclamations qu'ils avaient à faire valoir pour dommages antérieurement subis. C'est ce que M. de Richelieu rappela au duc Alexis (12 juin 1818), en ajoutant

1. La réponse de Necker au prince d'Anhalt est ainsi conçue : « Monseigneur, j'ai reçu la lettre que vous m'avez fait l'honneur de m'écrire le 24 de juillet au sujet d'une ancienne créance sur le roi dont vous voudriez obtenir le payement. Je ne puis rien dire, monseigneur, sur la nature decet te créance, qui m'est parfaitement inconnue, mais il me semble que les circonstances actuelles ne permettent pas de la mettre sous les yeux de Sa Majesté, et je vous prie de vouloir bien attendre un temps plus favorable pour m'envoyer les titres » (11 août 1779).

2. Dans la reconnaissance souscrite par Henri IV, le 13 juillet 1592, se lit cette phrase : « Promettant en foi et parole de roi, pour nous, tous nos hoirs et successeurs, tenir, compter et effectuer, pour notre regard, ce que dessus, sans y contrevenir ni souffrir qu'il y soit aucunement contrevenu ».

que, eu égard à la situation du royaume, le gouvernement était tenu de se renfermer, avec la plus grande rigueur, dans les limites que les derniers traités avaient mises aux charges du pays. Mais le duc Alexis ne s'accommoda point de cette fin de non-recevoir absolument fondée : par une lettre du 3 décembre, il proposa, pour la solution de l'affaire, la voie de l'arbitrage. Nous ne savons pas qu'il ait été répondu à cette ouverture; du moins, nos archives ne contiennent aucun document où soit visée la dépêche du 3 décembre. Au bout de deux siècles, le débat était clos; il n'aurait pas eu lieu si la sœur de Henri IV eût agréé la recherche que Christian d'Anhalt faisait d'elle, en offrant, semble-t-il d'après un propos de la princesse [1], de donner, le jour du mariage, quittance de tout ce qui lui était dû.

1. *Sages et roy. Œc.*, ch. LXV.

CHAPITRE II

RAPPORTS DE HENRI IV AVEC LES PRINCES ET LES VILLES D'ALLEMAGNE DEPUIS LA CONCLUSION DE LA PAIX DE VERVINS JUSQU'A L'EXPÉDITION DE SEDAN INCLUSIVEMENT.

§ Ier. — Secours offert à l'Allemagne pendant l'invasion des Espagnols dans le cercle de Westphalie, 1598-1599. — Ambassade du maréchal de Bois-Dauphin à Prague, 1600. — Depuis longtemps conseillée par Henri IV, l'alliance de l'Allemagne et des États-Généraux est signée à la Haye, 1605.
§ II. — Guerre de Savoie, 1600-1601, au cours de laquelle les princes n'attaquent pas les Pays-Bas espagnols. — Traité de Lyon; Bongars l'explique et le justifie. — Il est chargé de rassurer l'Allemagne protestante sur les conséquences politiques du mariage du roi avec Marie de Médicis, nièce du pape Clément VIII.
§ III. — Affaire de l'évêché de Strasbourg, 1592-1604. — Double élection : le cardinal Charles de Lorraine et Jean-George de Brandebourg. — Convention de Haguenau. — Henri IV garde la liberté de ses communications avec l'Allemagne, et Strasbourg son indépendance.
§ IV. — Après le complot du maréchal de Biron, intrigues du duc de Bouillon, retiré à Heidelberg, puis à Sedan, 1603-1604. — Intervention maladroite des princes, et, en particulier, du comte palatin, Frédéric IV, dans cette querelle domestique. — Campagne de Sedan, 1606; pleine soumission du duc de Bouillon.

I

La conclusion du traité de Vervins excita en France une allégresse générale. « Il est vrai, Madame, écrivait Bongars à l'électrice palatine, que la paix a apporté une réjouissance publique et universelle en France. La durée quasi hors de mémoire des tempêtes et orages qui ont cruellement agité notre pauvre France, fait goûter ce calme [1]. » Un peu avant la guerre étrangère avait fini la guerre civile, puisque Henri IV ne s'était réconcilié avec l'Espagne qu'après avoir réduit le dernier tenant de la Ligue, le duc de Mercœur [2]. Désormais, secondé par Rosny, il allait donner ses soins à la régénération de son royaume.

Mais s'il devait se consacrer surtout au relèvement de la France, il était impossible qu'il se désintéressât des destinées des États qui l'avaient plus ou moins efficacement aidé à combattre Philippe II. Bientôt il essayera de conjurer les dangers auxquels l'Allemagne sera exposée à cause de l'inimitié des Espagnols, ou de ses propres divisions.

Lorsqu'ils furent informés de la cessation des hostilités, les princes, « jugeant que notre repos leur engendrerait du trouble [3] », ne cachèrent pas leur mécontentement; des articles ignominieux [4], imprimés en Flandre, coururent l'Allemagne; le roi, disait-on, les avait signés. Pour le laver de ce reproche, Bongars se borna à porter à la connaissance de tous les clauses mêmes du traité de Vervins; elles étaient honorables pour Henri IV. Puis aux Allemands, qui se plaignaient d'avoir été abandonnés par la France, il répondit que depuis plus d'un an on savait partout que le saint-siège s'interposait pour terminer la rivalité de la France et de l'Espagne. L'Allemagne avait eu le temps d'expliquer pourquoi elle était contraire à un accommodement; elle s'était tue, et Henri IV, qui n'avait pu deviner ses pensées, était entré dans les vues de la cour de Rome avec d'autant plus d'empressement que la déplorable situation de son royaume rendait nécessaire une prompte paix [5]. Du reste, il avait fait comprendre les membres du corps germanique dans le traité, ce qui lui permettrait de s'immiscer dans tout conflit de l'Alle-

1. *Mém.*, 7128, f° 8, 15 juillet 1598; — éd. 1695, p. 628, à Camerarius, 19 juillet.
2. L. Grégoire, *la Ligue en Bretagne*, p. 351.
3. *Mém.*, 7128, f° 5, Bongars au roi, 1598.
4. *Mém.*, 7128, f° 7, Villeroi à Bongars, 1598.
5. *Mém.*, 7128, f° 5, au roi, 1598.

magne avec l'Espagne. L'événement allait confirmer cette déclaration de Bongars.

Au commencement de septembre 1598, l'amirante d'Aragon, don Francisco de Mendoza, franchit la Meuse, à la tête d'une armée de 30 000 hommes. Quelque temps auparavant, il avait demandé à l'Empereur d'établir un gouvernement provisoire dans les duchés de Clèves et de Juliers, dont le titulaire, Jean-Guillaume, était atteint d'aliénation mentale. Jean-Guillaume n'avait pas d'enfants. Se saisir à l'avance de l'administration des duchés, c'était peut-être se ménager des chances d'agrandissement, lorsque, par sa mort, sa succession viendrait à s'ouvrir. Il serait ensuite facile à l'amirante, installé dans les duchés, de réduire celles des Provinces-Unies qui étaient situées au delà du Rhin.

Dès qu'il eut envahi les duchés, Mendoza fit passer le Rhin à l'un de ses régiments. Après avoir lui-même occupé Orsoi, qui est tête de pont, il construisit en face de cette place le fort de Walsom. Alors, à la droite aussi bien qu'à la gauche du fleuve, les troupes de l'amirante jouèrent, suivant les expressions de Palma Cayet, de sanglantes tragédies. Les villes d'Alpen, de Xanten, de Gennap, de Dislaken, de Rees, de Rhinberg, de Burik, de Wesel, d'Ysselbourg, d'Emmerich, furent pillées ou incendiées. Contre la foi jurée on égorgea les garnisons qu'on y avait trouvées. Ceux mêmes qu'on avait d'abord épargnés ne tardèrent pas à être immolés avec des circonstances horribles. En livrant son château de Brœck, proche de la Roër, le comte de Falkenstein avait obtenu la vie sauve pour lui et ses soldats; mais ces derniers furent tous massacrés. A quelques jours de là, on conduisit le comte dans le lieu où ils avaient péri. « En allant, raconte P. Cayet [1], il vit beaucoup de sang épars le long de la voie, disant à son page : Voilà le sang de mes serviteurs. S'ils ont envie de m'en faire autant, j'aime mieux aujourd'hui que demain. Allant plus

1. *Chron. septénaire*, p. 32; — de Thou, *Hist. univ.*, l. CXXI.

loin, sur la rivière de la Roër, il fut assommé de la hante d'un épieu ou hallebarde, et tué par terre. »

Sans attendre que l'amirante s'attaquât aux Provinces-Unies, le stathouder Maurice de Nassau se porta rapidement, avec un corps assez considérable, d'Arnheim sur Deventer et Tolhuys, mit Zutphen à l'abri d'un coup de main, et envoya sa cavalerie dans le Betaw, que le Wahal protégeait contre une incursion subite des Espagnols. Quand ceux-ci, que décimait la famine, eurent rétrogradé vers la partie méridionale du duché de Clèves, Maurice réoccupa quelques-unes des places, entre autres Emmerich, qu'ils avaient évacuées (novembre 1598). Sans doute, au mois de janvier 1599, Emmerich retomba au pouvoir des Espagnols, mais ils ne la gardèrent pas longtemps, car Maurice, faisant de nouveau une pointe en avant, la recouvra presque aussitôt. « Il semblait, comme Palma Cayet le dit par allusion aux marches et contremarches des Hollandais et des Espagnols, que ces armées jouassent aux barres dans le pays de Clèves. »

Après avoir enjoint au comte de Lippe de mettre sur pied des forces suffisantes pour arrêter les ennemis, les états de Clèves avaient invité les cercles de l'Allemagne, et spécialement celui de Westphalie auquel se rattachaient Clèves et Juliers, à députer vers une assemblée indiquée à Dortmund pour la mi-novembre 1598. A Dortmund on rédigea des lettres où l'on dénonçait à l'Empereur, ainsi qu'à l'électeur palatin et aux archevêques de Mayence, de Cologne et de Trèves, les Hollandais et les Espagnols, qui, en s'emparant, les premiers de Deventer et de Tolhuys, les seconds du duché de Clèves, avaient attenté à l'intégrité de l'Empire.

Sur la réception de ces lettres, Rodolphe prescrivit à Mendoza, ainsi qu'à Maurice de Nassau, de se retirer immédiatement soit en Flandre, soit en Hollande; mais, suivant la remarque de P. Cayet, il fallait autre chose que des édits pour que l'Allemagne fût délivrée.

Au mois de décembre 1598, les députés de l'électeur palatin, des margraves d'Anspach, de Bade et de Brandebourg, des ducs de Brunswick et de Wurtemberg, et du landgrave de Hesse, se rencontrèrent à Francfort pour aviser à la défense de la Westphalie, où les Espagnols « faisaient beau ménage ». Bongars, qui signale cette réunion, exprime l'espoir « que les méchancetés diaboliques de ceux-ci réveilleront à la fin les plus endormis [1] ». Aucune résolution énergique ne fut toutefois prise à Francfort. En janvier 1599, à Cologne, les délégués du cercle de Westphalie, joints à ceux des princes et électeurs du Rhin, se bornaient à supplier l'Empereur d'envoyer une armée au secours des pays opprimés. Il est vrai, un émissaire de Mendoza, Radowitz, avait soutenu en leur présence que l'amirante n'avait envahi le duché de Clèves que pour s'opposer aux mauvais desseins de Maurice; il paraissait donc « qu'en usant de prudence et discrétion, mesurant le bien comme le mal, on dût prendre le tout en bonne part [2] ».

On avait compté sur Rodolphe; Rodolphe se contenta de renouveler ses précédents mandements. Alors les princes se décidèrent à agir : à Coblentz (mars), une levée de 10000 lansquenets et de 3000 reîtres fut votée. Comme l'évèque d'Halberstadt et le landgrave de Hesse avaient promis d'avancer l'argent nécessaire pour les enrôlements, ils désignèrent le premier Hohenlo, et le second George de Solms, pour être les lieutenants du comte de Lippe, déclaré généralissime.

C'est sur ces entrefaites que Bongars arriva en Allemagne. Il représenta au landgrave de Hesse, à l'électeur palatin, au margrave d'Anspach, etc., qui, par peur d'une invasion des Turcs, n'avaient pas adhéré à la ligue de 1596, que le roi, à cause de l'épuisement de la France et de l'insuffisance des renforts étrangers, n'aurait pu, sans la paix, recouvrer les places de la Picardie et de l'Artois, dont les Espagnols s'étaient emparés. Cependant il eût continué la guerre toute sa vie plutôt que de subir des conditions désavantageuses

1. *Mém.*, 128, f°s 20, 21, 7, 24 janvier 1599.
2. P. Cayet, *Chr. sept.*, p. 44; — de Thou, *Hist. univ.*, l. CXXII.

aux réformés, ou français ou allemands. Mais, quoique conclu sous la médiation du saint-siège, le traité de Vervins n'était préjudiciable ni aux uns ni aux autres. Déjà les protestants français avaient obtenu l'édit de Nantes, dont l'exécution était « en bons termes ». Pour les protestants allemands, qui, au mépris des stipulations de Vervins, étaient assaillis par les Espagnols, Henri IV s'offrait à les protéger. Puisqu'il était sur le point d'envoyer le maréchal de Bois-Dauphin en ambassade à Prague, il désirait savoir de quelle manière son entremise serait utile. Ils devaient d'ailleurs être certains que la France ne participerait à une croisade dirigée contre les Infidèles (cette croisade, le pape Clément VIII cherchait alors à l'organiser) qu'après que la concorde aurait été rétablie entre tous ceux qui portaient le nom de chrétiens [1].

A la *proposition* de Bongars l'électeur palatin répondit qu'il se méfiait de toutes les entreprises dont le pape avait l'initiative. Pour le landgrave de Hesse, il demanda à être mis, au moyen d'un remboursement ou par un prêt, en état de recruter les reîtres et les lansquenets que l'assemblée de Coblentz avait ordonné de lever [2].

Quoiqu'il sût que son maître ne ferait ni avance ni restitution, Villeroi s'étonnait, s'indignait même de la lenteur avec laquelle les Allemands poursuivaient la réparation des dommages qu'ils avaient subis. « C'était trop barguigner et marchander pour gens qui ont été souffletés [3]. » Déjà Henri IV avait fait remarquer à Bongars que si les princes n'employaient pas contre les Espagnols les troupes qu'ils avaient réunies, ils auraient épuisé leurs peuples sans affaiblir leurs ennemis. Qu'ils ne se laissassent point effrayer par l'annonce d'une prochaine attaque des Turcs; ce bruit n'était propagé que pour les diviser. En terminant, Henri IV prescrivait à Bongars de s'opposer à toute démarche des princes, qui, sans

1. *Mém.*, 7126, f° 237, instruction à Bongars, 2 février 1599.
2. *Mém.*, 7128, f°s 59, 98.
3. *Mém.*, 7126, f° 308, à Bongars, 27 avril 1599.

profit pour personne, compromettrait la France. « Car je ne veux attirer sur moi le feu qui les brûle, comme peut-être ils seraient bien aises qu'il advînt. J'ai trop souvent mis la nappe et ai été trop mal assisté par eux et par d'autres... Je ne pense qu'à rétablir mon autorité, restaurer mon royaume. C'est le but de mon ambition présente, auquel j'espère atteindre bientôt avec l'aide de Dieu [1]. »

Bongars n'avait pas attendu les ordres du roi pour conseiller aux princes d'agir avec célérité et ensemble. Le 7 avril 1599, il écrivait au landgrave de Hesse : « Je reconnais, Monseigneur, le zèle et l'affection de Votre Altesse au bien public. Aussi ne veux-je point entrer à lui déduire que la patience des princes provoquera l'insolence espagnole à retourner avec desseins de plus longue haleine. Je ne lui veux discourir la justice de la cause, la commodité de l'occasion et ce qui facilitera l'entreprise sur ces ennemis étant sans chef, sans discipline, ayant les États-Généraux en tête, forts et puissants, occasion qui s'écoulera bientôt et bientôt se peut tourner au contraire. Mais je veux bien prendre la hardiesse de lui ramentevoir le dire d'un ancien : *multa magnis ducibus sicut non aggredienda, ita semel aggressis non dimittenda esse*, parce qu'il y va de la réputation, qui est la base et le nerf de la grandeur d'un prince [2]. »

Sur la fin du mois d'avril 1599, les Espagnols quittèrent la Westphalie, « qu'ils avaient bien dégraissée et désolée [3] », pour se rapprocher d'Emmerich et de Rees. Lorsqu'ils surent que le comte de Lippe se dirigeait vers leur campement, ils passèrent dans l'île de Bommel, où ils enlevèrent le fort de Crèvecœur. Par la résistance qu'elle leur opposa, la ville de Bommel donna à Maurice de Nassau le temps d'amener des renforts, dont l'arrivée détermina la retraite des Espagnols.

1. *Mém.*, 7126, f°s 245, 249, 9, 16 avril 1599.
2. *Mém.*, 7128, f° 37.
3. P. Cayet, *Chr. sept.*, p. 57.

Le comte de Lippe aurait dû rallier Maurice de Nassau. Mais il se mit en tête de réduire la place de Rees, dont la prise n'importait pas au succès final de la campagne. Bongars s'expliquait d'autant moins cette tactique qu'une assemblée tenue à Magdebourg (mai 1599) avait chargé l'électeur palatin de se concerter avec les intéressés pour la conservation des libertés germaniques. La vigueur des résolutions adoptées à Magdebourg avait été telle que Henri IV, s'imaginant que les princes, à cette fois, ne reculeraient pas, avait arrêté d'offrir au palatin un renfort de 1200 chevaux et de 4000 fantassins; en même temps, l'Allemagne mettrait sur pied 6000 lansquenets et 2000 reîtres. Puisque le traité de Vervins avait garanti la neutralité de l'Allemagne, il pouvait, sans être taxé de perfidie, intervenir pour assurer l'exécution de cette clause [1].

Si les princes agissaient avec décision, la partie serait belle, car « l'armée espagnole était diminuée de plus d'un tiers; celle des États-Généraux, au contraire, était en fleur, ayant tout à souhait [2] ». De l'attitude des princes dépendait celle du roi. « J'espère que nous ferons quelque chose de bon pour le repos public, mandait Bongars à Waldenfels, si, de votre côté, vous ne manquez point. Tenez vos princes en haleine et bonne humeur, avec l'assurance de l'amitié du roi [3]. » Mais les propositions des princes furent vagues, hormis en cet article : Henri IV se cotiserait avec l'Angleterre pour solder les troupes allemandes. Le roi ne voulut point « s'embarquer sans biscuit »; avant de s'engager à fond, il attendit d'être certain qu'il serait suivi jusqu'au bout [4].

Ainsi les princes prétendaient être assistés par Élisabeth comme par Henri IV; ils étaient loin de compte. Dans un mémoire adressé à un haut personnage, Bongars expose que

1. *Mém.*, 7126, f° 257, le roi à Bongars, 12 juin 1599.
2. *Mém.*, 7128, f° 50, Bongars à Christian d'Anhalt, 6 juillet 1599.
3. *Mém.*, 7128, f° 51, 7 juillet 1599.
4. *Mém.*, 7126, f° 206, le roi à Bongars, 19 juillet 1599.

la reine d'Angleterre ne se déclarera qu'après les avoir vus « aux affaires jusques aux coudes et faire des miracles[1] ». C'était trop exiger. Sans leur en demander autant, Henri IV voulait qu'ils vécussent en bonne intelligence ensemble. Mais leurs querelles, « querelles d'enfants », allaient s'envenimant de jour en jour. Pour échapper au blâme que leur attirait une pareille conduite, ils accusèrent Bongars de semer la zizanie entre eux. En assurant Bongars que cette imputation, propagée par le baron Fabien de Dohna, n'avait rencontré à Paris que des incrédules, Villeroi l'exhortait à ne pas se mêler, pour le moment, de ce qui regardait ces princes; ils sont, disait-il, « un peu du naturel des femmes, qui fuient ceux qui les recherchent plus que les autres[2] ».

Levée pour une campagne de trois mois, l'armée allemande, faute d'argent, se ruinait. Néanmoins, de peur qu'elle n'opérât sa jonction avec Maurice, les Espagnols évacuèrent les terres de l'Empire. Déjà les Hollandais avaient restitué à Jean-Guillaume Tolhuys et Deventer. Henri IV jugea que les troupes du comte de Lippe, qui venaient d'échouer devant Rees, pouvaient être licenciées; seulement il conseilla aux princes de secourir les Provinces-Unies. Depuis la paix de Vervins, force lui était de dissimuler sous le nom de remboursements[3] les envois d'argent qu'il leur faisait; tout dernièrement il avait dû prescrire la saisie des biens des Français qui étaient au service des États-Généraux. Quant aux Anglais, ils se préparaient à abandonner ceux-ci, afin d'obtenir de Philippe III la permission de trafiquer en Flandre, permission après laquelle « ils hennissaient, ils aboyaient[4] ». Seule, l'Allemagne était libre d'aider les États-Généraux. Délaissés par elle, les Hollandais accueilleraient les propositions d'accommodement des archiducs, et l'Espagne, qui n'aurait plus

1. *Mém.*, 7126, f° 347, août 1599.
2. *Mém.*, 7126, f° 330, 7 octobre 1599.
3. Bibl. nat., *F. F.*, 15577, f° 77, Bongars à Villeroi, 13 janvier 1602.
4. *Mém.*, 7126, f°s 283, 287, le roi à Bongars, 6, 16 novembre 1599.

à les combattre, menacerait de nouveau l'intégrité et l'indépendance de la Germanie.

Cependant les princes hésitaient à s'unir avec les États-Généraux, dont les rapides progrès excitaient leur jalousie; en outre, ils redoutaient « l'exemple et les conséquences du gouvernement populaire desdits États ». Henri IV, à qui la première raison « faisait mal au cœur [1] », estimait que pour les princes « ce serait folie de se précipiter en un péril présent pour en éviter un autre qui pouvait arriver avec le temps ». Bongars dut donc insister pour la conclusion d'une alliance immédiate, et ce fut à son instigation que le comte Jean de Nassau fut chargé par les princes, dans les derniers jours de l'année 1599, d'aller entamer des pourparlers à la Haye [2].

Le projet d'une liaison étroite de l'Allemagne avec les Hollandais fut adopté en principe par une assemblée tenue à Francfort-sur-Mein au commencement de l'année 1600. Henri IV approuva cette décision. Certes, il était à craindre que le conflit récemment survenu entre le duc de Brunswick et la ville capitale de son duché n'empêchât l'un de ceux sur lesquels les États-Généraux comptaient le plus, de faire tout ce qu'on espérait de lui. Peut-être aussi les tergiversations de l'électeur palatin paralyseraient-elles l'élan de l'Allemagne. « Il faut peu de chose, écrivait Bongars à Buzenval, pour donner à ces Messieurs-ci occasion de se reposer [3]. » Ailleurs il observe que les princes voudraient bien que le roi se chargeât de leurs affaires « sans qu'ils y portassent seulement le bout du doigt; c'est *arena sine calce* [4] ». Comme le rôle de dupe ne le tentait pas, Henri IV recommanda à Bongars de ne pas les presser trop. « Puisqu'il n'y avait pas de rhétorique, ni de raisons, voire de péril qui pût

1. *Mém.*, 7126, f°s 253, 287, à Bongars, mai, 16 novembre 1599.
2. Bibl. nat., *F. Dupuy*, 830, f° 30.
3. *Mém.*, 7130, f° 13, mars 1600.
4. *Mém.*, 7130, f° 12, à van der Meulen, 19 novembre 1600.

les émouvoir, il fallait attendre que le temps y opérât et se contenter de tendre la main doucement [1]. »

Dans ce moment, du reste, l'attention de Henri IV se détournait de l'Allemagne pour se diriger sur l'Italie.

II

En 1588, le duc de Savoie, Charles-Emmanuel, « ce pêcheur en eau trouble », s'était saisi du marquisat de Saluces, que les Français possédaient depuis un demi-siècle, mais que Henri III, menacé par les ligueurs, ne pouvait défendre.

Ce premier succès n'avait fait qu'enflammer les convoitises du duc de Savoie, dont les ancêtres, comme lui-même se plaisait à le rappeler, s'étaient souvent revêtus des plumes d'autrui [2]; en 1589 et 1593 il avait, à plusieurs reprises, envahi le Dauphiné et la Provence. A la vérité, dès que Henri IV eut recouvré Lyon (1594), Charles-Emmanuel dut, en vertu d'un accord, évacuer plusieurs des places qu'il avait occupées; Saluces même ne lui était pas cédé; il était assigné à l'un de ses fils qui rendrait hommage au roi de France. Le duc rejeta cette clause. Alors Henri IV proposa de s'en rapporter à l'arbitrage du saint-siège. Volontiers, répondit Charles-Emmanuel, à condition que le pape se borne à trancher la question de souveraineté et laisse entière celle de propriété [3].

Il était impossible que Henri IV admît cette restriction, surtout quand Charles-Emmanuel, invité à donner des gages de sa neutralité, refusait d'interdire aux Espagnols allant com-

1. *Mém.*, 7129, f° 66, 4 août 1600. — Le traité entre les États-Généraux et les princes (électeur de Brandebourg, comte palatin, etc.) pour la garantie des droits des uns et des autres sur la succession des duchés de Clèves et de Juliers ne se fit qu'en 1605 (25 avril). Les princes promettaient de fournir aux États-Généraux un subside de 100 000 livres pendant les années 1605, 1606, 1607 (Du Mont, *Corps dip.*, V, 2e partie, p. 53).

2. *Lett. miss.*, VIII, p. 792, le roi à Sillery et Jeannin, 7 décembre 1600.

3. De Thou, *Hist. univ.*, l. CXXII.

battre les Français en Flandre ou ailleurs, le passage à travers ses États. Il voulut donc que le pape se prononçât sur la propriété comme sur la souveraineté. Placé entre des parties également obstinées dans leurs prétentions ou leurs revendications, Clément VIII était très embarrassé et très perplexe ; il penchait vers la France, dont l'appui lui avait, en 1598, procuré l'acquisition de Ferrare; mais il n'ignorait pas que derrière la Savoie il y avait l'Espagne et l'Empereur, pour lesquels Saluces piémontais signifiait l'exclusion des Français de la Péninsule [1]. Un propos maladroit de l'envoyé de Charles-Emmanuel à Rome lui fournit un prétexte honorable pour se dispenser de rendre la sentence attendue. Il venait de réclamer un sursis de deux mois en sus de l'année qui, à Vervins, lui avait été accordée pour terminer le différend [2], quand on lui laissa entendre qu'il était soupçonné de ménager, de connivence avec Henri IV, l'investiture de Saluces à l'un de ses neveux. Du jour où sa loyauté fut suspectée, il déclina le rôle de juge. Désormais Henri IV et Charles-Emmanuel étaient face à face; un choc était inévitable.

Déjà l'on parlait à la cour de France d'aller régler l'affaire de Saluces dans les plaines du Piémont, lorsque le duc de Savoie demanda à la traiter directement avec le roi. Celui-ci y consentit : Charles-Emmanuel serait bien accueilli si ses propositions étaient raisonnables; à l'avance il était averti que tout contrat fait devrait être exécuté strictement.

Une lettre de Henri IV nous apprend que, arrivé à Paris, le duc affecta de se plaindre des Espagnols et de « vouloir bâtir avec le roi une amitié pour lui et les siens qui fût perdurable ». Cependant, bien qu'il fût assez avisé pour savoir « que les bons comptes font les bons amis », il offrit une compensation disproportionnée à l'importance de Saluces. Sans doute,

1. Rott, *Henri IV, la Suisse et la Haute-Italie*, p. 91.
2. L'article 24 du traité de Vervins s'en réfère à une convention antérieure, faisant par là allusion aux lettres échangées entre le duc de Savoie et le roi de France, 4 mai, 4 juin 1597 (Du Mont, *Corps dip.*, V, 1re part., p. 564).

ajoutait Henri IV s'adressant à Bongars, « il m'a fort magnifié le crédit et pouvoir qu'il dit avoir en Allemagne pour me faire élire roi des Romains après l'Empereur; de quoi vous pouvez croire que j'ai fait telle mise que la chose le mérite. Ce que je vous mande afin que vous considériez si semblables choses sont suffisantes pour me faire quitter mon marquisat [1]. » Ou restitution ou échange, tel fut le dernier mot du roi.

Le 27 février 1600, à Paris, il fut stipulé que, au cas où Charles-Emmanuel conserverait Saluces, Henri IV aurait, à titre de dédommagement, la Bresse, Barcelonnette et Pignerol; par surcroît, toutes les places du Dauphiné et de la Provence dont s'était emparé Charles-Emmanuel lui seraient rendues. Comme le duc, même après avoir signé la convention du 27 février, prolongeait son séjour en France sous de futiles prétextes, peut-être aussi dans le but de nouer des intrigues avec les mécontents, les courtisans disaient qu'il fallait le chasser par édit. Enfin, il partit, après avoir obtenu, pour consulter ses peuples sur l'alternative qui lui était posée, un délai de trois mois; ce délai expirait le 1er juin. D'après une instruction qu'il avait reçue, Bongars représenta aux princes que Henri IV avait permis au duc l'option pour le récompenser d'être venu en France, où il avait dépensé 300 000 écus, et qu'il irait, à l'approche du terme fixé, s'établir à Lyon pour faire exécuter le traité [2].

Portés à dénigrer Henri IV, les Allemands taxaient de honteuses les clauses du 27 février. Bongars fit valoir la fertilité et la richesse des territoires qu'acquerrait la France si elle ne recouvrait pas Saluces; puis, après avoir énuméré les villes de la Provence et du Dauphiné dont se dessaisirait Charles-Emmanuel, il montra que, dans la suite, Henri IV aurait facilement accès en Piémont, du côté de Pignerol, par

1. *Mém.*, 7126, f° 291, 16 décembre 1599.
2. *Mém.*, 7129, f° 19, 28 février 1600.

le val de la Pérouse, et, du côté de Cental, par le val de la Stura [1].

Mais le duc de Savoie espérait l'appui de l'Espagne, qui, à cause du voisinage de Milan, ne voulait pas que Saluces retombât au pouvoir des Français, et il comptait sur une diversion que tenterait en France même le maréchal de Biron, qu'il avait corrompu; il laissa donc passer le 1er juin sans prendre un parti. Au fond, il entendait garder, avec Saluces, la Bresse, Barcelonnette et Pignerol.

Henri IV, qui l'avait deviné, l'attaqua, vers le milieu du mois d'août 1600, sur deux points, la Bourgogne et la Savoie. En même temps, il chargeait Bongars de répéter aux princes ce que précédemment son ambassadeur à Rome, le président de Sillery, et son ambassadeur à Venise, M. de Villiers, avaient dit au pape et aux divers potentats d'Italie [2] : « Que son intention n'était pas d'usurper et envahir le bien d'autrui, mais seulement d'avoir raison de l'injure que lui avait faite le duc de Savoie [3] ». S'il eût songé soit à Naples, soit à Milan, comme Charles-Emmanuel en répandait le bruit, il aurait, de prime abord, repoussé toute idée de transaction, afin de conserver, par Saluces, un pied dans la Péninsule. De lui-même, Bongars avait écrit à Christian d'Anhalt : « Le roi a les armes au poing, et armes justes, si oncques il y en eût de justes. Justes pour le fond de la cause, justes pour les formalités qui se sont passées à la traiter et mener, et pour la longue patience de Sa Majesté, qui a mieux aimé perdre les occasions d'accabler son ennemi par une juste surprise que de donner tant soit peu de sujet de penser qu'il aimât le sang... Il l'avait suffisamment témoigné par la catastrophe de nos guerres civiles; mais on eût pu dire qu'il était mû d'une indulgence paternelle, de l'amour et pitié envers sa patrie. Il a voulu faire voir qu'il en usait de même envers un

1. *Mém.*, 7130, f° 15, 26 mars 1600.
2. *Lett. inéd. du roi Henri IV,* publiées par E. Halphen, p. 24.
3. *Mém.*, 7129, f° 14, 10 septembre 1600.

étranger issu d'un père qui ne tenait ses biens et sa grandeur que de la bonté de nos rois; étranger issu d'une mère fille et sœur de nos rois; étranger qui, lorsque par toutes sortes de considérations il devait courir au secours de la France abattue de maladie intestine, est accouru aux dépouilles comme les plus lâches bêtes à celles du lion terrassé; en un mot, envers un centaure auquel mal faire est bien faire [1]. »

Au début, Charles-Emmanuel s'était vanté de donner « pour quarante ans d'ébattement de guerre à quiconque entreprendrait de la lui faire [2] ». Moins de cinq semaines après l'ouverture des hostilités, il était « le duc sans Savoie [3] » et avait perdu presque toute la Bresse. Pouvait-il sérieusement compter sur l'assistance de l'Espagne quand l'armée de Philippe III était décimée par la dysenterie? Aussi bien, le roi d'Espagne n'était pas jaloux de se ruiner pour agrandir les États du duc de Savoie et pour fournir au gouverneur du Milanais, l'ambitieux Fuentes, l'occasion de s'illustrer sur les champs de bataille. Si les communications entre l'Italie et la Franche-Comté étaient toujours libres pour les Espagnols au moyen de parcelles de territoire détachées de la Bourgogne en faveur du duc, l'Espagne devait pousser la cour de Turin à céder la Bresse contre Saluces. D'ailleurs, eût-elle été plus résolue qu'elle ne l'était réellement à soutenir Charles-Emmanuel, elle n'aurait pu, à cause d'une descente des Turcs en Sicile, assister la Savoie. Avant tout, il fallait qu'elle pourvût à sa propre défense.

Cette attaque des Turcs fut, d'autre part, ce qui détermina le pape à envoyer son neveu, le cardinal Aldobrandini, proposer une transaction au duc de Savoie et à Henri IV. Entamées à Chambéry, les négociations aboutirent à Lyon. Pendant qu'elles se poursuivaient, Henri IV écrivit à Bongars

1. *Mém.*, 7130, f° 93, 17 septembre 1600; f° 99, à l'électeur palatin, au landgrave de Hesse, aux ducs de Brunswick et de Wurtemberg, au margrave de Bade-Dourlach, 8 octobre.
2. P. Cayet, *Chron. sept.*, p. 107.
3. *Lett. miss.*, V, p. 307, le roi à Marie de Médicis, 22 septembre 1600.

que l'échange qui probablement aurait lieu le rendrait, à l'avantage de ses amis, maître du passage d'Italie en Flandre [1]. Non content de faire sonner haut cette éventualité, Bongars s'appesantit de nouveau sur l'importance des pays auxquels Charles-Emmanuel allait renoncer. « Cela, disait-il, vaut six marquisats [2]. » Il est toutefois à remarquer que si, comme équivalent de l'indemnité pécuniaire qu'il avait réclamée, Henri IV eut, en sus de la Bresse, le Bugey, le bailliage de Gex et le Val-Romey, Charles-Emmanuel, d'après l'article premier du traité conclu à Lyon (17 janvier 1601), conserva le pont de Grésin, proche de l'Écluse. Sans doute, il fut stipulé que les gens de guerre qui traverseraient ce pont, « pour le service du sieur duc *ou autres princes* », ne pourraient entrer sur les terres du roi qu'avec sa permission; en réalité, la route militaire de Milan-Val-d'Aoste-Franche-Comté-Bruxelles restait ouverte aux Espagnols [3].

Au cours de la guerre de Savoie, Bongars avait conseillé aux Allemands de profiter de ce que l'Espagne, par crainte des progrès des Français en Savoie et des Turcs en Sicile, n'osait dégarnir l'Italie de troupes, pour assister fortement les États-Généraux; dans cette lutte inégale, l'archiduc Albert aurait peut-être succombé. « Je dis, Monseigneur, mandait Bongars à Christian d'Anhalt, que l'occasion que les gens de bien et sages en Allemagne ont souhaitée se présente. C'est à ceux qui peuvent en avoir le soin de s'en

1. *Mém.*, 7129, f° 90, 2 janvier 1601.

2. *Mém.*, 7130, f°s 126, 129, aux électeurs ecclésiastiques, au duc des Deux-Ponts, 9 janvier, 17 février 1601. — N'envisageant que l'un des côtés de la question, le président Jeannin, dans un *Avis donné au roi*, 1599, avait établi qu'il n'y avait pas d'inconvénient à laisser le duc de Savoie en Bresse et en Bugey, où, entouré de provinces françaises, il avait les mains liées. D'autre part, il était facile d'envahir par Saluces la Péninsule, et, de plus, on était en mesure de secourir les alliés italiens de la France (*Négoc.*, p. 673). C'est au même point de vue que se placeront Fontenay-Mareuil (*Mém.*, p. 30) et, un siècle plus tard, Saint-Simon (*Parallèle des trois premiers rois bourbons*, p. 129), quand ils soutiendront, et ici nous empruntons au second de ces écrivains ses expressions mêmes, que « bienséance pour bienséance », il eût été sage de garder Saluces. Mais il faut considérer que le traité de Lyon étendait la frontière de la France à l'est; l'avantage était grand.

3. Rott, *Henri IV, les Suisses et la Haute-Italie*, p. 98.

servir promptement. Le pape travaille à faire le holà; il verse des larmes pour éteindre ce feu, et si les larmes n'y suffisent, l'eau bénite du moûtier de Saint-Pierre n'y sera pas épargnée, qu'on dit avoir la vertu d'éteindre même le feu et du ciel et du purgatoire... Votre Excellence sait ce qui a contraint Sa Majesté de faire la paix avec l'Espagne. La même raison la portera à s'accommoder avec Savoie. Mais plus elle se verra soutenu et plus elle se roidira. Je supplie Votre Excellence, pour l'honneur de sa patrie..., je dirai davantage, pour le repos de l'Église de laquelle elle fait partie, de bien repenser aux attentats de l'amirante et se souvenir que les plus fins ne sont pas les plus sages. L'*Ecclésiaste* dit : Celui qui observe le vent ne sèmera point, et celui qui observe les nuées ne moissonnera point [1]. »

Exhortations vaines! Uniquement occupés de festoyer et de faire bonne chère [2], les princes ne dirigèrent pas sur la Flandre les 6000 lansquenets et les 2000 reîtres qu'il eût été opportun d'y envoyer. Leur amitié n'avait donc en rien servi les intérêts de la France ou de ses alliés. Néanmoins, Henri IV ne négligea point de la cultiver, et même se montra attentif à dissiper, par des explications spontanément données, l'ombrage que leur avait fait concevoir son union avec Marie de Médicis.

Depuis longtemps séparé de Marguerite de Valois, il avait songé (juillet 1598) à demander au saint-siège la dissolution de son mariage, afin de pouvoir épouser sa maîtresse, Gabrielle d'Estrées. Sans nommer celle-ci, Bongars exprime l'inquiétude que lui cause le projet de Henri IV : « Puisse Dieu bénir les desseins du roi! Tout m'est d'autant plus suspect que tout me semble plus assuré. Voulez-vous donc que je me méprenne sur l'apparence paisible de la mer et sur le calme des flots? Voulez-vous que je me fie à cet aspect inaccoutumé [3]? » Plus

1. *Mém.*, 7130, f° 93, 17 septembre 1600.
2. *Mém.*, 7129, f° 96, le roi à Bongars, 20 janvier 1601.
3. Ed. 1695, p. 624, à Camerarius, 6 juillet 1598.

explicite, il dit, quelques jours après : « Les bruits qui courent sur le mariage du roi me déplaisent [1] ». Du reste, au moment où s'entamait à Rome la procédure relative au divorce (pour qu'elle commençât, il avait fallu le consentement de Marguerite, et on venait de l'obtenir), une soudaine catastrophe enleva à Bongars, comme à tous ceux qui avaient souci de l'honneur de la couronne [2], la crainte de voir Gabrielle d'Estrées s'asseoir sur le trône de France.

Annonçant à Bongars la mort subite de Gabrielle; « ce coup de tonnerre [3] », Villeroi avouait que si l'on cherchait des yeux dans la chrétienté, on trouverait peu de princesses qui pussent convenir à Henri IV. On lui en avait cependant désigné deux « très belles et bien nourries »; l'une était sœur du margrave de Brandebourg, et l'autre fille du duc de Wurtemberg; que Bongars se procure leurs portraits, sans engager le nom de Sa Majesté. Trois mois après, Villeroi insiste pour avoir ces portraits, « car, dit-il, il faut que nous mariions notre maître, ou il se mariera sans conseil [4] ».

Dans les *Sages et royales Œconomies* (ch. LXXXI) Sully prête à Henri IV cette boutade : « L'on m'a aussi quelquefois parlé de certaines princesses d'Allemagne... Mais les femmes de cette région ne me reviennent nullement, et penserais, si j'en avais épousé une, de devoir avoir toujours un lot de vin couché auprès de moi, outre que j'ai ouï dire qu'il y eut un jour une reine en France de cette nation qui la pensa ruiner; tellement que tout cela m'en dégoûte. » Pour décider le pape Clément VIII à accueillir l'instance qu'il avait introduite en cour de Rome, il dut promettre de prendre pour femme une catholique [5].

1. Ed. 1695, p. 628, à Camerarius, 19 juillet 1598.

2. *Mém.*, 7126, f° 348, Sancy à Bongars, 30 avril 1599 : « Mon grand ami, vous aurez d'ailleurs appris ce que Dieu a fait nouvellement en ce pauvre royaume duquel, par ce nouvel accident, il lui plus témoigne avoir de soin que par tous les signalés témoignages qu'il nous en a rendu jusques ici. Car nous étions sur le point de tomber dans le précipice. Dieu seul nous en a retirés. »

3. *Mém.*, 7126, f° 300, 14 avril 1599.

4. *Mém.*, 7126, f° 316, 7 juillet 1599.

5. *Mém.*, 7126, f° 291, le roi à Bongars, 16 décembre 1599. Après l'avoir

« C'est à nous, s'écriait Villeroi, à lever les yeux au ciel pour que le roi fasse un choix qui tourne au salut commun de l'État[1]. » Avec d'autres serviteurs de Henri IV, il appréhendait alors que ce prince ne fît reine de France sa nouvelle concubine, Mlle d'Entraigues. Après maintes hésitations, Henri IV se déclara en faveur de Marie de Médicis, nièce de Clément VIII. Quand cette union n'était encore que projetée, Bongars écrivait à Christian d'Anhalt : « Je serais marri que ce mariage-là se fît, faute d'avoir proposé de mon côté ce qu'il y a de deçà. M. Firxen, qui m'avait promis le portrait de Mlle de Wurtemberg, a aussitôt été dépêché à Prague, et je ne sais à qui m'adresser en son absence. Je m'attends encore à celui duquel Votre Excellence m'a donné espérance. D'en parler sans montrer quelque chose qui émeuve, j'estime qu'il n'est pas à propos[2]. » Puis, averti que c'était en effet Marie de Médicis qui allait être reine de France, il ne songeait qu'à former des vœux et pour Henri IV et pour la France : « Dieu veuille que cette nouvelle reine nous fasse autant de bien que sa parente (Catherine de Médicis) nous a fait de mal! Si Dieu exauce ma prière, nous serons les plus heureux, comme nous avons été les plus misérables du monde[3]. »

Pendant deux mois, Henri IV, qui n'avait pas encore terminé l'affaire de Saluces, ne put se transporter à Lyon, où l'attendait Marie. Au commencement de décembre 1600, il mandait à Bongars qu'aussitôt après la réduction du fort

informé de l'arrêt qui allait être rendu, Henri dit qu'il est pressé de se marier avec une princesse qui lui fasse des enfants. « Et comme j'ai promis au pape d'en choisir une faisant profession de la religion catholique, je ne la puis prendre en Allemagne. »

1. *Mém.*, 7126, f° 388, à Bongars, 26 décembre 1599.

2. *Mém.*, 7128, f° 96, 1599. Le portrait de la sœur du margrave de Brandebourg fut envoyé, et, raconte Villeroi, « vu de bon œil... Toutefois, cela demeurera, s'il vous plaît, à vous, sans faire connaître à ceux auxquels ce portrait appartient que nous espérons aucunement. Nous poursuivons à Rome la dissolution de notre premier mariage, dont nous espérons avoir bonne issue. Mais si l'on savait que nous eussions les yeux tournés de votre côté pour y prendre femme, on deviendrait plus difficile » (*Mém.*, 7126, f° 324, à Bongars, 24 août 1599).

3. *Mém.*, 7130, f° 108, à Christian d'Anhalt, 28 novembre 1600.

Sainte-Catherine, près de Genève, il irait faire un tour dans sa ville de Lyon « pour y jouer le dernier acte de ses noces, qui avait besoin de sa présence [1] ».

Les assurances que Henri IV avait déjà fait donner aux princes au sujet de son mariage [2] avaient été bien accueillies, « d'autant plus que par ladite alliance le roi témoignait son affection envers la nation et le sang allemand, dont cette princesse (Marie de Médicis) était descendue [3] ». Dans la suite, lorsque les princes s'imaginèrent que, sous l'influence de Marie de Médicis, Henri IV se fiait trop au pape, ils laissèrent percer de l'inquiétude [4]. Il semble toutefois que dans les questions politiques, entre autres celle de l'évêché de Strasbourg, le roi se conduisit en homme d'État soucieux d'être utile à son pays et à l'Europe plutôt qu'agréable à la curie romaine.

III

C'est antérieurement à la conclusion du traité de Vervins que s'était élevé le débat relatif à l'évêché de Strasbourg; il intéressait la France presque autant que l'Allemagne.

Vers 1585, le chapitre de Strasbourg s'était scindé en deux : plusieurs chanoines, après avoir embrassé la Réforme, s'étaient emparés du Bruderhof, lieu de réunion du chapitre, et en avaient interdit l'accès aux chanoines catholiques, qui s'étaient retirés à Saverne auprès de l'évêque Jean de Manderscheid. A la mort de celui-ci, en 1592, il y avait eu double élection : les chanoines protestants, d'accord avec le magistrat de Strasbourg, avaient conféré l'administration de l'évêché à l'un des petits-fils du margrave de Brandebourg;

1. *Mém.*, 7129, f° 86.
2. *Mém.*, 7129, f° 51, à Bongars, 27 mai 1600.
3. *Mém.*, 7127, f° 420, le landgrave de Hesse au roi, 12 juillet 1600. Par sa mère, Marie de Médicis était petite-fille de l'empereur Ferdinand Ier.
4. Rommel, *Corr. in.*, p. 75, journal du landgrave de Hesse Maurice le Savant.

Jean-George, de la confession d'Augsbourg, et les chanoines catholiques avaient nommé évêque l'ancien coadjuteur de Jean de Manderscheid, le cardinal Charles de Lorraine.

Il appartenait à l'Empereur d'accorder l'investiture des régales à tout nouvel évêque; Rodolphe l'avait refusée à Charles de Lorraine comme à Jean-George, parce qu'il avait l'intention de substituer à l'un et à l'autre son oncle, l'archiduc Ferdinand, comte de Tyrol. Déjà la guerre que les historiens de l'Alsace appellent la guerre épiscopale, la guerre sainte, avait éclaté entre Charles de Lorraine et Jean-George. Henri IV, dont Jean-George avait réclamé l'intervention, avait été très embarrassé, car s'il désirait garantir l'indépendance de Strasbourg afin de conserver la liberté de ses communications avec l'Allemagne, il craignait, en favorisant ouvertement le candidat des Strasbourgeois, de mécontenter le saint-siège à l'époque où il poursuivait à Rome son absolution. Il est vrai, une transaction avait été ménagée par Sancy : en 1595 (20 septembre), à Sarrebourg, il avait été convenu que le cardinal de Lorraine aurait les abbayes de Hohenburg et de Niedermunster, à condition de payer pendant cinq ans 3000 couronnes à Jean-George; les places qu'on lui délaissait, spécialement Benfeld, seraient démantelées. Quant à Jean-George, on lui avait adjugé les terres les plus proches de Strasbourg.

Par lettres patentes du 22 novembre 1595, le roi de France s'était déclaré garant du compromis de Sarrebourg.

Mais ce compromis n'avait pas été observé par l'une des parties. En effet, après avoir prescrit la démolition des remparts de Benfeld [1], le cardinal de Lorraine s'était ravisé dès qu'il avait su que Jean-George n'était pas en bonne intelligence avec son chapitre. Bientôt aux fortifications anciennes il en ajoutait de nouvelles. Henri IV, qui dès 1596 avait chargé le conseiller d'État Miron de lui reprocher sa dé-

1. *Mém.*, 7131, f° 294, le cardinal de Lorraine à Haraucourt, 20 septembre 1595.

loyauté [1], voulut, à partir de 1599, ou que les stipulations de Sarrebourg fussent exécutées en leur entier, ou que Jean-George fût largement indemnisé des sacrifices qu'il avait faits [2]. D'ailleurs, il était froissé que le cardinal de Lorraine se fût adjoint (1598), en qualité de coadjuteur, l'archiduc d'Autriche Léopold. Si Léopold s'installait à Strasbourg, il serait impossible à Henri IV d'entretenir des rapports avec l'Allemagne. Enfin, Charles de Lorraine, que Rodolphe avait reconnu comme évêque de Strasbourg (1599), venait de sommer les Strasbourgeois et tous ceux qui étaient dans sa mouvance, d'avoir à lui faire hommage; les récalcitrants seraient punis comme rebelles.

Dans un mémoire daté de 1600, Bongars démontre qu'il faut recourir à la force pour arrêter les progrès du cardinal de Lorraine, ainsi que de la maison d'Autriche. « Et certes ceux-là méritent le chapeau vert qui se font accroire et veulent faire accroire aux autres que par discours, raisons et allégations des constitutions de l'Empire et du *Lands-und-Religions-Fried*, on fera quitter à un prince les espérances qu'il tient en sa main. » La cause n'est pas particulière à Jean-George et au chapitre de Strasbourg, remarque Bongars, qui démêle fort bien qu'il s'agit ici des sécularisations ecclésiastiques en général. « Le même droit qu'on a de déposséder ceux-ci, le même aura-t-on de dévêtir les autres. On chasse aujourd'hui un prélat, on chassera demain un prince. *Veterem injuriam qui fert, invitat novam*. Que la nécessité réveille les plus endormis; *læsa patientia fit furor*. » Aux intéressés, quels qu'ils soient, de méditer ce vieil adage : *Metus aut habendus aut faciendus;* ou, de puissants qu'ils ont été, ils deviendront le jouet d'adversaires autrefois méprisés. « Depuis qu'un grand chêne est abattu, il n'est si petit qui ne coure pour faire du bois; depuis que le lion est

1. *Mém.*, 7126, f° 226, Miron à Bongars, mars 1596.
2. *Mém.*, 7126, f° 237, instruction à Bongars, 2 février 1599.

abattu, il n'y a animal si lièvre qui ne lui veuille tirer les barbes [1]. »

Au lieu de suivre le conseil de Bongars, les princes, entre autres le comte palatin et le nouveau margrave de Brandebourg, Joachim-Frédéric, père de Jean-George, députèrent vers Rodolphe, le prenant pour juge du différend qui légalement devait être tranché par une diète. « Ce sera, s'écriait Bongars, une ambassade à genoux, par supplications et par prières [2]. »

Pour Henri IV, il fit signifier au cardinal de Lorraine par le maréchal de Bois-Dauphin qu'il assisterait Jean-George, à moins que les décrets lancés contre les Strasbourgeois ne fussent révoqués, et aussi que la coadjutorerie ne fût retirée à Léopold [3].

Le cardinal répondit à Bois-Dauphin que les mesures dont se plaignait Henri IV, il les avait édictées sous la pression des chanoines de Saverne, « qui lui obéissaient si peu »; il en ajournerait l'application jusqu'à ce que Rodolphe, que Bois-Dauphin allait trouver, eût prononcé sur le fond. Il affirma qu'il n'avait pas songé, lorsqu'il s'était donné Léopold pour coadjuteur, « au tort qu'il ferait à la frontière du roi ». Aucun membre de la maison de Bavière n'avait consenti à accepter la coadjutorerie, et il n'aurait pu l'attribuer à l'un de ses parents sans encourir l'accusation de chercher à rendre l'évêché héréditaire dans sa famille : de là le choix qu'il avait fait de Léopold, de Léopold qui, eu égard à son bas âge (il avait quatorze ans), n'était dangereux ni pour le roi ni pour la France, et qui, tant que lui-même serait vivant, n'exercerait pas de fonctions.

Quant à l'imputation d'avoir enfreint la convention de Sarrebourg, il la rejeta sur Jean-George, qui n'avait pas attendu la sentence impériale pour assurer sa succession à l'un des fils du duc de Wurtemberg [4].

1. *Mém.*, 7130, f°s 51, 69.
2. *Mém.*, 7130, f° 22, à Waldenfels, 15 avril 1600.
3. Bibl. nat., *F. F.*, 3348, f° 180, mai 1600.
4. En 1597, Jean-George, à l'insu de son chapitre, avait cédé l'évêché de

Le maréchal de Bois-Dauphin l'ayant menacé de la perte de ceux de ses biens qui étaient situés en France, le cardinal objecta humblement « que le roi aurait peu de gloire à ruiner un cadet, pauvre prêtre et tout son serviteur ». Pour plus de sûreté, il pria la sœur de Henri IV, récemment mariée à son frère, de le recommander au roi de France [1].

A Bois-Dauphin, qui, arrivé à Prague, l'avait entretenu de l'affaire de l'évêché, Rodolphe promit de se résoudre « selon le droit et raison, et d'après les constitutions de l'Empire [2] ». L'engagement était ambigu; Bois-Dauphin ne réclama pas d'éclaircissement, car Henri IV, dans l'instruction qu'il lui avait remise, n'avait insisté que sur le point suivant : aviser à ce que le pouvoir délivré à Léopold, en tant que coadjuteur du cardinal, ne comprît pas la ville de Strasbourg, parce qu'il était « de son service et du bien de son royaume » que Strasbourg ne dépendît point d'un archiduc.

Renvoyée par l'assemblée de Friedberg à la décision du duc de Bavière et de l'électeur palatin [3], la cause était encore pendante lorsque Jean-George, derechef attaqué par les Lorrains, fut averti que Rodolphe allait investir Léopold de la coadjutorerie. Plein d'inquiétude, il accourut à Paris pour implorer la protection de Henri IV (1602). Bongars doutait de l'utilité ainsi que de l'opportunité de cette démarche, quoique la France fût toujours liée par les articles de Sarre-

Strasbourg à Louis-Frédéric de Wurtemberg contre 100 000 florins; plus tard, il avait été arrêté que Louis-Frédéric pourrait se dessaisir en faveur du cardinal de Lorraine; il conserverait toutefois les bailliages d'Oberkirch et d'OEttenheim, sur lesquels seraient hypothéquées les sommes d'argent que son père avait avancées à Jean-George et au chapitre du Bruderhof. Mais, peu après, Louis-Frédéric apprenait que Jean-George regardait comme nul le contrat de 1597, qui n'avait pas été approuvé par le chapitre du Bruderhof, et, de plus, offrait de mettre la maison d'Autriche en possession de l'évêché, à condition d'être pourvu du duché de Jægendorf (*Mém.*, 7127, f° 479).

1. *Mém.*, 7130, f° 61, Ancel au roi, juillet 1600; 7129, f° 10, le roi à Bongars, 2 février; 7130, f° 55, le cardinal de Lorraine au roi, 15 juin.

2. *Mém.*, 7130, f° 90, Bongars à l'électeur palatin, septembre 1600.

3. *Mém.*, 7129, f° 108, le roi à Bongars, 12 avril 1601. Par un reçez du 18 janvier précédent, l'assemblée de Friedberg avait invoqué l'appui de Henri IV, « partie et garant du traité de Sarrebourg » (Du Mont, *Corps dip.*, V, 2e part., p. 7).

bourg. « Je prie Dieu, mandait-il à la Tuillerie, que ce voyage lui apporte du contentement comme il ferait si nous étions ce que nous devrions; mais étant devenus aussi c....... que ces gens ici, je ne puis rien espérer que de la honte de part et d'autre [1]. »

Néanmoins Henri IV dit qu'il fournirait à Jean-George 42 000 florins immédiatement, et plus tard 300 000; mais il entendait que ceux de Brandebourg profitassent de l'embarras où se trouvait alors l'Autriche, à laquelle les Turcs venaient d'enlever Albe-Royale et Gran, pour agir vigoureusement. Or, il ne comptait pas sur leur énergie [2]. Il prévoyait, en outre, que le margrave Joachim-Frédéric, par-dessus tout désireux de rattacher la Prusse au Brandebourg, ne se ferait pas faute, si l'alternative lui était proposée, de sacrifier à sa propre grandeur celle de Jean-George. Ce dernier, à son tour, n'était pas éloigné de troquer l'évêché de Strasbourg contre le duché de Jægendorf. Serait-il sage de rompre avec l'Autriche pour faire triompher un prétendant qui s'abandonnait lui-même, et que son père soutenait à peine?

Selon Palma Cayet, Henri IV se rendit en 1603 à Metz principalement pour terminer l'affaire de Strasbourg. Son plan était celui-ci : user de douceur, veiller à ce qu'il ne fût pas attenté aux prérogatives du corps germanique, et empêcher la coadjutorerie de Léopold, vu « l'importance du passage et le voisinage de la maison d'Autriche, laquelle n'était déjà que trop puissante en ces quartiers [3] ». Il approuverait l'élection du cardinal de Lorraine, mais exigerait le maintien du chapitre du Bruderhof; à la mort du cardinal, ce chapitre pourrait élire un nouvel administrateur [4].

Le traité de Haguenau qui, en 1604, mit fin à la querelle, fut précédé d'une trêve faite à Metz (mars 1603) : elle prescri-

1. *Mém.*, 7130, f° 238, 25 août 1602.
2. *Mém.*, 7129, f° 208, à Bongars, 26 septembre 1602.
3. *Lett. miss.*, VI, p. 28, le roi à Fresne-Canaye, 12 février 1603.
4. *Mém.*, 7129, f° 232, le roi à Bongars, 1er janvier 1603.

vait la cessation momentanée des hostilités et le licenciement des gens de guerre; garantissait la liberté du commerce et déférait au duc de Bavière et à l'électeur palatin, nommés séquestres, la garde des villes dont le cardinal s'était emparé depuis le mois de juillet 1602. Si la suspension d'armes n'était pas suivie d'un arrangement définitif, le cardinal recouvrerait les places dont il était dessaisi [1]. Il ne fut pas dépossédé, même provisoirement, parce que l'électeur palatin refusa d'être séquestre.

Avant que l'électeur palatin eût été remplacé comme séquestre, Jean-George renonça (22 novembre 1604) à l'évêché de Strasbourg en faveur du cardinal de Lorraine; en compensation, il reçut 130000 florins et une pension viagère de 9000 florins [2]. Quant au chapitre du Bruderhof, il serait conservé en l'état jusqu'en 1619; ultérieurement, les chanoines catholiques et les chanoines protestants pourraient faire valoir leur droit par telles voies qu'ils jugeraient bonnes [3]. La question ne fut tranchée qu'en 1627; à cette date, huit évangéliques étaient encore titulaires de canonicats.

Ainsi se termina la longue rivalité de Charles de Lorraine et de Jean-George de Brandebourg [4]. Par l'abdication de son compétiteur, Charles de Lorraine devint maître incontesté de tout l'évêché, qui échut ensuite (1607) à Léopold. Mais la ville, nominalement siège de cet évêché, fut toujours indépendante; en 1604 Charles de Lorraine, en 1608 Léopold d'Autriche, juraient de respecter ses franchises [5]. S'ils demeuraient les alliés de Strasbourg, les rois de France pourraient, à l'avenir comme par le passé, communiquer avec

1. Inst., *Coll. God.*, 95, f° 210.

2. Créancier de Jean-George, le duc de Wurtemberg se fit céder, pour une période de trente années, le bailliage d'Oberkirch.

3. Du Mont, *Corps dip.*, V, 2e partie, p. 43.

4. *Revue d'Alsace*, 1876, Fischer, *le Cardinal de Lorraine.* — Dans son livre, *Louis XIV et Strasbourg*, œuvre de science sûre et de saine critique, M. Legrelle a résumé, avec une remarquable netteté, les diverses phases de l'affaire de Strasbourg.

5. Du Mont, *Corps dip.*, V, 2e partie, p. 49, 17 janvier.

l'Allemagne. Le but vers lequel avait surtout tendu Henri IV était atteint. Sa victoire, il est vrai, était incomplète, et, en effet, contrairement à ses intentions, un archiduc avait l'expectative de l'évêché de Strasbourg.

Si Henri IV n'a réussi qu'à demi, c'est, dit Bongars, qu'il se laissa braver par un cardinal « faible de corps et de moyens [1] », et lassa la patience des princes, ses créanciers, en ne remplissant pas les engagements qu'il avait contractés; d'où la froideur avec laquelle ses propositions ou ses conseils furent accueillis au delà du Rhin. D'autre part, Bongars montre que Jean-George, inconstant ou présomptueux, mécontenta tous ceux dont l'appui lui était indispensable, le roi de France, le duc de Wurtemberg, les Strasbourgeois; que pour suivre ses ambitieux desseins du côté de la Vistule, le margrave de Brandebourg aida mollement Jean-George; enfin que les princes ne surent pas comprendre que, dans l'affaire de Strasbourg, deux intérêts étaient en jeu : un intérêt religieux, car il importait que le plus grand nombre possible de bénéfices ecclésiastiques sortissent des mains des catholiques; et un intérêt politique, puisqu'il s'agissait de s'opposer aux empiètements de l'Empereur [2]. Pour lui, il ne s'était jamais dissimulé la gravité du conflit. « Le coup duquel tous les gens de bien attendaient du bien apportera un grand mal, lequel ne s'arrêtera pas à l'évêché de Strasbourg, mais donnera jusques au fond de l'Allemagne et se fera sentir dans toute la chrétienté. Je dirai, partant de ce pays, ce que Brutus a dit, partant de la vie : Punis, ô Jupiter, les auteurs de tant de maux [3] ! »

On ne doit pas oublier que, sur la fin du différend, les Strasbourgeois et la plupart des princes eurent une attitude ou tinrent une conduite dont Henri IV eut lieu de s'offenser.

En 1602, les Strasbourgeois crurent que Henri IV médi-

1. *Mém.*, 7129, f° 26.
2. *J. Bong. et Ling. ep.*, p. 167, Lingelsheim à Bongars, 3 mars 1603.
3. *Mém.*, 7130, f° 267, au landgrave de Hesse, 26 janvier 1603.

tait de faire de son bâtard, César de Vendôme, un évêque souverain de Strasbourg. Pour les désabuser, Bongars leur représenta que, fiancé à Mlle de Mercœur, César de Vendôme trouverait dans le mariage convenu des avantages bien supérieurs à ceux que lui procurerait la possession d'un titre épiscopal [1]. Mais la crainte continua de hanter les imaginations populaires. Au commencement de 1603, à la nouvelle que le duc de Savoie avait essayé de s'introduire dans Genève par escalade, on présuma que Henri IV allait tenter un pareil coup de main à Strasbourg, et le sénat exhorta les corps de métiers à veiller au salut de la patrie. « Vouloir faire tomber ce soupçon sur le roi, s'écriait Bongars, indigné, est un artifice aussi malicieux que grossier »; si Henri IV songeait à s'emparer de Strasbourg, s'efforcerait-il de réconcilier Jean-George et Charles de Lorraine? « Qui veut entreprendre sur autrui, écrivait encore Bongars au magistrat de Strasbourg, cherche à le brouiller, non à le composer [2]. »

Tandis que les Strasbourgeois doutaient maladroitement ou de la loyauté ou du désintéressement de Henri IV, plusieurs princes excusaient ou même encourageaient la désobéissance prolongée du duc de Bouillon, désobéissance prolongée qui ressemblait fort à une rébellion déclarée.

1. *Mém.*, 7129, f° 196, le roi à Bongars, 27 juillet 1602 : « Je n'ai jamais songé à faire de Vendôme un homme d'Église, et ne voudrais pas dudit évêché pour lui, ledit évêché valant deux fois plus, et Vendôme étant assuré d'en jouir paisiblement ».

2. *Mém.*, 7130, f° 262, 7 janvier 1603. En 1606, lorsque Henri IV marchait contre Sedan, la populace s'émut de nouveau parce que le duc d'Épernon, se rendant à Francfort, séjournait à Strasbourg avec quelques gentilshommes français (Bibl. nat., *F. F.*, 15920, n°s 49, 66, 90, Bongars à Villiers-Hotman, 10 mars, 3, 29 avril 1606). Passe encore si les Strasbourgeois eussent su que Gebhard Truchess ayant, en 1600, offert à Henri IV, au nom d'un des corps de ville, le protectorat de Strasbourg, ce prince avait demandé quel était ce corps de ville et à quelles conditions on acquerrait son concours (*Mém.*, 7129, f° 31, mars). En regard de la dépêche royale, Bongars avait tracé ces mots : « J'estime qu'il n'est pas temps de toucher cette corde ».

IV.

Après le supplice du maréchal de Biron, l'instruction commencée contre ses complices s'était poursuivie. Parmi eux figurait le comte d'Auvergne, frère utérin de la maîtresse de Henri IV, la marquise de Verneuil. Emprisonné au mois de juin 1602, il fut, au mois d'octobre, relâché, à la sollicitation de sa sœur. Mais pendant sa captivité il avait parlé. Au nombre de ceux qu'il avait chargés il y avait le duc de Bouillon.

Celui-ci n'était autre que ce vicomte de Turenne (Henri de la Tour) que Henri IV avait longtemps regardé « comme le principal de ses anciens serviteurs », qu'il avait fait « participant de ses plus importants secrets », et qu'il avait promu au rang de souverain en l'unissant à l'héritière de la principauté de Sedan, Charlotte de la Mark, duchesse de Bouillon (1591). Si la confiance et l'affection qu'il lui avait d'abord montrées avaient, avec les années, diminué, c'est qu'il avait éprouvé, en deux graves conjonctures, l'indifférence ou même l'hostilité du nouveau duc de Bouillon. En 1597, durant le siège d'Amiens, le duc n'avait pas paru dans le camp royal et avait retenu en Limousin les troupes qu'il avait levées avec la permission de Henri IV. S'étant bientôt transporté à Châtellerault, où les députés des Églises réformées et les commissaires de Henri IV, de Thou et de Calignon, traitaient de la future condition des protestants en France, il avait excité ses coreligionnaires à exiger les sûretés les plus étendues et les plus fortes. Il aurait dû, en 1598, rejoindre Henri IV qui allait combattre en Bretagne le duc de Mercœur et les Espagnols; mais il aurait craint de « voir la face de son maître » avant de s'être fait adjuger toutes les garanties qu'il convoitait pour lui-même. Bref, il était de ceux qui avaient cherché « à immortaliser la négociation afin de se rendre nécessaires d'une part, arbitres et médiateurs de l'autre [1] ». Rien n'était plus propre à irriter le roi, très jaloux de son autorité; « il a voulu me donner la loi », disait-il avec colère [2].

Si le duc de Bouillon vint ensuite à Nantes, où Henri IV s'était arrêté, et essaya, malgré sa malicieuse conduite, « de se parer de la belle robe d'innocence [3] », il ne tarda point à blesser de nouveau le roi par la hardiesse de son langage et l'arrogance de son attitude. Dans un chiffre du temps on le désigne ainsi : le bilieux [4]. Faut-il croire que, séduit par l'offre du Dauphiné, qui lui avait été faite, il s'était, ainsi que l'affirmait le comte d'Auvergne, concerté avec Biron et les Espagnols dans le but de démembrer la France et de transférer, un jour, la couronne de la tête du dauphin sur celle d'un fils de la marquise de Verneuil? Ou bien doit-on penser, avec Fresne-Canaye, qu'il était trop avisé « pour se mêler du jeu du maréchal [5] »? De Thou nous paraît avoir discerné la part qui lui revient dans l'affaire, lorsqu'il dit que Bouilllon pécha plutôt par la connaissance qu'il eut de la conspiration que pour avoir conspiré lui-même, et que tout son crime fut de s'être entretenu avec Biron et Auvergne de projets qui tendaient à opposer la liberté et la dignité des grands à la toute-puissance du roi, s'élevant, par le conseil de Rosny, contre les lois [6].

Cependant au lieu de se rendre à la cour où il était appelé [7] non pour se justifier juridiquement, mais pour dissiper par de loyales explications le doute que la dénonciation du comte d'Auvergne avait fait naître dans l'esprit du roi, le duc de Bouillon se présenta devant la Chambre mi-partie de Castres;

1. Bibl. nat., *Ve Colb.*, 32, nos 51, 55, de Thou et de Calignon à de Fresne, 11, 18 janvier 1598.
2. Bibl. nat., *Ve Colb.*, 32, no 70, à de Thou et de Calignon, 22 février 1598.
3. *Sages et roy. OEc.*, ch. LXXX.
4. Inst., *Coll. God.*, 53.
5. *Les Ambassades*, à Ancel, juillet 1602.
6. *Hist univ.*, l. CXXXIX.
7. *Lett. miss.*, VI, p. 692, le roi à Bouillon, 18 novembre 1602.

suivant son dire, elle était seule compétente pour ce qui regardait l'honneur ou les biens des calvinistes [1]. Puis, quand Henri IV eut défendu à cette Chambre de connaître de son cas, M. de Bouillon s'enfuit à Montpellier, où il resta peu de temps; par Orange et le Dauphiné il gagna Genève. A l'en croire, il était sorti de France pour éviter que ses coreligionnaires se compromissent en embrassant son parti. Mais s'il se rencontra quelques personnes disposées à se soulever en sa faveur parce qu'il ne faut pas abandonner « les mâtins qui gardent le troupeau », la plupart des réformés semblent avoir considéré que son fait était trop affecté pour les intéresser [2].

A Genève, le duc de Bouillon reçut des mains du sieur de Bourron une lettre que M. de la Trémouille lui avait écrite par le commandement de Henri IV, pour l'engager à se retirer à Sedan plutôt qu'en Allemagne; il importait, faisait observer M. de la Trémouille, qu'il ne fût pas soupçonné de s'être, dans des vues particulières, opposé à la constitution de la ligue projetée entre l'Allemagne et la France. Le conseil était sage; M. de Bouillon ne le suivit pas. « Je m'en vais vers nos alliés, répondit-il à M. de la Trémouille, attendant les justes résolutions qu'il plaira au roi de prendre pour sa satisfaction et mon honneur; je ne m'avancerai à Sedan que je n'aie sa volonté [3]. »

Dès le 22 novembre 1602, Henri IV avait exprimé au landgrave de Hesse l'étonnement douloureux qu'il avait ressenti en découvrant que M. de Bouillon s'était associé au complot de Biron. « Car j'eusse cru que tout mon royaume ensemble y eût participé plutôt que lui, pour l'avoir toujours chéri et aimé plus que nul autre de mes serviteurs, avoir cet honneur d'être premier gentilhomme de ma chambre, officier de ma couronne et aujourd'hui le premier et le plus ancien maré-

1. Bibl. nat., *F. Brienne*, 190, n° 9.
2. *Mém. de du Plessis-Mornay*, X, p. 7.
3. Bibl. nat., *F. Brienne*, 190, 13 janvier 1603.

chal de France, l'avoir aussi marié à l'héritière de Sedan et protégé en la succession d'icelle contre tous ceux qui y avaient intérêt[1]. » Si Bouillon n'obtempérait pas à l'invitation qui lui avait été adressée, il « le mettrait en grand'peine... Comme d'un côté je ne puis ni veux manquer à ce que je dois à la conservation de mon royaume et à la sûreté de mes enfants et de ma propre personne, assaillis ensemble par cette conspiration, ce me sera aussi un indicible crève-cœur d'être contraint de persécuter ma créature [2]. »

En même temps qu'il chargeait Bongars d'avertir le comte palatin, Henri IV lui envoyait copie de la dépêche par laquelle il avait mandé M. de Bouillon à Paris; Bongars la communiquerait aux princes, de peur qu'on ne leur déguisât la vérité. « Je sais, disait-il, que j'ai des ennemis et malveillants qui ne faudront de me représenter tout autre que je ne suis, comme si j'avais changé de naturel et étais à présent du tout tourné au sang et à la cruauté [3]. » Faisant ensuite allusion à

1. Après la mort de Charlotte de la Mark (1594), qui ne laissait pas d'enfants, le duc de Bouillon, par la faveur de Henri IV, avait conservé la souveraineté de Sedan, de Bouillon et de Raucourt, que lui disputaient le comte de Maulevrier et le duc de Montpensier.

2. Rommel, *Corr. in.*, p. 82, 83.

3. Lors de l'arrestation de Biron, il s'était rencontré des Allemands « pour crier à l'innocence du maréchal, oppressée de je ne sais qui » (Bibl. nat., *F. F.*, 15577, f° 268, Bongars à Villeroi, 9 août 1602), et d'autres pour blâmer Henri IV de recourir, dans le jugement du traître, non à la procédure expéditive d'un tribunal d'exception, mais aux formes lentes de la justice ordinaire. Quelques-uns enfin s'étaient plaints qu'il n'eût pas immédiatement lancé une déclaration contre le roi d'Espagne et le duc de Savoie, qui avaient encouragé les folles visées de Biron. Sans s'arrêter à énumérer les preuves de la culpabilité de celui-ci, le roi disait à Bongars : « Je désire que mes amis tirent autant d'utilité de la patience que vous leur avez souvent reprochée, que j'espère faire de la cunctation ». Et encore : « Aussi est-ce imprudence et marque de faiblesse de manifester une offense et d'en surseoir et dilayer la réparation et vengeance; mais je dois préférer le bien public de mon royaume, duquel le mien est inséparable, à toute passion » (7129, f° 201, 19, 4 septembre, 27 juillet 1602). Ce langage était très sensé. Seulement Henri IV aurait sagement agi en ne négligeant pas l'avertissement contenu dans une lettre que Bongars avait adressée à Villeroi, quelques jours après l'incarcération de Biron. « Je ne dois vous dissimuler qu'on a fait courir d'étranges bruits de deçà comme si la France s'en allait troublée d'une plus forte et dangereuse tempête que jamais. J'ai remarqué nos amis et nos ennemis porter un même visage à cette nouvelle. J'ai grand'peur, monsieur, que Sa Majesté ne se trouve trompée de son bon ménage et mal servie de ceux qui lui font croire que ne payer personne,

l'une des imputations dirigées contre Bouillon (Bouillon aurait supposé qu'à la prière du saint-siège les villes d'otage, accordées en 1598, allaient être enlevées aux réformés) : « Voilà, s'écriait-il, une profonde malice! Mais Dieu y a pourvu. Je veux que vous croyiez et que vous fassiez entendre à un chacun par delà que quoi que fasse ledit duc de Bouillon et suite qu'il ait de ceux de ladite religion, je leur conserverai mon édit et en ferai jouir le corps d'iceux avec plus de soin que jamais, n'y ayant point de puissance en ce monde ni de péril si grand pour me faire révoquer ni violer la foi et parole que je leur ai données pour ce regard, quoi qu'il en puisse arriver [1]. » Il était faux, d'ailleurs, que le duc fût justiciable de la Chambre de Castres; pour les crimes de lèse-majesté au premier chef, il n'y avait pas d'autre juridiction que celle du parlement de Paris. Mais est-ce qu'il était question d'un procès en forme, ainsi qu'il le prétendait? « Cela seul, ajoutait Henri IV, est suffisant pour faire connaître à tout le monde que sa conscience a troublé son jugement, et de faire estimer véritable ce dont il est accusé [2]. »

A Heidelberg, où il s'était rendu après avoir quitté Genève, M. de Bouillon « fut bien venu comme allié »; en d'autres termes, comme parent, car il avait épousé en secondes noces (1595) la sœur de l'électrice palatine. Fort habilement, il parlait du roi avec respect [3]. Mais les propos colportés dans l'entourage du comte palatin n'étaient pas tous à l'honneur de Henri IV. Loin de blâmer M. de Bouillon de n'avoir pas été fournir les éclaircissements qui lui étaient demandés, on insistait sur le péril que couraient ceux qui avaient le malheur d'être suspects au roi. N'avait-on pas, dans le temps où M. de Bouillon était appelé à Paris, incarcéré à la Bastille le sieur de Montbarot, gouverneur de Rennes, qu'un misérable, Guy

ne contenter personne, ne faire bien à personne, soit régner » (Bibl. nat., *F. F.*, 15577, f° 181, 17 juin 1602).

1. *Mém.*, 7129, f° 220, 23 novembre 1602.

2. Rommel, *Corr. in.*, p. 89, au landgrave de Hesse, 7 décembre 1602.

3. Bibl. nat., *F. F.*, 15578, f°s 17, 40, Bongars à Villeroi, 8, 18 février 1603.

Eder de la Fontenelle, convaincu de liaison avec les Espagnols, avait nommé dans ses dépositions [1]? Du reste, à Paris même, on était d'avis que M. de Bouillon avait prudemment agi en pratiquant le dire de Marot :

> Or, jamais ne vous laissez prendre
> S'il est possible de fouyr,
> Car après on vous peut ouyr
> Tout à loysir et sans cholère;
> Mais en fureur de tel affaire
> Il vault mieux s'excuser d'absence
> Qu'estre truslé en sa présence [2].

Au lieu d'imiter la discrétion du landgrave de Hesse qui, en répondant à Henri IV, ne s'était pas prononcé sur le fond, le comte palatin essaya de laver son beau-frère de toute tache. Si ce seigneur eût été coupable, allégua-t-il, il se fût lui-même condamné comme indigne du nom de chrétien et eût rougi d'invoquer l'intercession des États amis de la France [3].

Avant de partir pour Metz, au commencement de mars 1603, Henri IV fit savoir que si M. de Bouillon ne venait pas à jour fixe, ou pour se justifier devant le parlement de Paris, ou pour implorer son pardon, il serait poursuivi par les voies ordinaires; jusque-là il serait déchu de l'autorité que lui conférait sa qualité de premier gentilhomme de la chambre et de maréchal de France. Seulement, par considération pour le comte palatin, Henri IV prolongea de deux mois le délai de comparution [4].

Un moment, on avait cru que nombre de princes iraient

1. Bibl. Nat., *F. F.*, 15578, f° 87, Bongars à Villeroi, 26 mai 1603. D'abord excepté de l'amnistie accordée au duc de Mercœur et à ses partisans, la Fontenelle, qui avait épouvanté la Bretagne par ses crimes, avait bientôt obtenu (mai 1598) des lettres d'abolition (H. Carré, *l'Amnistie de 1598 et le parlement de Rennes*, p. 31).

2. *Troisième épître du Coq à l'Ane, envoyée de Venise*, 1536; — P. de l'Estoile, *Journal du règne de Henri IV*, novembre 1602.

3. Bibl. nat., *F. Brienne*, 190, au roi, 18 février 1603.

4. Bibl. nat., *F. Brienne*, 190, le roi au comte palatin, 17 mars 1603.

à Metz pour visiter le roi; en réalité, un seul, Jean de Bavière, de la maison ducale des Deux-Ponts, s'y transporta. Et encore sa démarche était-elle intéressée : il venait solliciter la main de l'une des cousines du roi, Catherine de Rohan [1]. Sans rejeter l'offre qu'il avait faite de plaider sa cause, le duc de Bouillon lui avait prescrit d'exiger au préalable « de bonnes et valables preuves » à l'appui des griefs qui seraient produits, et aussi d'affirmer à Henri IV que loin de songer à empêcher le dauphin de recueillir la succession paternelle, il l'y aiderait, car il tenait la chose pour juste [2].

Aux instances de Jean de Bavière, Henri IV répondit que si M. de Bouillon réclamait des juges, il favoriserait sa justification; comme il n'avait jamais désiré le sang d'homme quelconque, il traiterait ce seigneur, recourant à sa clémence, avec la même indulgence que d'autres criminels. Il n'appartenait pas à Jean de Bavière de peser sur les décisions de M. de Bouillon; il se borna à lui écrire qu'il trouvait les résolutions du roi « tout équitables et bénignes envers lui et les siens [3] ».

Henri IV était persuadé que le duc de Bouillon le desservait « tant dedans que dehors le royaume [4] », et Villeroi accusait ce seigneur de n'être à Heidelberg que « pour tout brouiller » [5]. Du moins, soit qu'elle fût froissée de la lenteur avec laquelle le roi s'acquittait de ses anciennes dettes, soit qu'elle fût persuadée que M. de Bouillon était persécuté pour

1. Sur l'union de Jean de Bavière et de Catherine de Rohan, trop tôt brisée par la mort, on peut lire quelques pages d'une éloquence émue dans les *Derniers récits du* XVIe *siècle* de Jules Bonnet (*Anne de Rohan,* p. 259 et suiv.).

2. Bibl. nat., *F. Brienne,* 190, 17 mars 1603.

3. Bibl. nat., *F. Brienne,* 190, 24 mars 1603.

4. *Mém.*, 7128, f° 176, Bongars à Christian d'Anhalt, 19 mars 1603. Comme pour justifier ces soupçons, le duc écrivait à Christian d'Anhalt, au sujet d'une combinaison imaginée par l'Espagne pour l'accommodement des affaires des Pays-Bas, combinaison à laquelle Henri IV s'opposerait peut-être : « Il serait utile de donner occasion au roi de penser à soi et non à entretenir le feu parmi ses voisins pour jouir d'un dangereux repos personnel, tenant son royaume en une dure et inaccoutumée servitude » (M. Ritter, *Lettres et actes,* I, p. 409, 22 août 1603).

5. *Sages et roy. Œc.,* ch. CXII, 10 mars 1603.

s'être fait le champion des Églises, l'Allemagne protestante hésitait à s'unir avec la France contre la maison d'Autriche. Deux envoyés de l'électeur palatin, le comte de Solms et le sieur de Plessen, se rendirent à Paris pour demander que M. de Bouillon pût rentrer sans être astreint à aucune formalité; le roi rejeta leur requête [1]. Mis au courant par le comte de Solms et le sieur de Plessen, et, en outre, informé que M. de Bouillon était poussé à faire une sorte d'appel à l'opinion par la publication d'un manifeste, Bongars écrivait à Villeroi : « Je vous supplie, monsieur, de vouloir porter le roi d'aller au-devant. L'électeur palatin prie Sa Majesté; n'attendons point le revers, qui pourrait se montrer tel que nous serions contraints de prier ceux qui nous prient. On a vu des coups plus étranges... Je sais bien qu'Alexandre dit à Parménion, qui lui donnait un conseil au-dessous de sa grandeur : Je le ferais si j'étais Parménion. Nos conceptions sont basses comme nous; mais telles qu'elles sont, nous sommes obligés de les découvrir si nous jugeons qu'elles soient pour le bien de notre prince [2]. » Cependant Villeroi posait à Bongars les questions suivantes : « Trouvez-vous que, par sa réponse aux ambassadeurs de M. l'électeur palatin, Sa Majesté se soit mise à la raison en ce fait? Que vouliez-vous donc qu'elle fît de plus? Quoi! qu'elle déclarât innocent M. de Bouillon sans faire d'examen? Si Sa Majesté ne le croit pas ou n'a occasion de le croire, M. de Bouillon même doit-il désirer qu'elle fasse ladite déclaration? Sera-ce bien suffisante décharge pour lui tant envers lui-même qu'envers ses amis et ses ennemis [3]? »

1. M. Ritter, *Lettres et actes*, I, 405, 12, 16 mai 1603.
2. Bibl. nat., *F. F.*, 15578, f° 84, 21 mai 1603.
3. *Mém.*, 7129, f° 245, 23 mai 1603. Voici la réponse de Bongars : « Je crois, monsieur, après vous, qu'il n'est ni digne au roi, ni expédient pour M. de Bouillon que son affaire se vide sans examen. Mais il y a plusieurs sortes d'examens... Je sais aussi que c'est la dernière chose qu'un sujet doit faire que de se justifier aux dépens de son maître, ou plutôt que c'est une chose qui ne se doit jamais faire par un chrétien. C'est un coup de désespoir. M. de Bouillon y peut être réduit si cette légation réussit sans fruit. Vous savez où le prince d'Orange en est venu. Le fait est bien dissemblable. Il n'est ici ques-

Puisque M. de Bouillon aurait ou à se disculper devant le parlement ou à se faire pardonner ses fautes, le comte de Solms et le sieur de Plessen sollicitèrent un second sursis; ils ne l'obtinrent pas parce qu'ils avaient eu la maladresse de passer en Angleterre (juin 1603) pour réclamer l'intervention de Jacques Ier Stuart. « De quoi il faut que je vous die, mandait Villeroi à Bongars, il naîtra à la fin plus de mal au public et au particulier que de bien, car Sa Majesté est fort piquée et dit que ledit électeur pouvait se contenter de recommander l'affaire du duc de Bouillon à Sa Majesté sans aller rechercher la protection des autres [1]. » Du reste, Jacques Ier avait fait savoir à Plessen et à Solms que l'honneur ne lui permettait pas de s'interposer en faveur d'un sujet rebelle, ce sujet fût-il calviniste [2]. Peut-être le langage d'Élisabeth eût-il été différent, car informée, un peu avant sa mort, que le duc de Bouillon était incriminé de complot, cette princesse avait laissé échapper cette exclamation : « C'est une partie dressée contre la religion », et s'était ensuite étendue sur les louanges de l'accusé [3].

S'il eût été moins dépourvu de sens ou moins dominé par la passion, le comte palatin aurait désavoué ses agents; il ne le fit pas. Et même il semble avoir ultérieurement pris à tâche d'irriter le roi. Un synode national avait été indiqué à Gap pour le mois d'octobre 1603 ; il lui écrivit pour s'enquérir du fait de M. de Bouillon. Quant à lui, disait-il, il n'avait jusqu'à présent rien appris qui pût l'induire à douter de l'innocence de ce seigneur [4]. Enfin il confiait à M. de Bouillon,

tion que d'un homme seul, et cestui-là portait la cause de tout un peuple. Toutefois, on ne peut nier que cestui-ci ne soit fort habile seigneur, que l'état de la France et dedans et dehors peut fournir matière de remuer peut-être à un moins habile... Un prince ne doit jamais faire grâce par crainte d'un particulier, mais bien par crainte d'un mal général, étant obligé à Dieu de procurer le bien et de détourner le mal de son État... » (Bibl. nat., *F. F.*, 16578, f° 87, 26 mai).

1. *Mém.*, 7129, f° 248, 15 juin 1603.

2. Cf. *Sages et roy. Œc.*, ch. CXXI.

3. Bibl. nat., *F. Dupuy*, 830, f° 16, Beaumont à de Thou, 4 décembre 1602; — *Lett. miss.*, V, p. 723, le roi à Beaumont, 24 décembre.

4. Bibl. nat., *F. Brienne*, 190, 31 août 1603.

qui venait de s'établir à Sedan (janvier 1604), la garde et la surveillance de l'aîné de ses enfants, héritier présomptif de son électorat [1].

Plus réservée, plus habile par conséquent, était l'entremise du landgrave de Hesse et du duc de Wurtemberg; elle aurait probablement été efficace, parce que Henri IV répugnait à pousser les choses à l'extrême; mais par une série de fausses manœuvres ou de provocations intempestives, M. de Bouillon traversa les démarches de ces prudents alliés.

Lorsqu'un pasteur de l'Église de Bordeaux, Renaud, que le synode de Gap avait chargé de conférer avec les Universités étrangères sur l'article de l'Antéchrist, ainsi que de poser les bases d'une union générale des réformés, se vit interdire le séjour de la France, Bouillon l'accueillit à Sedan; puis il invita tous les consistoires de la Basse-Guienne à protester contre la mesure qui avait atteint ce ministre, et ayant fait sa propre apologie, il disait : « Je suis hors du royaume, puisque la liberté des édits ne m'y a pu maintenir; chez moi, toutefois, pour et de moi, et de mes États, et de mes amis, servir les Églises [2] ».

Bientôt il supposait, sans nul motif, qu'un gentilhomme champenois, de Montlouet, venu « pour raccrocher une négociation désespérée », avait été envoyé dans le but de préparer la surprise de Sedan par les troupes royales [3]. Enfin, quand Henri IV n'était pas éloigné d'oublier le passé à condition que M. de Bouillon amenât les princes à se confédérer avec la France, il se retranchait, pour ne rien faire, derrière le discrédit où il était tombé depuis sa disgrâce. Après avoir bravé l'autorité légitime et calomnié les intentions de son

1. Sedan était le siège d'une académie que le duc de Bouillon avait, en 1600, adjointe au collège fondé, vingt-quatre ans auparavant, par Françoise de Bourbon. La jeunesse y suivait des cours de théologie, de droit, de sciences naturelles et de langue hébraïque, latine et grecque (Bourelly, *Hist. de Fubert*, II, p. 434). Au nombre des maîtres qui, à la fin du XVIe siècle, enseignèrent à Sedan, on trouve Julius Pacius (Ch. Revillout, *Notice*).

2. Bibl. nat., *F. Brienne*, 190, f° 148.

3. Rommel, *Corr. in.*, p. 214, le roi au landgrave, 27 décembre 1604.

maître, il repoussait la main que celui-ci lui tendait. « Il est difficile, faisait remarquer Henri IV au landgrave, de guérir un malade qui rejette les remèdes propres à sa guérison [1]. »

Henri IV disait encore du duc de Bouillon au commencement de 1605 : « Quant au duc de Bouillon, il vit toujours avec moi comme il a fait depuis sa retraite à Sedan, plus curieux de rechercher les moyens de me donner jalousie que ceux par lesquels il peut regagner ma bonne grâce ». La persistance avec laquelle il recourait à l'appui des étrangers était ce qui blessait surtout Henri IV, et cela sans avantage pour lui-même, car quelques-uns des avocats dont il empruntait l'office étaient plus capables de perdre les causes que de les gagner. Le fait suivant le montrera.

Au mois d'avril 1605, une ambassade alla trouver Henri IV de la part des margraves de Brandebourg, d'Anspach, de Culmbach et de Bade, du comte palatin, des ducs de Brunswick et de Saxe-Cobourg, du prince d'Anhalt-Dessau et de quatre villes libres d'Allemagne. « Désireux d'être relevé de sa chute, dit celui qui parla au nom de cette ambassade, Carl Paul [2], M. de Bouillon ne cesse d'invoquer Dieu et de s'humilier devant son souverain. Nos maîtres joignent leurs prières aux siennes vers l'un et l'autre à ce que celui qui tient le cœur des rois en sa main veuille amollir le vôtre, Sire, envers l'un de vos plus fidèles sujets et serviteurs, et lui redonner ce que son malheur, non aucun crime, lui a fait perdre. » Si Henri IV accueille leur requête avec indulgence, il prouvera « que les ennemis de leur créance ont travaillé en vain à bander ses desseins contre ceux qui en font profession ». Du reste, les princes sont disposés à garantir l'exécution des formalités que M. de Bouillon aura à remplir avant de revenir à la cour de France.

Comme cette démarche était demeurée sans effet, les Alle-

1. Rommel, *Corr. in.*, p. 194, 10 août 1604.

2. Carl Paul était le délégué du comte palatin (M. Ritter, *Lett. et act.*, I, p. 435 et suiv., instruction pour Carl Paul).

mands, six semaines après, la renouvelèrent (16 mai). Au cas où le roi ne se laisserait pas fléchir, dirent-ils, il serait évident pour ceux qui les avaient envoyés que M. de Bouillon était frappé moins comme rebelle que comme protestant. Cette fois, Henri IV ne se contint plus; il déclara qu'il ne devait point de comptes aux princes, et que, ayant le moyen de faire du bien à ses amis et de ne pas craindre ses ennemis, il se souciait peu de ceux qui affectaient de dédaigner son amitié. Pour le duc de Bouillon, il haïssait en lui « non la religion, mais la trahison [1] ».

Fallait-il attribuer la hardiesse des Allemands à l'ajournement des poursuites annoncées dès 1603 et différées jusque-là? D'où certaines gens, qui ignoraient le fond des choses, avaient inféré que les charges étaient si légères qu'elles ne méritaient pas d'être approfondies. Il eût été plus juste de conclure de là que le roi avait voulu laisser à M. de Bouillon tout le loisir de s'amender. Mais puisqu'il n'avait profité de ce répit que pour égarer l'opinion sur le mobile de la conduite de son maître et pour provoquer une démonstration fâcheuse, il appartenait aux princes, mieux informés, de le contraindre à se ranger à l'un ou l'autre des partis proposés [2].

Sur ces entrefaites, le landgrave de Hesse envoya le capitaine Widemarckre prévenir Henri IV que M. de Bouillon se soumettrait « à des examens privés, non judiciaires, Sa Majesté ne l'assujettissant à d'autres juges que sa personne et ne demandant aux autres assistants que leurs oreilles, non leur jugement ». Si cette entrevue n'avait pas de résultats, il retournerait à Sedan.

A Paris, Widemarckre fut précédé par un confident du duc de Bouillon, le sieur de Russy. Celui-ci apprit à Henri IV

1. Bibl. nat., *Ve Colb.*, 32, n° 110. Le langage des députés des cantons suisses, venus à Paris à la même époque, fut moins inconvenant que celui des Allemands. Henri IV, toutefois, souffrait impatiemment « ces délégations monopolées », qui faisaient d'une cause privée une cause générale (*Lett. miss.*, VI, p. 423, à Beaumont, 8 mai 1605).

2. Rommel, *Corr. in.*, p. 227, le roi au landgrave, 28 avril 1605.

(10 juillet 1605) que plusieurs princes, qu'il ne nomma point, étaient prêts à se concerter avec lui pour écarter du trône impérial l'archiduc Albert d'Autriche [1], et que M. de Bouillon offrait de s'employer dans cette affaire.

Quoiqu'il lui importât d'enlever l'Empire à la maison d'Autriche, ce qui n'était possible que par une entente avec l'Allemagne, Henri IV était trop avisé pour faire du duc de Bouillon l'instrument direct de la négociation [2]. Mais il inclinait à accepter la combinaison dont Widemarckre l'avait entretenu au nom du landgrave. De son côté, le duc, averti, avait promis d'aller à Paris, lorsque la découverte des intelligences qu'il avait nouées avec les catholiques du Limousin, du Périgord et du Quercy rendit inutiles les efforts du landgrave et la condescendance de Henri IV.

A l'origine, le Conseil du roi se méprit sur la gravité de ces nouvelles intrigues. « C'est une conspiration commencée, disait Villeroi, mais non encore formée. Plusieurs gentilshommes, quasi tous catholiques, y ont prêté l'oreille sous prétexte de venger la mort de M. de Biron, mais en effet pour troubler l'État, voler et profiter du bien d'autrui [3]. » D'après les révélations de quelques-uns d'entre eux, Rignac, gouverneur de Turenne, Vassignac, gouverneur de Limeuil, et Blanchard, l'un des secrétaires de M. de Bouillon, avaient excité la noblesse du Périgord, du Quercy et du Limousin à s'insurger, en promettant que l'assistance leur viendrait à la fois d'Espagne et d'Allemagne. « Ce sont, remarquait Villeroi, choses qui me semblent bien contraires; vrai est qu'elles sont incroyables. »

Un mois plus tard, Villeroi désigne les coupables et précise leurs desseins : « Enfin nous avons trouvé que M. de

1. Dès janvier 1605, le comte palatin avait remis à Bongars une note sur ce sujet; il s'agissait aussi de dépouiller l'archiduc Albert d'une partie des Pays-Bas (M. Ritter, *Lett. et act.*, I, p. 468, n° 377; — *Sages et roy. OE.*, II, ch. CLIV, Sillery à Rosny, 17 juillet 1605).
2. *Mém.*, 7131, f° 26, Villeroi à Bongars, 30 décembre 1605.
3. *Mém.*, 7130, f° 14, à Bongars, 9 septembre 1605.

Bouillon et les siens sont cause de toutes ces brouilleries [1] ». Ceux qu'ils avaient séduits devaient s'emparer de plusieurs villes, sans toucher à celles où il y avait des garnisons protestantes, car M. de Bouillon les avait à sa dévotion. Mais dès qu'il fut parlé de la venue du roi en Limousin, ils se hâtèrent de se soumettre. Quant à M. de Bouillon, il intima à ses officiers l'ordre de livrer ses places à Henri IV, et celui-ci, « bien qu'il portât à la ceinture, suivant les expressions de Villeroi, les clefs nécessaires pour en faire l'ouverture à sa discrétion et sans l'aide d'autrui », consentit néanmoins à en laisser la garde aux serviteurs du duc. « Ce qui a le plus piqué et altéré Sa Majesté a été qu'elle a vérifié que toutes ces menées ont été entreprises par ledit duc du temps qu'il faisait contenance plus grande de désirer sa bonne grâce, et qu'elle lui avait aussi donné occasion, par l'entremise de M. le landgrave de Hesse, d'en bien espérer, car cela l'a confirmée dans l'opinion qu'elle s'est de longtemps imprimée, de la mauvaise foi et volonté dudit duc en son endroit. »

Avec un excès d'audace incompréhensible, M. de Bouillon osa, lorsqu'abondaient les preuves de sa culpabilité, faire publier partout que les accusations dont il était l'objet étaient des inventions des ennemis de la religion, qui cherchaient à atteindre les Églises en sa personne. Puis, averti qu'une chambre des Grands-Jours instruisait le procès de ses complices, il offrit « de confesser ses fautes, d'en demander pardon et d'en prendre abolition ». Henri IV n'était plus d'humeur à se contenter de cette formalité; son intention bien arrêtée était d'avoir désormais gouverneur et garnison à Sedan.

Prévenu de cette exigence par l'un des députés généraux, Odet de la Noue, M. de Bouillon dit que le roi pourrait entrer dans Sedan, si fortement accompagné qu'il fût, lorsque l'acte

1. *Mém.*, 7131, f° 16, à Bongars, 12 octobre 1605.

par lequel il prendrait la ville de Sedan sous sa protection aurait été homologué et vérifié par le parlement de Paris [1].

Henri IV repoussa cette clause restrictive et enjoignit à Rosny, créé duc de Sully, de préparer tout en vue du siège de Sedan. En même temps, il chargea M. de Montglat d'annoncer à l'Allemagne qu'il était décidé à agir vigoureusement contre M. de Bouillon. Dans l'instruction qu'il remit à cet agent, il récapitulait les sujets de plaintes que lui avait donnés M. de Bouillon depuis qu'il était sorti de France : il avait détourné plusieurs princes de venir, en 1603, le saluer à Metz, et les avait poussés à s'immiscer dans une querelle qui ne les concernait pas; il avait suggéré à l'électeur palatin non seulement de députer à Paris le comte de Solms et le sieur de Plessen, qui avaient fait valoir « des raisons plus vraisemblables que véritables », mais encore d'exhorter, « en termes peu convenables », le synode de Gap à se déclarer en faveur d'un rebelle. Lorsque le landgrave de Hesse, abusé par de feintes protestations, intercédait pour lui, il avait cherché à entraîner l'assemblée de Châtellerault dans sa faction et fomenté les troubles du Limousin, du Quercy et du Périgord. Sans doute, effrayé par le châtiment des gentilshommes du Limousin, il avait demandé à être reçu en grâce. Mais quand le roi avait parlé de placer à Sedan un gouverneur royal, suivant le contrat passé en 1520 entre François Ier et Robert de la Mark, il avait soutenu que cette prétention n'était fondée « ni en droit divin, ni en droit humain ». Il fallait en finir : la Chambre de l'Édit de Paris jugerait M. de Bouillon, tandis que Henri IV irait investir Sedan.

Parmi les princes que Montglat devait visiter, le comte palatin était celui qui avait « le plus favorisé et supporté M. de Bouillon ». Montglat l'inviterait à retirer de Sedan le jeune palatin. Certes, le roi avait été affligé que le futur Frédéric V eût été confié à Bouillon, accusé de rébellion

1. Bibl. nat., *F. Brienne,* 190, f° 183.

envers son souverain. S'il fût venu à Paris, il eût été élevé avec le dauphin; sa mère n'était-elle pas issue du sang des Bourbons[1]? De plus, Montglat ferait remarquer à Frédéric IV que la persistance avec laquelle il encourageait l'insubordination du duc de Bouillon nuirait à la cause générale. Subventionnant déjà les Grisons contre le gouverneur du Milanais, les Provinces-Unies contre Philippe III et Genève contre le duc Savoie, Henri IV ne pourrait, à cause des dépenses qu'occasionnerait l'expédition de Sedan, aider les Allemands dans leur lutte contre la maison d'Autriche. Il était donc nécessaire que Frédéric IV amenât le duc de Bouillon à déférer à la volonté du roi avant que l'armée de Henri IV campât sous les murs de Sedan. Aussi bien, les protestants français, loin d'être persécutés, comme l'insinuait M. de Bouillon, avaient récemment obtenu la prolongation des villes d'otage.

Au moment même où Montglat allait passer en Allemagne, Bongars envoya à Henri IV une note du comte palatin, qui se plaignait que le roi ne se contentât point des très humbles offres de soumission que le duc de Bouillon avait faites. Exiger la cession de Sedan et annoncer que, dans le cas d'un refus, la place serait attaquée et une instruction criminelle commencée, c'était désespérer le duc de Bouillon; dépouillé de tout le sien et placé sous le coup d'une sentence judiciaire, il invoquerait l'appui de ses amis et parents, qui ne pourraient se dispenser de compatir à son infortune. En terminant, le comte palatin laissait entendre que si le roi persévérait dans ses résolutions rigoureuses, « plusieurs bons conseils seraient non seulement troublés, mais du tout arrêtés[2] ».

Intermédiaire entre le roi et le comte palatin, Bongars, dans les derniers jours de mars, communiqua à celui-ci une

1. L'électrice palatine était fille de Guillaume de Nassau et de Charlotte de Bourbon; elle avait épousé Frédéric IV en 1593.

2. L'original de la note du comte palatin se trouve dans les *Mém.* (7131, f° 7, 11 février 1606) et la traduction faite par Bongars dans le mss. 15920 du *F. F.* de la Bibl. nat., n° 23.

dépêche de Henri IV, qui disait : « J'ai temporisé et patienté trois ans entiers pour donner loisir au duc de Bouillon d'amender ses fautes, tant pour me contenter le premier, qui n'ai point plus grand regret que quand il faut que j'emploie contre mes serviteurs et sujets le glaive que Dieu m'a mis en la main pour me faire obéir, que pour la considération et les prières dudit électeur et des autres princes de la Germanie, desquels ledit duc est allié. Mais quand j'ai vu que ma longanimité n'a servi qu'à découvrir et augmenter sa mauvaise volonté et même faire douter de la justice de la mienne, j'ai estimé ne devoir différer davantage à faire procéder contre lui par la voie de justice et par armes, ainsi que je fais à présent...

« Or, je ne sais quelle assistance ledit électeur voudra départir audit duc en cette occasion, mais je sais bien, s'il s'y engage plus avant, qu'il soutiendra une mauvaise cause, et qu'il préférera celle d'une personne qui ne l'aime pas tant que moi, et qui, pour être son allié à cause de sa femme, ne l'est pas du sang comme ma cousine l'électrice, et, par conséquent, mes cousins, ses enfants, le sont de moi, et dont lui et les siens ne tireront jamais tant d'utilité et de bienveillance qu'ils feront de moi et de mon royaume.

« Comme je lui ai mandé par le sieur de Montglat, je veux que vous lui confirmiez derechef... que je reconnais comme lui, dont je suis très marri, que ce fait détournera, voire renversera plusieurs desseins utiles à la cause commune. Mais il s'en faut prendre audit duc et à ceux qui l'ont soutenu en ses fautes..., car eux et lui ont par ce moyen forcé ma bonté et patience [1]. »

Cette réponse du roi, le comte palatin ne la connaissait pas quand Montglat, accompagné de Bongars, arriva à Heidelberg, précédant d'une heure seulement le jeune palatin, que son père s'était décidé à rappeler de Sedan [2].

1. *Mém.*, 7131, f° 36, 17 mars 1606.
2. Le séjour de Sedan, la fréquentation de l'académie et la direction de

Au témoignage de Bongars, Montglat s'acquitta de la mission qu'il avait reçue « avec honneur, dextérité et fidélité [1] ». Après avoir dit que son maître considérerait comme ennemis de sa personne et de son État ceux qui assisteraient M. de Bouillon, et qu'il ne se libérerait de ses dettes qu'envers ceux dont il aurait à se louer, il signifia à l'électrice qu'elle devait se borner à supplier Dieu de fléchir le cœur de Henri IV, et à l'électeur qu'il était inutile de chercher des bases d'accommodement aussi longtemps que le duc ne s'engagerait pas à ouvrir les portes de Sedan aux Français [2].

Ce langage, où perçait la menace, blessa l'électeur, déjà irrité que Henri IV eût prié Rodolphe II de s'opposer à ce que l'Allemagne fournît des renforts au duc de Bouillon [3]. Sans s'arrêter aux dernières paroles de Montglat, il proposa que les princes se constituassent cautions de M. de Bouillon, avec promesse de lui courir sus dès qu'il manquerait à sa foi [4]. Cet expédient, Henri IV l'écarta; il le jugeait peu hono-

M. de Bouillon avaient profité au jeune prince. « Auparavant pâle, défait, bégayant sa langue naturelle; à cette heure, en bon point, coloré, parlant et sa langue distinctement et la nôtre promptement... Pour le reste, bien appris et tout autre que nourri en Allemagne. Je blâme M. de Bouillon qui a fait ce coup-là et d'autres à autre fin. Mais un père, une mère, une sœur, un beau-frère, en sont touchés » (Bibl. nat., *F. F.*, 15920, n° 57, Bongars à Villeroi, 23 mars 1606).

1. Bibl. nat., *F. F.*, 15920, f° 57, au roi, 23 mars 1606.

2. Inst., *Coll. God.*, 264, p. 131, Montglat au roi, 16 mars 1606.

3. Bibl. nat., *F. F.*, 15920, f° 66, Bongars à Villeroi, 3 avril 1606. D'après les dépêches de Baugy, on voit que Henri IV s'était contenté de faire expliquer à Rodolphe le but de l'expédition qu'il allait diriger contre Sedan, et que l'Empereur ne songeait pas, contrairement au bruit public, à assister Bouillon ou ceux qui s'y intéressaient (Bibl. nat., *F. F.*, 15920, Bongars à Villeroi, 11, 25 mars, 8 avril 1606).

4. Il est fait allusion à ce projet de transaction non seulement dans la dépêche de Montglat (16 mars), mais aussi dans la note suivante des conseillers du comte palatin : « Ayant lu la lettre adressée à Bongars (il s'agit de la dépêche du 17 mars), notre gracieux seigneur, le comte palatin, apprécie le zèle avec lequel sa Dignité royale s'occupe du bien général. Et puisque sa Dignité royale n'a pas encore fait connaître son opinion au sujet du moyen qui a été indiqué à M. de Montglat, Mgr l'électeur espère qu'elle envisagera sous un bon jour et qu'elle adoptera, pour le règlement de l'affaire du duc de Bouillon, un compromis acceptable. En attendant, le comte palatin, avec l'aide des autres princes, ses parents et amis, fera de son mieux afin que sa Dignité royale soit assurée de l'obéissance et fidélité du duc, et que M. de Bouillon conserve avec honneur tous les avantages inhérents à son rang. Puisse chacun s'appliquer à avancer le moment où s'accomplira ce qu'exige le temps présent,

rable, de dangereux exemple, enfin propre à troubler les rapports « de bonne amitié et voisinance » qui existaient entre lui et les princes. Pour qu'il ne subsistât pas de doutes sur ses desseins, il consentait à jurer qu'à Sedan toutes choses seraient laissées en l'état, si M. de Bouillon, bien conseillé, livrait lui-même sa place; toutefois « il ne franchirait ce saut » qu'en cas d'absolue nécessité [1].

On sait que Sedan se rendit sans combat. Henri IV avait quitté Paris le 15 mars; le 30, lorsque l'artillerie de Sully allait ouvrir le feu, M. de Bouillon demanda à traiter; l'Allemagne ne l'avait secouru ni d'hommes ni d'argent [2]. Le 2 avril, il se résignait aux conditions que le roi lui avait offertes un peu auparavant [3]. En échange, Henri IV lui accorda une pension de 10 000 livres et mit à la charge du Trésor public la solde de la garnison et les gages du gouverneur de Sedan. « La marchandise est un peu chère, disait-il, mais elle est bonne [4]. » Non sans malice il accueillit Bouillon, qui venait le saluer, avec la même indulgence qu'un ligueur repentant, et dans la suite volontiers il le disculpait d'avoir fait une folie, car il fallait bien que chacun fît la sienne [5]. Du reste, dès 1608, Bouillon rentrait en possession de Sedan avec tous les droits attachés à la souveraineté, et, en 1609, des lettres de *naturalité* étaient délivrées à plusieurs de ses enfants nés au delà de la Meuse, afin qu'ils ne fussent pas ultérieurement troublés dans la jouissance de ceux de leurs biens qui étaient situés en France.

et sa Dignité royale se conduire à l'avenir de telle sorte que la confiance renaisse chez tous! » (*Mém.*, 7131, f° 53, 27 mars 1606, traduction).

1. *Lett. miss.*, VI, p. 592, au landgrave, 25 mars 1606.

2. Bibl. nat., *F. F.*, 15920, n° 59. Montglat au roi, 25 mars 1606. Il était parti de Frankenthal, ville du Palatinat, 300 gens de métier sans levée publique (Bibl. nat., *F. F.*, 15920, f° 53, Bongars au roi, 23 mars). Frédéric IV s'est toujours défendu de les avoir enrôlés pour le service de Bouillon. Et quant à l'argent, il a dit que, n'en ayant point assez pour lui-même, il ne pouvait en donner aux autres (Bibl. nat., *F. F.*, 15920, n° 64, Bongars au roi, 3 avril 1606).

3. Du Mont, *Corps dip.*, V, 2e partie, p. 64.

4. *Mém. de la Force*, I, p. 425, 5 avril 1606.

5. M. Ritter, *Lettres et actes*, I, p. 505, le prince d'Anhalt à sa femme, 25 août 1606.

« J'espère, mandait Henri IV à la Force, que ce voyage de Sedan ne m'aura pas peu servi, quand ce ne serait que pour apprendre à ceux de mes sujets qui voudraient faire les mauvais que je sais me faire obéir [1]. » La leçon ne fut pas perdue; il semble même que l'effet en fut instantané. Un témoin oculaire, Théaubon, raconte que dans le trajet de Paris à Sedan le roi avait été fort peu suivi; mais, ajoute-t-il, « à présent vous ne vîtes jamais tant de monde ; princes, seigneurs, et en arrive à tas [2] ». Avant 1606, il n'y avait pas eu d'année qui ne fût marquée par un complot; entre 1606 et 1610, on ne trouve plus trace d'une seule pratique des grands. C'est que M. de Bouillon une fois réduit à l'obéissance, nul ne pouvait songer à se révolter.

Pour rassurer l'Allemagne, qui craignait qu'il ne se tournât contre elle, Henri IV licencia immédiatement son armée. En même temps, il annonçait à Rodolphe II l'issue pacifique du conflit, et celui-ci ne dissimulait pas au représentant de la France à Prague, Baugy, qu'on avait eu peur qu' « un feu aussi proche ne sautât dans l'Empire [3] ». Enfin, il écrivait au landgrave de Hesse : « Mon cousin, j'ai pris Sedan avec le maître de la maison, non à force d'armes comme je m'y étais bien préparé, et crois qu'il m'eût été facile de faire, fortifié de la grâce de Dieu, qui n'abandonne jamais une juste cause, mais par les effets de ma bonté et clémence. Mon cousin, je me promets que vous serez très aise de ce succès [4]. » Le landgrave attendit deux mois pour témoigner sa satisfaction. Plus tard encore, l'électeur palatin chargea Christian d'Anhalt d'aller excuser « l'instance et recherche peut-être trop expresse et importune [5] » qu'il avait faite en faveur de M. de Bouillon. Le peuple allemand, au contraire, laissa éclater « une joie

1. *Lett. miss.*, VI, p. 601, 5 avril 1606.
2. *Mém. de la Force,* I, p. 425, 6 avril 1606.
3. Bibl. nat., *F. F.*, 15920, n° 78, Baugy à Villeroi, 22 avril 1606.
4. *Lett. miss.*, VI, p. 602, 5 avril 1606.
5. *Lett. miss.*, VIII, p. 933, le roi au landgrave, 14 août 1606; — M. Ritter, *Lett. et act.*, I, p. 479, instruction de l'électeur palatin pour Christian d'Anhalt, 8 juillet 1606.

indicible [1] » dès qu'il connut l'accord du 2 avril, parce qu'en Allemagne comme en France « autant on aimait le duc de Bouillon, autant on redoutait la guerre [2] ».

« L'épine de Sedan une fois arrachée du pied », qu'allait faire Henri IV? Par impéritie, par faiblesse, par jalousie, l'aristocratie protestante d'outre-Rhin n'avait cessé, depuis la conclusion de la paix de Vervins, d'entraver ses plans ou de paralyser son action ; on se serait découragé à moins de l'assister dans la résistance qu'elle opposait à la branche allemande de la maison d'Autriche, toujours hostile à ses prérogatives et à la Réforme. Bongars pensait toutefois « qu'on ne devait pas quitter l'Allemagne... Le roi, faisait-il observer à Villeroi [3], a trop bonne part au cœur de beaucoup de gens de bien, qui ne voient autre prince qui puisse soutenir l'honneur et la liberté de la chrétienté contre les menées qui se brassent du Ponant et les confusions qui s'élèvent du Levant. » Avec Bongars, Henri IV jugea qu'après avoir consolidé son autorité au dedans et donné à l'Europe une haute idée de sa puissance par la prompte répression du duc de Bouillon, il était utile qu'il reprît, de concert avec l'Allemagne protestante et même avec l'Allemagne catholique, l'œuvre qu'il avait précédemment entamée dans l'intérêt de l'indépendance des États et de la tolérance religieuse.

1. Bibl. nat., *F. Dupuy*, 830, f° 118, Bongars à de Thou, 30 avril 1606; — *F. F.*, 15920, n° 96, à Villeroi, 29 avril.

2. De Thou, *Hist. univ.*, l. CXXXVI. — On trouvera dans le remarquable essai de M. H. Ouvré sur *Aubéry du Maurier* un récit très intéressant de toute la conspiration du duc de Bouillon.

3. Bibl. nat., *F F.*, 15920, n° 128, 17 juin 1606.

CHAPITRE III

DERNIÈRES NÉGOCIATIONS DE HENRI IV AVEC LES PRINCES ALLEMANDS ET COALITION FORMÉE CONTRE LA BRANCHE ALLEMANDE DE LA MAISON D'AUTRICHE.

§ Ier. — Le roi de France s'efforce d'amener les protestants d'Allemagne, affaiblis par des divisions confessionnelles, à se confédérer pour réduire à l'impuissance la branche allemande de la maison d'Autriche. — Préparée depuis longtemps, l'Union évangélique s'organise à Ahausen (1608), sous la médiation de Henri IV.

§ II. — Sans peut-être renoncer au projet de diriger plus tard une croisade en Orient, Henri IV encourage les incursions des Turcs en Hongrie pour détourner l'Autriche des affaires d'Allemagne et de France.

§ III. — Après avoir songé à priver la maison d'Autriche de la couronne impériale, les princes, conseillés par Henri IV, qui s'est refusé à briguer le titre de roi des Romains, puis par Marie de Médicis, élisent l'archiduc Mathias, frère de Rodolphe II (1612). — Capitulation imposée au nouvel empereur.

§ IV. — Disputée aux maisons de Neubourg et de Brandebourg par le duc de Saxe et le margrave de Burgau, la succession des duchés de Clèves et de Juliers produit des complications dont Rodolphe II profite pour faire occuper Juliers par l'archiduc Léopold (1609). — A Hall, alliance de Henri IV avec les membres de l'Union évangélique (1610). — La mort de Henri IV ne suspend pas l'expédition de Juliers. — Suite et fin de l'affaire.

I

Après l'expédition de Sedan, Henri IV, écrivant au landgrave de Hesse, disait : « Dieu m'ayant donc fait la grâce, par le bon et heureux succès qu'il m'a donné de ce voyage, d'avoir affermi la tranquillité et concorde publique de mon royaume, mon principal égard et pensement sera dorénavant d'être utile à mes voisins, alliés et amis, et à la cause qui est commune entre moi et eux [1] ».

La cause commune à Henri IV et aux princes était l'abaissement des deux branches de la maison d'Autriche, la branche allemande et la branche espagnole.

Il importait aux princes de restreindre l'autorité de la branche allemande; sinon les libertés germaniques seraient en danger d'être détruites. Si aujourd'hui il est de mode à Berlin de railler les anciens partisans de ces libertés sous prétexte que leur triomphe, consacré à Munster et à Osnabruck, en 1648, a retardé de deux cents ans la création de l'unité allemande, il faut convenir que jusqu'au commencement de ce siècle-ci, c'est-à-dire jusqu'à la disparition du Saint-Empire romain, l'aristocratie d'outre-Rhin, jalouse de conserver ses droits souverains, voulait que l'Empereur, le premier en honneur, fût le dernier en pouvoir. D'ailleurs, comme avant la conclusion de la paix de Westphalie, la branche allemande a, sous la pression de la branche espagnole, presque constamment tendu à l'anéantissement de la Réforme, les princes luthériens et calvinistes [2] étaient intéressés à lui enlever le moyen d'entraver l'exercice des cultes dissidents. Ils devaient aussi, tant au point de vue politique qu'au point de vue religieux, arrêter le développement de la domination espagnole, qui, par les Pays-Bas, confinait à l'Allemagne.

Quant à Henri IV, il était hostile à la branche espagnole encore plus qu'à la branche allemande. Cependant il avait des griefs personnels contre le chef de celle-ci. Rodolphe ne lui avait reconnu le titre de roi « qu'à l'extrémité ». En outre,

1. Rommel, *Corr. in.*, p. 307, 20 mai 1606.

2. On citera parmi les États luthériens les margraviats de Brandebourg, d'Anspach et de Bade-Dourlach, les duchés de Saxe, de Poméranie, de Wurtemberg, de Mecklembourg, de Holstein et de Brunswick, les comtés d'Oldenbourg et de Nassau, et le landgraviat de Hesse-Darmstadt; parmi les États calvinistes, le Palatinat rhénan, les duchés de Neubourg et des Deux-Ponts, enfin le landgraviat de Hesse-Cassel.

tandis qu'il avait favorisé le recrutement des armées espagnoles à l'époque où la guerre existait entre l'Espagne et la France, jusqu'à y employer les contributions fournies par l'Allemagne pour l'équipement des troupes destinées à combattre les Turcs, il avait lancé des mandements terribles contre les Allemands qui allaient servir sous le Béarnais, ou, comme on disait à Prague, sous *Monsieur de Vendôme* [1]. Plus tard, il avait poussé le duc de Savoie à refuser la restitution du marquisat de Saluces, que réclamait Henri IV [2]. Cédait-il, en cette occurrence, « à l'importunité, à l'audace [3] » du cabinet de Madrid? Henri IV penche vers l'affirmative, sans toutefois se dissimuler que Rodolphe s'entendait très bien avec Philippe III quand il s'agissait de la grandeur de sa maison [4]; de sorte que le jour où la France, restaurée par une administration vigilante et ferme, demanderait à Philippe III raison de ses intrigues, de ses perfidies, de ses insultes, il prendrait parti contre elle, à moins que, en Allemagne même, il ne fût contenu par les princes. Mais si Henri IV désirait l'alliance de ceux-ci, il voulait, ainsi que Bongars l'expliquait à Christian d'Anhalt, traiter « avec un corps établi et assuré [5] », en d'autres termes, avec une confédération d'États.

Depuis longtemps projetée, cette confédération d'États avait été discutée à Torgau (1591), à Heilbronn (1594), à Amberg (1596) et à Francfort (1599), où s'étaient assemblés quelques-uns des personnages les plus considérables de l'Empire.

Mais l'antagonisme existant entre le comte palatin et le duc de Wurtemberg, et aussi l'aversion des luthériens pour

1. *Mém.*, 7131, f° 357, mémoire relatif à l'affaire de Clèves; — Bibl. nat., *Ve Colb.*, 398, f°s 745, 749, Ancel à Brûlart, 10, 28 décembre 1585. Dans le mandement du 2 juin 1587 par lequel il interdit les levées, Rodolphe désigne Henri de Béarn ainsi : « Le duc de Vendôme que l'on nomme roi de Navarre » (*Ve Colb.*, 402, f° 100).
2. *Mém.*, 7126, f° 257, le roi à Bongars, 12 juin 1599.
3. *Mém.*, 7131, f° 477, à Ancel, 4 janvier 1599.
4. *Lett. miss.*, VIII, p. 815, à Fresne-Canaye, 19 février 1602.
5. *Mém.*, 7128, f° 96, 1599. Les expressions qu'emploie Bongars se retrouvent dans une lettre de Henri IV (*Mém.*, 7126, f° 261, à Bongars, 1er juillet 1599).

les calvinistes, avaient rendu l'entente impossible. Profitant de la faiblesse à laquelle les rivalités particulières ou les dissentiments religieux réduisaient les protestants, les catholiques avaient abusivement appliqué l'article du recez de 1555, connu sous le nom de *réservat ecclésiastique*, et Rodophe, « que le beau jeu faisait hardi », avait étendu illégalement la compétence du Conseil aulique. « La plupart voient le mal, remarquait Bongars, personne ne court aux remèdes, chacun regardant son compagnon et attendant qu'un autre commence [1]. » Et même il semble que, favorisé déjà par la condescendance intéressée des catholiques, Rodolphe ait pu, « quand il acheminait sa grandeur à la souveraineté », compter sur le concours du duc de Saxe, Christian II; du moins, Fresne-Canaye dit que celui-ci, en haine du calvinisme, « ployera toujours du côté de l'Empereur [2] ».

S'il renonça, après l'avoir essayé, à fondre en une seule confession les différentes sectes issues de la Réforme, Henri IV persista à conseiller une association politique des princes de la Germanie. « Sachez, mandait-il au landgrave de Hesse, que vous ne pouvez prendre de résolution qui vous soit plus utile que de vous unir tous ensemble, car il convient d'oublier et de mettre sous le pied toutes sortes de déplaisirs et de riottes pour tendre, d'une commune main, à l'avancement de la cause publique, au besoin que vous voyez qu'elle en a, et si vous voulez connaître combien votre intelligence vous y importe, considérez que les ennemis de votre liberté font ce qu'ils peuvent pour l'empêcher [3]. »

Lorsque Henri IV tenait ce langage au landgrave de Hesse, les Espagnols, sous l'amirante d'Aragon, dévastaient horriblement les pays du cercle de Westphalie. On a déjà dit qu'ils durent bientôt les évacuer. Mais pour prévenir un retour offensif des Espagnols, une ligue des calvinistes et des

1. Ed. 1695, p. 669, à La Fontaine, 1603.
2. *Les Ambassades,* à Baugy, 2 mai 1603.
3. *Mém.,* 7126, f° 207, 11 octobre 1599.

luthériens était nécessaire; les princes ne la constituèrent pas. « C'est que, suivant le mot de Henri IV, le malheur ne les avait pas faits sages [1]. »

Au début de l'année 1603, le comte palatin, le margrave d'Anspach et l'administrateur de l'évêché de Strasbourg, venus à Ehringen afin de se concerter, ajournèrent toute délibération par suite de l'absence du landgrave de Hesse [2]. Le 3 février, l'administrateur de Strasbourg et le comte palatin se retrouvèrent à Heidelberg, où le margrave d'Anspach se fit représenter et où Maurice le Savant se rendit en personne. Dans une lettre adressée à sa femme, le duc de Bouillon dit de l'assemblée d'Heidelberg : « De grandes affaires s'y traitent auxquelles je sers pour avancer ce qui est juste et à l'honneur de Dieu ». Il est vrai, Bongars, présent aussi à Heidelberg, prétend « qu'on n'y a rien fait qui vaille », et il ajoute : « Ce qui ne peut durer; il y a trop de mangeurs [3] ». Cependant, par un recez en date du 12 février, fut confirmé le *Directoire* dont les princes avaient ébauché l'organisation lorsqu'ils s'étaient rencontrés à Spire, en 1600. Les membres de ce Directoire, appelés *correspondants* et résidant à Heidelberg, étaient chargés de prendre des décisions et de régler l'emploi des fonds perçus sur les confédérés. On convint, en outre, que ceux-ci se donneraient les secours dont ils auraient besoin, soit en argent, soit autrement, et accommoderaient toujours à l'amiable les différends qui surviendraient entre eux [4].

Malgré cette ébauche d'organisation, l'Union n'était point faite; Henri IV le constate et s'en afflige [5]. En 1604, le duc de Wurtemberg se remua beaucoup pour opérer un rapprochement entre les princes divisés [6]. Bientôt (1605) ceux-ci,

1. *Mém.*, 7126, f° 291, à Bongars, 15 décembre 1599.
2. Inst., *Coll. God.*, 263, Bongars au roi, 1er février 1603.
3. Bibl. nat., *F. F.*, 15578, f°s 17, 40, à Villeroi, 8, 18 février 1603.
4. Du Mont, *Corps dip.*, V, 2e part., p. 23.
5. Rommel, *Corr. in.*, p. 106, au landgrave, 17 mars 1603.
6. *Mém.*, 7129, f° 262, le roi à Bongars, 15 octobre 1604.

sous le couvert d'arrêter un plan de résistance aux Turcs, et en réalité avec l'idée de resserrer leur alliance contre la maison d'Autriche, se rencontrèrent à Mulhausen [1]. De plus, à l'instigation du duc de Bouillon et peut-être de du Plessis-Mornay [2], on parlait, en Allemagne comme en France, d'élire le roi d'Angleterre protecteur des Églises protestantes ; toutes les dissidences passées eussent été écartées, et la fusion des calvinistes et des luthériens aurait été consommée. Le landgrave de Hesse se montrait si particulièrement favorable à ce dessein qu'on lui en attribuait la conception première [3].

Bien qu'il craignît que MM. de Bouillon et du Plessis ne tournassent un jour les forces des réformés, tant français qu'étrangers, contre lui ou ses enfants, Henri IV ne devait ni ne pouvait s'opposer à une « conjonction » qu'il avait naguère souhaitée et préparée. « Il faut, écrivit-il à M. de Beaumont, se contenter d'observer ce qui s'y avancera et plutôt nous-même y prendre place, afin d'avoir, avec le temps, plus de crédit de rompre les desseins desdits factieux [4]. » Puis, quand il eut contraint le duc de Bouillon à lui livrer Sedan, il chargea Christian d'Anhalt de représenter aux princes que, sans une alliance solide et perpétuelle, ils ne seraient pas en état de défendre leurs libertés contre la maison d'Autriche, leur indépendance contre les Infidèles. Il ne s'agissait point de violer les lois de l'Empire et de courir aux armes ; il suffisait qu'ils abjurassent leurs vieilles antipathies et s'entendissent sur ce que l'on ferait des duchés de Clèves et de Juliers lorsque la succession de Jean-Guillaume viendrait à s'ouvrir.

Entre les princes, le comte palatin fut le premier avec lequel s'aboucha Christian d'Anhalt. Son adhésion n'était pas douteuse. N'était-ce pas à Heidelberg, résidence de Fré-

1. *Mém.*, 7131, f° 12, Villeroi à Bongars, 19 août 1605.
2. *Sages et roy. Œc.*, II, p. 51, Sillery à Rosny, 12 juillet 1605.
3. Rommel, *Corr. in.*, p. 236, le roi au landgrave, 13 juillet 1605.
4. *Lett. miss.*, VI, p. 475, 15 juillet 1605.

déric IV, qu'avaient été jetés, en 1603, les fondements de la confédération? Plus récemment, au mois de janvier 1606, Bongars, appelé de Strasbourg à Heidelberg [1] « pour affaires qui importaient au public », avait entendu les conseillers du comte palatin discourir sur la nécessité de reprendre la correspondance interrompue depuis quelque temps, afin de prouver à Henri IV que le reproche de désunion qu'il avait souvent adressé aux Allemands était immérité. Il est vrai, Bongars, de retour à Strasbourg, disait de son voyage : « C'est mise sans recette [2] ». Néanmoins, lors du passage d'Anhalt à Heidelberg, on s'accorda sur les articles qui serviraient de base à l'association. Anhalt en porta la minute au landgrave de Hesse. En envoyant cette minute à Henri IV, Maurice lui faisait remarquer que si elle ne contenait aucune clause contraire aux constitutions de l'Empire, et, par conséquent, pouvait être souscrite par tous, elle était conçue en termes trop généraux pour être efficaces [3]. Telle fut aussi l'opinion de Henri IV. Mais Henri IV jugea qu'avant de demander que les conditions de la future confédération fussent spécifiées plus nettement, il fallait connaître le résultat des négociations que Christian d'Anhalt avait engagées depuis qu'il avait quitté Cassel [4]. Il insistait, d'ailleurs, sur l'avantage d'une prompte détermination, car Rodolphe, qui avait, peu auparavant, conclu la paix avec les Turcs, allait être en mesure d'entraver la formation de la ligue. D'autre part, il était à craindre que plusieurs de ceux qui d'abord étaient disposés à se joindre au comte palatin, hésitassent dorénavant à le faire, puisque l'un des dangers que l'on songeait à conjurer n'existait plus.

En 1607, le comte palatin se réconcilia avec le duc de Wurtemberg [5]. Cet événement était de bon augure, et

1. Bibl. nat., *F. F.*, 15920, f° 3, Bongars à Villeroi, 22 janvier 1606.
2. Bibl. nat., *F. F.*, 15920, f° 11, à Villeroi, 1er février 1606.
3. Rommel, *Corr. in.*, p. 332, octobre 1606.
4. Rommel, *Corr. in.*, p. 336, 23 décembre 1606.
5. *Lett. miss.*, VIII, p. 945, le roi au duc de Wurtemberg, 11 mars 1607. Des

Henri IV, qui avait appris que, outre le duc de Wurtemberg et le comte palatin, le margrave d'Anspach, celui de Culmbach et celui de Brandebourg étaient favorables à son projet, était d'avis d'en finir; pourvu qu'on réservât dans l'alliance « lieu et place aux plus paresseux pour les y admettre et enrôler quand ils se présenteraient et s'en rendraient dignes par leurs offices et actions [1] ». Mais comme les Allemands procédaient très lentement, Henri IV crut que, cette fois encore, l'affaire échouerait à cause des considérations particulières et de l'inflexibilité des théologiens. Pour surmonter ces obstacles, il eût suffi, d'après Bongars, que Henri IV se laissât faire chef de la ligue; devant sa grandeur et sa haute impartialité toutes les rivalités d'influence disparaîtraient, toutes les contestations religieuses s'apaiseraient [2]. De peur d'un insuccès qui eût diminué son prestige en Europe, Henri IV déclina le rôle que Bongars eût voulu lui voir prendre [3]; il se contenta de presser les princes de se mettre d'accord [4], et, « sur ses remontrances », le duc de Wurtemberg vint trouver le comte palatin à Heidelberg pour discuter les derniers préliminaires [5]. Du reste, deux circonstances qui se produisirent, l'une en 1607, l'autre en 1608, allaient, en éclairant les calvinistes et les luthériens sur les dangers qui les menaçaient, les décider à conclure dans Ahausen cette union souvent tentée et toujours différée. Mais le duc de Wurtemberg,

lettres du comte palatin (1er juillet) et du duc de Wurtemberg (8 juillet) au roi confirment ce rapprochement que les parties avaient résolu « après avoir considéré ce temps calamiteux et singulièrement les diverses menées et changements préjudiciables pratiqués en plusieurs provinces et royaumes voisins » (Bibl. nat., *F. F.*, 15920, fos 378, 388).

1. Rommel, *Corr. in.*, p. 343, au landgrave, 28 mars 1607.
2. Bibl. nat., *F. F.*, 15920, fo 361, à Villeroi, 19 juin 1607.
3. *Mém.*, 7131, fo 70, Villeroi à Bongars, 28 juin 1607 : « Votre lettre du 19 décembre a été bien considérée et prisée du roi. Il reconnaît véritable le jugement que vous faites des princes dénommés en icelle, mais il ne croit pas qu'il soit assez fort pour avancer et assurer l'union qui a été préparée, tant ceux de la confession d'Augsbourg sont discordants avec les autres de celle de Genève, fomentés par leurs théologiens et mus par diverses considérations particulières. »
4. Rommel, *Corr. in.*, p. 353, 358, 25 mai, 7 août 1607.
5. Bibl. nat., *F. F.*, 15920, fo 479, le duc de Wurtemberg au roi, 14 déc. 1607.

Frédéric, qui collaborait avec le comte palatin à cette œuvre de salut, mourut avant d'y avoir mis la dernière main.

A Donauwerth, ville libre du cercle de Souabe, les catholiques, très peu nombreux, ne possédaient qu'une seule église. Cédant à des suggestions étrangères et enfreignant la défense de la municipalité, ils organisèrent, le 11 avril 1606, une procession qui, bannières déployées, traversa les rues de Donauwerth pour se rendre au village voisin d'Oxesheim. Au retour, ils furent assaillis par les luthériens et dispersés à coups de bâton. Ils avaient été les provocateurs; le Conseil aulique vit en eux des victimes qu'il importait de venger. Mise au ban de l'Empire, Donauwerth fut investie par le duc de Bavière, Maximilien (16 décembre 1607). Incapable de se défendre, car elle n'avait pour toute garnison que quelques centaines d'hommes mal armés et peu disciplinés, elle se soumit immédiatement à Maximilien, qui la garda comme gage des frais d'exécution.

Moins d'un mois après la chute de Donauwerth s'ouvrait à Ratisbonne (8 janvier 1608) une diète impériale où les protestants renouvelèrent les plaintes qu'ils avaient déjà formulées contre la partialité du Conseil aulique et réclamèrent la confirmation de la paix d'Augsbourg. De leur côté, les catholiques, enhardis par leur récent succès, revendiquèrent pour l'Église catholique tous les bénéfices sécularisés depuis 1555. Rodolphe aurait voulu éviter une rupture, fût-ce au prix d'apparentes concessions. Mais l'ambiguïté de son langage éveilla la méfiance des protestants, qui s'éloignèrent de Ratisbonne (27 avril) sans attendre la clôture de l'assemblée.

« Toutes les nouvelles que j'ai d'Allemagne, écrivait Henri IV au duc de Bouillon le 2 mai 1608, sont conformes à celles que vous avez envoyées à M. de Villeroi, et qu'il en arrivera aussi ce que je vous ai toujours dit : que tout se terminera par diètes en vent et qu'il ne s'y fera rien [1]. »

1. *Lett. miss.*, VII, p. 541.

Cependant, à la suite de conférences tenues à Stuttgard [1], l'électeur palatin, représenté par Christian d'Anhalt, les margraves d'Anspach et de Bade-Dourlach, le comte palatin de Neubourg, ainsi que le nouveau duc de Wurtemberg, Jean-Frédéric, formaient à Ahausen (4 mai 1608), « au nom de la très sainte et indivisible Trinité », l'*Union évangélique*.

Après avoir rappelé, dans le préambule de l'acte de confédération [2], que « nonobstant toutes les constitutions anciennes ou les récentes conventions, ils pouvaient craindre « de voir en bref délai tout mis sens dessus dessous », et les guerres privées se multiplier; de plus, après avoir affirmé ne vouloir « que la grandeur de Sa Majesté (l'Empereur) et la conservation de tous dans leurs précédentes conditions », ils déclarent se lier pour une période de dix années (*art.* 14). Leur engagement obligera leurs successeurs et héritiers (*art.* 17). Au bout de la huitième année, il y aura lieu de délibérer pour savoir si l'Union sera prorogée, et, à l'expiration de la dixième année, chacun sera libre de se retirer de la confédération en remboursant au trésor commun les avances qu'on lui aura faites (*art.* 14). Si, au cours de la période décennale, l'un d'eux agrège à la ligue des domaines par lui nouvellement acquis, il payera en une fois les contributions auxquelles lesdits domaines auraient été taxés depuis la signature du présent contrat (*art.* 18).

Le principe fondamental de l'Union, la tolérance spirituelle, l'article 5 l'énonce à peu près en ces termes : Quelque différence qui existe en quelque point de doctrine n'apportera nul préjudice à l'Union; chacun des Unis promet d'interdire aux siens toute indiscrétion, toute véhémence, soit en paroles, soit en écrits. Néanmoins, les théologiens pourront traiter la thèse et l'antithèse simplement, avec modestie et charité.

1. Sattler, *Hist. du duché de Wurtemberg*, VI, Appendice III, résolution prise par l'électeur palatin, le duc de Wurtemberg et le margrave de Bade-Dourlach, 4 avril 1608.
2. Sattler, *Hist. du duché de Wurtemberg*, VI, Appendice IV.

Dans les diètes, tous les Unis exprimeront une opinion identique, principalement en ce qui regarde la liberté, la dignité et le culte des États (*art.* 4).

Si quelque démêlé s'élève entre eux, il sera tranché par voie arbitrale (*art.* 3).

Les Unis se prêteront une mutuelle assistance, sans négliger d'invoquer les secours des cercles dans lesquels ils sont compris. Pour toujours être en mesure de s'aider les uns les autres, ils se procureront des provisions de bouche, des munitions de guerre, etc., et ils auront sur pied un corps de troupes et dans leurs coffres des fonds disponibles. Mais avant de recourir à la force, ils tâcheront d'accommoder l'affaire amiablement (*art.* 6).

Si l'un des confédérés, incapable de résister à une agression inopinée, est contraint de subir la loi de l'ennemi, les Unis, sans se laisser arrêter par là, combattront jusqu'à ce que soit rétabli le *statu quo ante bellum*. Autant que possible, nul, parmi les Unis, ne souscrira un accord séparé (*art.* 7).

Il y aura un trésor commun [1]. Quand l'un des confédérés n'aura pas effectué, sous six semaines, le versement auquel il est tenu, sa cotisation sera doublée (*art.* 15).

Tout territoire acquis par les armes sera partagé entre les Unis au prorata de leur participation aux dépenses générales. Si l'un d'eux en est investi à l'exclusion des autres, il dédommagera ses associés. Tout autre butin sera distribué par portions égales, et le rachat des prisonniers sera effectué à frais communs (*art.* 11, 13). Les villes recouvrées seront restituées à leur légitime propriétaire (*art.* 12).

En temps de paix, le comte palatin du Rhin sera directeur de l'Union, et, en temps de guerre, toutes les forces de celle-ci seront sous le commandement d'un généralissime élu. Néanmoins, chacun conservera dans les limites de sa souveraineté la haute main sur les soldats par lui levés (*art.* 8).

1. Le rôle ou matricule des contributions à exiger des membres de l'Union fut dressé à Rothembourg (août 1608).

Si le comte palatin, en tant que directeur, ne fait pas droit à un demandeur, l'affaire sera évoquée devant l'Union (*art.* 8).

Dans les assemblées plénières, chaque prince régnant aura un suffrage; pour les villes d'un même cercle, elles auront, toutes ensemble, une voix [1]; de même les comtes et barons (*art.* 9).

Chargé d'instruire Henri IV de ce qui s'était passé à Ahausen, le duc de Wurtemberg lui envoya son parent, Louis-Frédéric de Wurtemberg, et l'un de ses ministres, Buwinckhausen, sieur de Walmerode. Comme les confédérés n'osaient pas encore s'allier ostensiblement avec les étrangers et ne voulaient révéler ni leurs secrètes intentions ni leurs ressources, Buwinckhausen et Louis-Frédéric s'exprimèrent avec une ambiguïté calculée. La réponse de Henri IV, qui avait deviné leur jeu, fut non moins vague et peu encourageante. S'imaginant que le roi changerait de langage s'il avait sujet de craindre que quelque souverain de l'Europe ne le frustrât des avantages qu'il espérait tirer de ses intelligences avec l'Allemagne protestante, Louis-Frédéric et Buwinckhausen allèrent trouver Jacques Ier (août). L'accueil de celui-ci fut empressé. Jacques promit d'entrer lui-même dans l'Union, dès qu'il en serait requis par lettre ou ambassade, et se fit fort d'y attirer le duc de Saxe, sur lequel il n'était pas sans influence; il insista sur la nécessité d'intéresser le roi de Danemark et les États-Généraux à la cause commune; enfin, tout en se défendant de dispenser des conseils à autrui, il recommanda au duc de Wurtemberg et à ses associés de réprimer

1. En 1610, lorsque le règlement d'Ahausen fut revisé à Hall (Aff. étr., *Allemagne, I*, sommaire et articles de l'Union faite entre les électeurs, princes et États évangéliques du Saint-Empire, 11 février), chaque ville, chaque comte ou baron prétendit avoir une voix. Pour ne pas s'aliéner les villes, dont la cotisation était la ressource la plus importante de l'Union, on accorda qu'elles auraient autant de voix que les princes, moins deux. Pareille concession leur ayant été refusée parce qu'ils étaient vassaux des princes, les barons et comtes, mécontents, sortirent de Hall. Il est vrai, une transaction avait été proposée : formant en quelque sorte un seul ordre, villes, comtes et barons auraient eu autant de votes que les princes; mais les villes avaient rejeté cette combinaison (Bibl. nat., *F. Dupuy*, 765, f° 17, Boissise au roi, 31 janvier 1610; *F. F.*, 15922, f° 56, Bongars à Villeroi, 12 février).

l'insolence des théologiens. « Que ce qui était contesté, lui manda-t-il, soit laissé à Dieu, qui jugera tout le monde [1]. »

Même après le voyage de Buwinckhausen et de Louis-Frédéric en Angleterre, Henri IV ne se départit pas de sa réserve. « Pour notre regard, écrivait Villeroi à Bongars, nous ne nous faisons pas grand'peine, car vous savez que nous sommes en état de pouvoir à présent nous maintenir et faire valoir [2]. » A son tour, Henri IV, après avoir rappelé les termes généraux dans lesquels le comte palatin l'avait entretenu de l'assemblée de Hall, convoquée à l'occasion de la mort du duc de Clèves [3], disait à Bongars : « Ces princes ne m'ont encore donné aucun avis de ce qu'ils ont résolu à Hall... Le silence est louable, mais il faut les aimer comme je les aime pour m'en accommoder [4]. » Il est vrai, le comte palatin n'osait apprendre à Henri IV que, à Hall, on s'était refusé à recevoir les étrangers dans la confédération et même à députer vers les rois de France et d'Angleterre, les États-Généraux et la république de Venise, chacun demeurant libre d'accréditer, quand cela lui semblerait opportun, un résident en France et en Angleterre, en Hollande et à Venise [5]. Dès 1609, le comte palatin et le duc de Wurtemberg dépêchaient à Venise un certain Lentius ou Leuckhen [6].

Cependant l'Union évangélique cherchait à se compléter par l'accession, sinon du duc de Saxe, toujours favorable à l'Autriche et hostile aux calvinistes, du moins des villes impériales, du landgrave de Hesse et du margrave de Brandebourg. Les villes hésitaient à s'agréger à l'Union parce qu'elles appréhendaient d'avoir ensuite à subir le joug des

1. Sattler, *Hist. du duché de Wurtemberg*, VI, Appendice XII, relation faite par Buwinckhausen à l'assemblée de Rothembourg.
2. *Mém.*, 7131, f° 78, 11 novembre 1608.
3. Inst., *Coll. God.*, 264, au roi, 31 mai 1609.
4. *Mém.*, 7131, f° 120, 23 juillet 1609.
5. *Mém. de Du Plessis*, X, p. 342, 343, 347, 354, Du Plessis à Bongars, à Asselineau, à Liques, à Carle Paul, 10, 17 juillet 1609.
6. Sattler, *Hist. du duché de Wurtemberg*, VI, Appendice X; — *Mém. de Du Plessis*, X, p. 358, 359, à Asselineau, à Diodaty, 7, 13 août 1609.

princes et d'être un jour entraînées à des démonstrations qui les compromettraient vis-à-vis de l'Empereur, dont elles relevaient directement [1]. Comme il importait fort de s'assurer de leur concours, Bongars, sur l'ordre de Villeroi, se rendit à Strasbourg (entre les cités, Strasbourg était l'une des plus riches et des plus puissantes) et la détermina à s'adjoindre à l'Union [2]. Le branle était donné : le 11 mars 1609, Christian d'Anhalt annonçait à Henri IV que Ulm, Nuremberg, Francfort, Spire, Worms, Rothembourg, Wissembourg, Reutlingen, Nordlingen, etc., avaient suivi l'exemple de Strasbourg « avec courage et affection [3] ». Seulement ces villes se préoccupèrent constamment de circonscrire les effets de l'Union.

Il fut plus difficile d'obtenir l'adhésion du landgrave de Hesse. D'après Villeroi, Maurice « marchait à tâtons et trop en crainte en tout ce qu'il disait, écrivait et faisait ». Et Villeroi ajoute : « Il parle des affaires d'Angleterre, des Pays-Bas et des Espagnols comme des nôtres, autant pour passer le temps et se désennuyer que pour les peser et en profiter [4] ». Lorsque le comte de Solms, émissaire du comte palatin, le pria de se déclarer, Maurice demanda des éclaircissements sur « le fondement et les particularités » de l'Union; puis, devant le silence que le comte de Solms gardait « pour certaines considérations », il ajourna sa réponse [5]. Peut-être Maurice, qui, ainsi que le remarque Bongars, « voulait l'emporter partout [6] », répugnait-il à se subordonner à Frédéric IV, proclamé directeur de l'Union? En ce moment, d'ailleurs, il songeait à renouveler l'antique « fraternité » qui avait existé entre sa maison et celles de Saxe et de Brandebourg [7]; il aurait ensuite amené le nouveau margrave

1. Bibl. nat., *F. F.*, 15921, f° 117, Buwinckhausen à Villeroi, 28 oct. 1608.
2. *Mém.*, 7131, f° 80, Villeroi à Bongars, 27 novembre 1608.
3. *Mém.*, 7131, f° 114, Villeroi à Bongars, 2 juin 1609; — Bibl. nat., *F. F.*, 15921, f° 204, Bongars à Villeroi, 26 juin.
4. *Mém.*, 7131, f° 77, à Bongars, 28 septembre 1608.
5. Rommel, *Corr. in.*, p. 377, le landgrave au roi, 7 novembre 1608.
6. Bibl. nat., *F. F.*, 15921, f° 204, à Villeroi, 26 juin 1609.
7. D'après une loi de famille, les maisons de Saxe, de Brandebourg et de

de Brandebourg, Jean-Sigismond, et le duc de Saxe, Christian II, à correspondre avec le comte palatin. Un Français qui voyageait alors en Allemagne, le duc de Nevers, inclinait à croire que, scindée en deux ligues, l'Allemagne protestante serait capable encore d'un effort vigoureux [1]. Henri IV, qui ne se faisait pas illusion sur les véritables dispositions du duc de Saxe et qui savait que le margrave de Brandebourg n'avait cure que d'une chose, la succession de Prusse, aurait désiré tirer Maurice de l'erreur où il était tombé [2]. Maurice y persévéra jusqu'au jour où il vit Christian II s'assujettir à l'autorité de Rodolphe, afin d'enlever les duchés de Clèves et de Juliers au comte palatin de Neubourg et au margrave de Brandebourg; le 29 janvier 1610, il se faisait admettre dans l'Union évangélique.

Quant au margrave de Brandebourg, qui, à Rothembourg (août 1608), avait été éventuellement élu chef de toutes les forces confédérées [3], il n'est devenu membre de l'Union (décembre 1609) qu'après avoir été, sur la recommandation de Henri IV [4], pourvu de la régence de la Prusse, et aussi

Hesse devaient s'assister mutuellement. Quand l'une d'elles cesserait d'être representée par des mâles, les deux autres auraient à se partager ses domaines (*Négociations du président Jeannin*, p. 620, 635).

1. Inst., *Coll. God.*, 265, f° 38, au roi, 25 avril 1609.
2. Rommel, *Corr. in.*, p. 308, 24 janvier 1609.
3. Sattler, *Hist. du duché de Wurtemberg*, VI, p. 13.
4. Dans le temps où il demandait à la diète de Pologne de reconnaître les droits que la convention de 1568 avait attribués à la ligne électorale de Brandebourg sur le duché de Prusse, le prédécesseur de Jean-Sigismond, Joachim-Frédéric, avait chargé son conseiller Waldenfels et le margrave d'Anspach de s'enquérir des dispositions de Henri IV (1600). Mais la Prusse était trop éloignée de la France pour que Henri IV y aventurât ses soldats, et, de plus, sa bourse n'était pas encore assez bien garnie pour qu'il fournît des subsides à l'électeur. Il lui semblait enfin qu'il eût été « honnête et raisonnable » que Joachim-Frédéric sollicitât directement son appui (*Mém.*, 7129, f°s 66, 80, 96, à Bongars, 4 août, 11 novembre 1600, 20 janvier 1601). C'est ce que fit Joachim-Frédéric (*Jac. Bong., et Ling. epist.*, p. 346, Joachim-Frédéric à Bongars, 15 février 1601, 14 avril 1603, 17 novembre 1604). Alors Henri IV écrivit aux magnats de Pologne en sa faveur (*Lett. miss.*, VI, p. 12, au landgrave, 12 janvier 1603). Cette démarche, il la renouvela en 1607 (*Lett. miss.*, VII, p. 209, aux états de Pologne, août), et quand Joachim-Frédéric fut mort, son intervention ne fut pas inutile à Jean-Sigismond. Celui-ci, toutefois, lui avait manqué en ne lui notifiant pas le décès de son père. Il n'hésita pourtant pas à implorer la protection du roi, justifiant ainsi le mot dédaigneux de Villeroi sur les Hohenzollern: « Ces princes

après avoir compris que, sans le secours de tous ses coreligionnaires, il ne pourrait être mis en possession de Juliers.

En 1610, pendant la seconde conférence de Hall, l'Union évangélique entra officiellement en relations avec le dehors : tandis que Christian d'Anhalt, sur l'invitation des confédérés, allait se concerter avec Henri IV au sujet du siège de Juliers, Lentius ou Leuckhen était reçu par le sénat de Venise en qualité d'agent général de l'Union près la Sérénissime République [1].

C'était sous le coup de l'indignation qu'avaient causée la catastrophe de Donauwerth et les prétentions manifestées par les catholiques à Ratisbonne que s'était constituée l'Union évangélique ; la crainte de voir les Espagnols et Rodolphe s'installer à Juliers, et de là menacer les protestants de Hollande et d'Allemagne, l'avait consolidée. Néanmoins, il faut reconnaître que l'insistance avec laquelle Henri IV avait exhorté les luthériens et les calvinistes à établir une solide intelligence entre eux avait contribué à ce double résultat ; le landgrave de Hesse et le comte palatin en conviennent [2]. Jusqu'à sa mort, Henri IV s'appliqua à maintenir intact le faisceau d'alliances formé à Ahausen et à Hall ; dans la pensée de gagner le duc de Saxe, il eût été d'avis de lui abandonner un tiers de l'héritage de Jean-Guillaume ; enfin il pressera Jacques Ier de prendre les confédérés sous sa protection. Mais comme Henri IV était prépondérant auprès d'eux, Jacques Ier n'en fit rien [3]. Autre sera sa conduite après le meurtre de Henri IV : en 1612, il signera le traité de Wesel avec l'Union évangélique sans réussir à lui rendre la cohésion et la force. Déjà très ébranlée et presque disloquée, celle-ci se dissoudra au milieu des péripéties de la guerre de Trente ans.

ne se souviennent de leurs amis que quand ils en ont besoin » (*Mém.*, 7131, f° 31, à Bongars, 27 novembre 1608).

1. *Mém. de Du Plessis,* XI, p. 4, Asselineau à Du Plessis, 15 mars 1610.

2. Rommel, *Corr. in.*, p. 349, le landgrave au roi, 6 mars 1609 ; — Inst., *Coll. God.*, 265, f° 45, le comte palatin au roi, 31 mai.

3. *Mém. de la Boderie,* V, p. 47, 4 février 1610.

II

Au mois d'août 1606, Henri IV disait à Christian d'Anhalt que, seule, une ligue de tous les princes de la Germanie pouvait conjurer les périls auxquels les attaques des Turcs, le mauvais gouvernement des ministres de l'Empereur et l'ambition envahissante de la maison d'Autriche exposaient l'Allemagne. Même avant que s'organisât l'Union évangélique, l'un des dangers dont l'Allemagne devait se préserver avait disparu : le 15 novembre 1606, à Sitvatorok, une trêve de quinze ans avait été signée entre le sultan Achmet Ier et l'empereur Rodolphe II.

Il n'avait point dépendu de Henri IV que la lutte ne se prolongeât. A toutes les époques de son règne, il l'avait fomentée. Sans doute, il n'avait pas osé répondre par un refus aux princes, qui en 1593 l'avaient supplié de décider le Divan à épargner l'Autriche, dût l'Espagne avoir à supporter tout le poids des armes ottomanes; les Turcs, sous Hassan, gouverneur de la Bosnie, venaient de conquérir Sisseg, Wesprim, Palota, et les excès qu'ils avaient commis, annoncés à l'Allemagne au son du tocsin, avaient répandu l'effroi partout. Mais Henri IV s'était hâté de rassurer les Turcs sur les conséquences de sa conversion au catholicisme; dans l'intérêt de l'Europe, écrivait-il, il ne séparerait pas sa cause de celle d'Amurath III [1]; avant tout, il fallait anéantir la maison d'Autriche. Bientôt il avait exhorté le successeur d'Amurath, Mahomet III, « à ne se relâcher des préparatifs commencés et dressés par son père pour la guerre de Hongrie [2] ». Puis, après que les Turcs eurent perdu les villes de Gran, de Wissegrad, de Weitzen, et subi une série de défaites, son ambassadeur à Constantinople, Savary de Brèves, avait

1. *Lett. miss.*, IV, p. 88, à Brèves, 28 janvier 1594.
2. *Lett. miss.*, IV, p. 344, à Brèves, 27 avril 1595.

été chargé de visiter le sultan « afin de l'échauffer et persuader de mettre lui-même la main à la besogne », et de rappeler aux ministres de Sa Hautesse que s'accommoder avant d'avoir réparé les échecs qu'ils avaient éprouvés, « ce serait la ruine de leur État, qui ne s'était maintenu jusques à présent que par la faveur et renommée de leur puissance, qui décherraient tout à coup s'ils se soumettaient une fois à la loi de leurs ennemis [1] ». Pour tenter de nouveau la fortune, l'occasion était propice, puisque Philippe II, à qui la France venait de déclarer la guerre, ne pouvait secourir Rodolphe, et puisque les troupes impériales étaient disséminées dans leurs quartiers d'hiver. Les Turcs avaient-ils, dans la campagne de 1596, enlevé Erlau, Henri IV n'avait pas manqué « de se conjouir » de ce succès avec Mahomet; « il en avait reçu beaucoup de contentement, ainsi qu'il faisait toujours de l'avancement de ses affaires et accomplissement de sa réputation [2] ». Cependant il ne lui échappait pas que la prise d'Erlau ouvrait aux Turcs la route de Vienne, « qui n'était pas pour leur durer beaucoup [3] ». Et Vienne une fois tombée entre les mains des Infidèles, c'était l'Allemagne elle-même qui serait menacée.

Que si Henri IV avait, le 23 septembre 1600, loué M. de Brèves de ne s'être point montré dans le camp de Mahomet, car sa présence eût été une approbation de ce qui se faisait contre le nom chrétien, il s'était plaint, un mois après (29 octobre), de la mollesse avec laquelle les Turcs poussaient le siège de Canise, en haute Hongrie. Afin d'être agréable au Divan, il avait promis de s'opposer au départ des gentilshommes français que son neveu, le duc de Nevers, recrutait pour aller combattre les Turcs [4]. Comme il était utile à la France que

1. *Lett. miss.*, IV, p. 450, 475, 17 novembre, 11 décembre 1595. Dans la seconde lettre, où il réclamait de Mahomet l'envoi de douze galères dans le golfe du Lion, Henri IV dit qu'on décidera peut-être les Turcs, « qui ne font rien pour leur voisin que par crainte ou pour leur profit », en leur offrant part dans les dépouilles du royaume de Naples.
2. *Lett. miss.*, IV, p. 856, 30 septembre 1597.
3. *Lett. miss.*, IV, p. 659, 15 novembre 1596.
4. *Lett. miss.*, VI, p. 63, à Brèves, 13 mars 1603.

la paix ne se conclût pas, il avait enjoint à Brèves de traverser la négociation entamée par Rodolphe avec Mahomet [1]. Craignant ensuite que l'avènement d'Achmet Ier n'amenât le démembrement de l'empire turc, « d'autant que chacun courait au bris de ce navire pour y avoir part à l'envi l'un de l'autre », il avait réconforté le nouveau sultan par la promesse de sa constante amitié [2]. Enfin, tant que Brèves avait été à Constantinople, il avait, obéissant aux ordres qu'il avait reçus, encouragé le Divan à ne pas déposer les armes.

Les auteurs des *Sages et Royales Œconomies* affirment (ch. LXXII) que Henri IV avait naguère souhaité de gagner, en qualité de généralissime de la chrétienté, une bataille sur les Turcs; mais la nécessité de s'opposer aux progrès de la maison d'Autriche l'avait contraint, sinon à renoncer tout à fait à son projet de croisade en Orient, du moins à rechercher momentanément l'alliance des Ottomans. Dans l'une de ses dépêches, après avoir exprimé à Brèves le désir d'être, un jour, en état de se passer de l'assistance des Infidèles, il ajoute : « Toutefois, comme je sais quel pourra être le besoin que j'en aurai, attendu la juste défiance que j'ai de la volonté du roi d'Espagne, conservez et ménagez avec discrétion et industrie la volonté de ce seigneur et ses ministres, autant pour la réputation que pour les effets que j'en espère [3] ». De son côté, l'Allemagne, qui avait réclamé l'intervention de Henri IV auprès du sultan, avait à Heilbronn en 1594, à Francfort en 1600, à Friedberg en 1601, déclaré ne pouvoir fournir des subsides à l'Empereur qu'après avoir obtenu le redressement de ses griefs [4]. Elle comprenait bien que Rodolphe, dès qu'il serait vainqueur des Turcs, affecterait la tyrannie. En marge d'une lettre où Henri IV prévoyait que les prérogatives du

1. *Lett. miss.*, VI, p. 673, 6 août 1603.

2. *Lett. miss.*, VI, p. 207, 216, 240, à Brèves, 3, 15 mars, 28 avril 1604. Cette même année (2 mai), étaient renouvelées les capitulations faites entre François Ier et Soliman II (Du Mont, *Corps dipl.*, V, 2e part., p. 39).

3. *Lett. miss.*, V, p. 703, 25 novembre 1602.

4. Du Mont, *Corps dipl.*, V, 1re part., p. 505; 2e part., p. 1, 13; — *Mém.*, 7131, f° 310, le roi à Ancel, 25 mars 1596.

corps germanique, tout autant que l'indépendance de l'Europe, seraient alors en péril, Bongars a écrit : « On le craint ici [1] ».

Mais pour garantir la Germanie et, en général, l'Europe de l'asservissement, il y avait un moyen autre que la prolongation de la guerre de Hongrie : il suffisait d'enlever la couronne d'Allemagne à la maison d'Autriche, et si cela n'était pas possible, il fallait, suivant Bongars, placer à côté de l'Empereur un roi des Romains. « On se plaint, faisait-il remarquer, que le présent Empereur entreprend tous les jours sur les libertés des membres de l'Empire, sondant la patience des plus grands par l'essai qu'il fait des moindres. Il a attaqué la noblesse, les villes, les comtes, et il en est même venu aux princes. Le voulez-vous bien brider? Donnez-lui un roi des Romains, un compagnon, un compétiteur... Nous aurons recours ou à l'un ou à l'autre... On a impétré des choses du roi Ferdinand qu'on n'aurait pas eues de l'empereur Charles-Quint [2]. »

III

Après avoir été promue à l'Empire deux fois dans la personne de Rodolphe Ier (1273) et dans celle d'Albert Ier (1298), la maison de Hasbourg-Autriche avait été, pendant cent trente ans, écartée du trône impérial. En 1438, elle l'avait recouvré lorsque Albert II avait succédé à Sigismond de Luxembourg. Frédéric III, Maximilien Ier, Charles-Quint, Ferdinand Ier, Maximilien II et Rodolphe II, qui avaient régné ensuite, descendaient, ainsi qu'Albert II, de Rodolphe Ier. Comme les Turcs, maîtres de Constantinople, avaient étendu leur domination jusqu'à l'Adriatique et au delà de la Theiss, il avait paru opportun de laisser le titre impérial dans la

1. *Mém.*, 7129, f° 122, 20 juin 1601.
2. Berne, 149 B, n° 428, sans date.

maison d'Autriche. Confinant par ses domaines à la Turquie d'Europe, elle était, plus que toute autre famille, intéressée à combattre les Infidèles ; la concentration de toutes les forces de l'Allemagne dans ses mains avait facilité sa tâche. Mais ce qu'il avait été utile de faire en vue du salut commun avait été préjudiciable aux libertés germaniques.

Aux termes de la Bulle d'Or et de la capitulation que chaque nouveau prince, depuis Charles-Quint, souscrivait avant d'être sacré, l'empereur ne devait ni faire ni interpréter les lois, ni résoudre une guerre, ni établir une contribution, ni ordonner des levées et logements de soldats, ni construire des forteresses, ni conclure une paix ou des alliances, ni régler ce qui concernait la justice, les monnaies, la police, sans l'avis et consentement d'une diète (*Reichstag*), où siégeaient les électeurs, les princes et les députés des villes franches. Bref, il n'était « que le lieutenant de l'Empire et représentant des États d'icelui [1] ». Néanmoins Charles-Quint, et, après lui, Ferdinand Ier et Maximilien II, avaient quelquefois disposé de tout et de tous, ou entravé l'exercice des droits régaliens et de la supériorité territoriale, dévolus à tous les seigneurs allemands.

Ce qu'ils avaient réussi à faire, Rodolphe II, à son tour, le tenta. On aurait pu croire que Rodolphe, dont les goûts étaient ceux d'un particulier, n'aurait pas de semblables visées. Négligeant les affaires publiques, il s'occupait de mathématiques, de peinture, de mécanique ou d'alchimie. Chaque jour, il passait de longues heures seul avec son dogue, se promenant dans des galeries closes où il n'était vu que de son valet de chambre. Ses nuits, il les donnait à la débauche ; lorsqu'il mourut, le bruit courut en Allemagne qu'il avait succombé aux suites de ses excès [2]. Naturellement faible, parfois « il se roidissait à l'encontre de ceux qui le voulaient

1. Aff. étr., *Allemagne, III*, p. 183, abrégé de l'état du Saint-Empire, fait l'an 1591.
2. Aff. étr., *Palatinat, I*, Plessen à Villiers-Hotman, 27 janvier 1612.

forcer [1] », ou se livrait à des emportements tels que ses serviteurs ne se croyaient pas en sûreté auprès de lui [2]. De même, si d'ordinaire il paraissait insensible aux satisfactions que procure l'exercice de l'autorité, « il s'émouvait par boutades [3] ». De là les efforts qu'il a faits par intervalles pour excéder son pouvoir. Trop souvent la confusion où était plongée l'Allemagne favorisa ses attentats contre les prérogatives du corps germanique.

Avec le temps, le ressentiment ou la crainte de l'oppression fit naître dans les esprits l'idée de déposséder la maison d'Autriche de la couronne impériale. D'ailleurs, le danger auquel on avait voulu parer, le développement de la puissance ottomane, avait diminué à partir de la mort de Soliman II. En 1573, sous Maximilien II, le comte palatin, Frédéric III, et l'un de ses fils, Jean-Casimir, songèrent à porter à l'Empire le roi de France Charles IX ou l'un de ses frères; l'élu aurait juré de défendre l'Allemagne contre les Turcs et de maintenir la constitution, et, de plus, le recez de 1555. En prévenant la cour de France du dessein de Jean-Casimir et de son père, Gaspard de Schomberg insistait pour qu'on se hâtât de l'encourager, car « il faut battre le fer durant qu'il est chaud [4] ».

Le projet formé par Frédéric III et Jean-Casimir fut abandonné ou rompu. Comme il pouvait être repris, on pensa à Vienne et à Madrid que le plus sûr moyen de l'écarter, sinon à toujours, du moins pour quelque temps, était de faire suivre l'avènement du futur empereur Rodolphe II de l'élection d'un roi des Romains, choisi parmi ses proches; on consoliderait ainsi, selon toutes les probabilités, la suprématie de la maison d'Autriche sur l'Allemagne pendant un demi-siècle environ. Mais Rodolphe n'avait point renoncé à

1. Bibl. nat., *F. F.*, 15920, f° 86, Baugy à Villeroi, 29 avril 1606.
2. Inst., *Coll. God.*, 263.
3. Bibl. nat., *F. F.*, 15580, f° 152, Bongars à Villeroi, 27 août 1611.
4. Bibl. nat., *V^c Colb.*, 400, à Retz, 1er septembre 1573.

se marier pour faire souche, et il n'était pas pressé « de se laisser dépouiller devant que de s'aller coucher [1] »; il refusa. Bientôt, dans l'intention d'empêcher l'aîné de ses frères, l'archiduc Ernest, de convoiter l'Empire, il voulut lui faire décerner le trône de Pologne, vacant depuis la mort d'Étienne Bathori.

Après l'archiduc Ernest, l'archiduc Albert, le plus jeune des fils de Maximilien II, fut candidat à l'Empire, peut-être à son insu et même contre son gré. D'abord archevêque de Tolède et cardinal, il était, en 1598, sorti de l'Église pour épouser l'infante Isabelle-Claire-Eugénie, qui, naguère destinée à Rodolphe, lui avait apporté les Pays-Bas en dot. Mais lorsque Philippe III eut remplacé Philippe II, la cour d'Espagne songea à tirer des Pays-Bas Albert; en guise de dédommagement, on lui aurait procuré la couronne impériale. Puis, comme cette combinaison déplaisait à Rodolphe, irrité qu'Isabelle-Claire-Eugénie, après avoir attendu pendant dix-sept ans qu'il se décidât à demander sa main, se fût unie à Albert, qu'elle aimait, le cabinet de Madrid essaya, en pratiquant des intelligences avec plusieurs électeurs, de préparer l'élévation de Philippe III lui-même à l'Empire. Sur cette nouvelle, Henri IV écrivit à Bongars : « Je reconnais qu'il m'importe tant d'empêcher que ledit roi d'Espagne parvienne à l'Empire que, si mes amis jugent que pour ce faire je dois mettre mon nom en jeu, je le ferai ainsi qu'ils me le conseilleront... J'ajouterai encore que si eux et vous êtes d'avis que je bute plutôt à favoriser Mathias ou quelque autre de ladite maison [d'Autriche], excepté Albert, qu'à y prétendre pour moi, je le ferai aussi volontiers [2]. » On le voit, Henri IV n'ambitionnait pas personnellement la succession de Rodolphe, et certes il était sincère quand il disait à Bongars que le désir de la recueillir ne troublait point le repos de ses nuits.

1. Aff. étr., *Allemagne, III*, abrégé de l'état du Saint-Empire.
2. *Mém.*, 7129, f° 59, 17 juillet 1600.

Cependant, autour de Henri IV on ne s'accordait par sur la conduite à tenir en cette conjoncture. Interrogés par lui, trois de ses serviteurs exprimaient des opinions différentes [1]. Le premier qui prit la parole pressa Henri IV de poser sa candidature, afin non seulement de faire échec à la maison d'Autriche, mais d'être, une fois qu'il serait roi des Romains, chef désigné de la croisade à diriger contre les Turcs. Quant au succès de ses démarches, les vœux de l'Italie, l'affection du souverain pontife et les suffrages de l'Allemagne contribueraient à l'assurer.

Tout en convenant qu'il serait honorable pour Henri IV d'être créé roi des Romains et de se placer à la tête des forces chrétiennes réunies pour combattre les Infidèles, le second conseiller se montra très frappé des embarras qu'il aurait ensuite à surmonter. N'ayant pas les ressources considérables que la maison d'Autriche trouvait dans ses domaines héréditaires, il se ruinerait pour couvrir les frais de la guerre sainte, en même temps que, soupçonné de tendre à la monarchie universelle, il deviendrait le point de mire de terribles inimitiés. Pourquoi, d'ailleurs, lancer de nouveau la France dans les hasards lorsqu'il lui avait rendu le repos et la prospérité?

Sans croire que la promotion de Henri IV au rang de roi des Romains pût avoir de fâcheuses conséquences, le troisième conseiller soutint que l'essentiel était non d'éloigner du trône impérial la maison d'Autriche, mais de faire tomber le choix des électeurs sur le moins redoutable des archiducs. Puis, l'élection de Henri IV n'était pas certaine. Dans tous les cas, on avait du loisir pour y penser.

1. Quels sont ces serviteurs? On a nommé Rosny, Bellièvre et Villeroi. A l'un d'eux, un manuscrit de la Bibl. nat. (*F. F.*, 10674, f° 1) substitue Mayenne. Si, d'après une lettre précédant la reproduction de la conversation de Henri IV avec ses familiers (Bibl. nat., *F. F.*, 2751, f° 231), il semble que la conférence ait eu lieu postérieurement à la prise de Canise par les Turcs, c'est-à-dire postérieurement au 22 octobre 1600, on ne saurait néanmoins oublier que Henri IV était alors occupé de la guerre de Savoie; l'heure était peu propice à une pareille délibération.

Ayant entendu ses trois serviteurs, Henri IV se leva, ouvrit une fenêtre, et, tournant les mains et les yeux vers le ciel, s'écria : « Dieu formera et fera naître en moi, s'il lui plaît, la résolution que je dois prendre sur tous vos discours, et les hommes l'exécuteront. Adieu, il faut que j'aille me promener. »

A la question qui lui avait été adressée, Bongars avait déjà répondu qu'avant de laisser voir qu'il aspirait à l'Empire, Henri IV avait à opérer entre les princes, divisés, un rapprochement sans lequel la résistance au projet de l'Espagne serait vaine [1].

D'autre part, Ancel, consulté également, avait dit que si peut-être l'Europe elle-même jugerait plus tard être de son intérêt que Henri IV fût empereur, le moment de solliciter l'Empire n'était pas encore arrivé, parce qu'il n'y avait pas d'électeur dont le concours fût sûr. Mayence, tout Allemand, ne voudrait pas d'un étranger; de peu de fiance, Cologne était lié envers Philippe III, et Trèves, dont la consécration était récente, ne jouissait d'aucun crédit. Ni Trèves, ni Cologne, ni Mayence, n'avaient d'obligations particulières envers Henri IV; aucun d'eux ne le servirait. Quant au margrave de Brandebourg et au comte palatin, ils étaient mécontents de la lenteur avec laquelle le roi acquittait les dettes qu'il avait contractées envers eux. De plus, le comte palatin craignait le voisinage des Français, et le margrave de Brandebourg appuierait son beau-frère, le roi de Danemark, de préférence à Henri IV. Restait l'administrateur de Saxe, Frédéric-Guillaume de Weimar, qui tant qu'il gouvernerait sous le nom de son pupille, Christian II, ferait incliner la Saxe vers la maison d'Autriche. Jusqu'à ce qu'on eût regagné les électeurs laïques et leurs ministres, il serait sage de ne point se déclarer et même de fermer l'oreille à toutes les ouvertures; sinon « on s'embarquerait dans un labyrinthe dont il ne réussirait que honte ou confusion [2] ».

1. Berne, 149 B, n° 428.
2. M. Ritter, *Lett. et act.*, I, p. 298, 1600.

Immédiatement Henri IV manda ceci à Bongars : « Pour mon regard, je n'envie pas cette dignité impériale; l'état présent de mes affaires et de la chrétienté ne me permet pas d'y prétendre [1] ». A ces causes d'abstention faut-il ajouter celle-ci : l'incommodité de gouverner des peuples qui s'appliquaient à borner l'autorité du monarque à celle d'un simple magistrat ou officier [2]? Quoi qu'il en soit, la décision de Henri IV était irrévocable. Vainement donc le landgrave de Hesse, dans les entretiens qu'il eut, en 1602, avec lui, essaya de le piquer au jeu en insinuant que si son pouvoir sur la nation française était plus solide, volontiers les Allemands le feraient roi des Romains; Henri IV laissa ce propos sans réponse.

Il semble que Philippe III, de son côté, ait renoncé à être lui-même « coadjuteur » et successeur de Rodolphe. La correspondance de Henri IV le montre s'efforçant, d'accord avec le saint-siège, de préparer la nomination d'Albert; en 1603, il envoyait en Allemagne le connétable de Castille avec 180 000 écus « pour *aiuto di costi* » [3]; en d'autres termes, pour acheter les voix des électeurs. Mais bien qu'averti par le délabrement de sa santé de pourvoir à l'avenir, l'Empereur n'assigna point de diète électorale; il ne cachait pas, d'ailleurs, l'intention où il était d'opposer à Albert l'archiduc Mathias, qui avait gravement offensé la cour de Madrid (et la cour de Madrid ne pardonne pas) [4], en essayant, une vingtaine d'années auparavant, de se tailler une principauté en Flandre. Afin de lui gagner des partisans, Rodolphe l'aurait marié à une princesse bavaroise, sœur de l'archevêque de Cologne et parente du comte palatin.

Sur ces entrefaites, Jacques Ier mit en avant la candidature de son beau-frère, Christian IV, roi de Danemark. Henri IV

1. *Mém.*, 7129, f° 80, 13 novembre 1600.
2. *Les Ambassades*, Fresne-Canaye à Baugy, 7 février 1603.
3. *Les Ambassades*, Fresne-Canaye à Baugy, 23 octobre 1603.
4. Berne, 149 B, n° 428, Bongars à anonyme, sans date.

ne la rejeta pas ostensiblement; il se contenta de faire remarquer au comte palatin, au margrave de Brandebourg, au duc de Saxe, que Christian IV n'obtiendrait jamais la majorité des suffrages : ni le roi de Bohême, ni les archevêques de Trèves, de Cologne et de Mayence ne consentiraient à élire un hérétique [1]. L'embarras de Henri IV était toutefois très grand; il craignait de mécontenter Jacques, qui se faisait un point d'honneur de réussir dans cette poursuite. « Ne l'éconduisez pas de mon assistance, écrivait-il à Beaumont, mais ne m'y engagez davantage [2]. » Heureusement Christian IV, instruit par la mésaventure de Sigismond Wasa, qui, pour acquérir la Pologne, avait perdu la Suède, se refusa à risquer un trône héréditaire contre un titre électif.

Si Christian IV, moins sage, se fût prêté au projet de Jacques Ier, Henri IV, qui devait ménager le saint-siège et les souverains catholiques de l'Europe, ne l'aurait certes pas soutenu. Avec Bongars il pensait que nommer un protestant, qu'il s'appelât Christian IV ou Maurice de Nassau, Henri-Jules de Brunswick ou Christian d'Anhalt, c'eût été « jeter la chrétienté en un feu qui ne s'éteindrait que par la dernière goutte du sang du peuple [3] ». Puisqu'on ne pouvait choisir qu'un catholique, Henri IV désigna au landgrave de Hesse le duc de Bavière, Maximilien, qu'ainsi on détacherait de l'Autriche [4]; zélé partisan de l'Église romaine, il serait agréable aux archevêques de Mayence, de Trèves et de Cologne, et, enrichi par des sécularisations ecclésiastiques, il n'oserait rappeler les électeurs laïques à l'observation du recez d'Augsbourg. Cependant Henri IV ne tarda point à s'apercevoir que les chances du duc de Bavière étaient faibles; dépourvu d'expérience militaire, ce duc n'avait pas « les

1. *Lett. miss.*, VI, p. 697, 519, à Beaumont, 19 janvier, 12 septembre 1605.
2. *Lett. miss.*, VI, p. 530, 28 septembre 1605.
3. Berne, 149 B, n° 428, à anonyme, sans date.
4. Rommel, *Corr. in.*, p. 77. Dès 1602, Bongars avait proposé Maximilien de Bavière au roi (Bibl. nat., 15577, f° 296, 15 novembre).

reins assez puissants » pour suppléer la maison d'Autriche, et il était présumable que les princes ne l'appuieraient pas. Il paraît aussi avoir été tout particulièrement antipathique aux protestants, en général; pour aliéner de la France la ville de Strasbourg, il suffisait qu'on attribuât à Henri IV l'idée de promouvoir Maximilien à l'Empire [1]. La rigueur avec laquelle Maximilien exécuta le ban décrété contre Donauwerth acheva de le rendre odieux aux réformés, et bien qu'il n'ait pas cessé de se repaître d'espérances, il ne fut jamais réellement en mesure de disputer la couronne à la maison d'Autriche.

Forcé de se rabattre sur celle-ci, comme Bongars et Ancel le pressentaient depuis longtemps [2], Henri IV écarta l'archiduc Albert, qui eût été en Allemagne l'instrument des desseins forgés à Madrid [3], ainsi que l'archiduc Ferdinand de Grætz, qui persécutait les dissidents, et il invita ses amis à déférer l'Empire ou à l'archiduc Mathias, ou au grand maître de l'ordre Teutonique, l'archiduc Maximilien. Il aurait préféré Maximilien à Mathias; pour dédommager celui-ci, on lui aurait assigné en apanage la Bohême, détachée de l'Autriche [4].

C'est en faveur de Mathias que se déclarèrent, le 25 avril 1606, les archiducs d'Autriche, l'archiduc Léopold excepté, lorsque, réunis à Vienne, ils eurent en quelque façon prononcé la déchéance de Rodolphe, que l'égarement d'esprit, accompagné de paroxysmes dangereux, rendait impropre à gouverner [5]. La savante machination, ourdie depuis 1601 par

1. Bibl. nat., *F. F.*, 15920, n° 46, Bongars au roi, 10 mars 1606.

2. *Mém.*, 7130, f° 73, Bongars à Ancel, 8 août 1600 : « Je désirerais que l'Empire fût hors des mains de la maison d'Autriche; s'il se trouvait quelque sujet capable, il me semble que ce serait chose faisable. Mais ce sujet nous manque. » — Bibl. nat., *F. F.*, 15920, Bongars à Villeroi, 19 janvier 1606. — De son côté, Ancel regardait l'élection de Mathias comme très probable, car l'archiduc Maximilien, dont la candidature avait été proposée, se refusait à lui disputer la couronne (Bibl. nat., *F. Dupuy*, 63, f° 133, 1600).

3. Berne, 149 B, n° 428, Bongars à anonyme, sans date.

4. M. Ritter, *Lett. et act.*, I, p. 505, Anhalt à sa femme, 25 août 1606.

5. Du Mont, *Corps dipl.*, V, 2e part., p. 68. L'adhésion d'Albert porte la date du 11 novembre 1606.

Rome et Madrid [1], avait donc réussi : Rodolphe était « mort civilement [2] ». Dans le même temps se signait une convention, prévue dans l'acte du 25 avril, où les parties contractantes, le pape, le roi d'Espagne et les archiducs Mathias, Maximilien et Ferdinand, se liaient en vue d'amener l'élection d'un roi des Romains dans l'intérêt de la maison d'Autriche et pour la conservation et exaltation de la sainte Église catholique [3].

Informé de ce qui s'était passé à Vienne, Rodolphe résolut de substituer Léopold à Mathias, en qui il ne voyait plus qu'un rival. Sans États, sans ressources, Léopold n'était pas un compétiteur que Mathias pût redouter. Mais comme pour se consolider en Hongrie et en Autriche, en Moravie et en Silésie, pays qu'il avait enlevés à Rodolphe (1608), Mathias accorda la liberté du culte à tous les schismatiques, il mécontenta les archevêques de Mayence, de Cologne et de Trèves. Tout bien examiné, le grand-maître de l'Ordre teutonique était celui des prétendants qui paraissait au duc de Nevers devoir obtenir, au moment décisif, la majorité des voix [4].

Pour son compte, Henri IV ne croyait pas que la cause de Mathias fût aussi gravement compromise que le disait le duc de Nevers. Seulement s'il avait, à l'origine, poussé les Allemands à créer promptement un roi des Romains, il était maintenant d'avis de ne pas se hâter, parce qu'il soupçonnait Mathias de jouer un rôle quand il concédait l'exercice public aux protestants. En outre, il jugeait prudent d'attendre que le différend relatif à la succession de Clèves et de Juliers, déjà engagé, fût vidé. Pour gagner le margrave de Brandebourg, Mathias ne faisait pas difficulté de reconnaître son droit sur ces duchés. Ne changerait-il pas de langage après avoir été proclamé roi des Romains? Et comme il était plus fort et

1. Bibl. nat., *F. Dupuy*, 99, f° 143, Ancel au roi, 27 février 1601.
2. *Mém.*, 7131, f° 185, Villeroi à Bongars, 7 décembre 1610.
3. Bibl. nat., *F. F.*, 3437, n° 2.
4. Inst., *Coll. God.*, 265, f° 18, au roi, 25 avril 1609.

moins déconsidéré que Rodolphe, peut-être empêcherait-il le margrave de Brandebourg, auquel, dans le fond, il était hostile, d'entrer en possession [1]. Il fallait aussi s'assurer, au préalable, du concours de Saxe, fût-ce au prix de l'abandon d'une partie de l'héritage de Jean-Guillaume [2].

Ce concours de Saxe, qu'il était indispensable d'acquérir, devait-il être utilisé dans l'intérêt d'une candidature étrangère, qui n'aurait pas été autre que celle de Henri IV, car on ne pouvait plus songer à celle du duc de Bavière, devenu chef de la Ligue catholique? Il n'est pas douteux que M. de Boissise, arrivé à Hall au commencement de 1610, chercha à démontrer aux membres de l'Union évangélique, assemblés dans cette ville, que le plus sûr était de retirer l'Empire des mains de la maison d'Autriche. La crainte de voir Philippe III s'en saisir, bien qu'il affectât de se donner l'exclusion [3], le rendit très pressant. Mais les confédérés d'Ahausen, présents à Hall, ou firent la sourde oreille, ou ne tarirent pas sur les éloges de l'archiduc Maximilien, en tout semblable à son père pour la douceur, la sagesse, la bonté, et rien moins qu'Espagnol [4].

Quoi qu'il en soit, l'élection du nouveau roi des Romains fut, conformément au vœu de Henri IV, différée. Avant qu'elle se fît, les domaines de la maison d'Autriche furent le théâtre d'une lutte sanglante.

Depuis la perte de la Hongrie et de l'Autriche, de la Silésie et de la Moravie, Rodolphe « était tellement dépouillé de ses plus belles plumes qu'il semblait qu'il serait facile de lui emporter celles qui lui restaient [5] ». Mais il ne se résignait

1. *Mém.*, 7131, f° 95, instruction pour Bongars allant présentement en Allemagne, 30 mai 1609.
2. Inst., *Coll. God.*, 264, f° 103, Boissise au roi, 10 février 1610.
3. Inst., *Coll. God.*, 265, f° 18, le duc de Nevers au roi, 25 avril 1609. — Dans une lettre de Jeannin (*Négoc.*, p. 660, à Villeroi, 21 juin 1609), il est dit que Henri IV passe dans certaines cours d'Allemagne pour chercher à se faire décerner l'Empire par les électeurs catholiques plutôt que par les électeurs protestants.
4. Inst., *Coll. God.*, 264, f° 119, Boissise au roi, 2 mars 1610.
5. *Mém. de la Boderie*, III, p. 342, Puisieux à la Boderie, 2 juillet 1608.

pas à son sort. Pour ravoir ce qu'on lui avait pris, il se concerta avec l'archiduc Léopold; en récompense de ses services, Léopold aurait la couronne de Bohême, dont l'expectative avait pourtant été conférée à Mathias par Rodolphe lui-même, et, de plus, le Tyrol. Aussi bien, il ne fallait pas que le jour où l'on solliciterait l'Empire pour lui, il pût être objecté que n'ayant seigneurie quelconque, il ne serait pas en état de soutenir les dépenses de sa nouvelle dignité [1]. Alors commença « la tragédie d'Autriche [2] ». A la tête de 12 000 hommes, levés sous prétexte de guerroyer ou en Tyrol ou en Juliers, Léopold envahit l'Autriche. D'Autriche il passa en Bohême, où ses soldats, « les brigands de Passau », commirent d'horribles excès [3]. Le 3 février 1611, il campait devant Prague; il venait, disait-il, protéger Rodolphe contre les attentats de ses ennemis. Quelques jours après, il enlevait la Kleinseite, située à la gauche de la Moldau. Mais à l'approche de Mathias, qu'avaient appelé les états de Bohême, il s'enfuit « sans sonner trompettes ni tambours [4] ».

Ainsi que le remarquait Villeroi, Léopold avait fait les affaires de Mathias [5]. Après la retraite de l'archiduc, Rodolphe dut non seulement lancer un ban contre les brigands de Passau, mais encore proposer aux états de Bohême que Mathias fût immédiatement sacré en qualité de roi [6]. D'heure en heure, la situation se tendait davantage. « Comme l'Empereur et son frère, le roi de Hongrie, écrivait Villeroi à Bongars, sont en leurs courages aussi mal satisfaits l'un de l'autre que jamais, chacun butera à faire trébucher son com-

1. Bibl. nat., *F. F.*, 15923, f° 1, Baugy à Villeroi, 1er janvier 1611.
2. *Mém.*, 7131, f° 201, Villeroi à Bongars, 23 avril 1611.
3. Au nombre des bénéfices ecclésiastiques que possédait Léopold, il y avait l'évêché de Passau; de là le nom donné à ses soldats.
4. Bibl. nat., *F. F.*, 15923, f°s 22, 51, Bongars à Villeroi, 24 janvier, 26 février 1611; f° 35, Villiers-Hotman à Puisieux, 7 février; f°s 1, 39, 49, 73, 120, Baugy à la reine, à Villeroi, à Puisieux, 1er, 29 janvier; 19, 26 février; 12 mars, 11 avril.
5. Bibl. nat., *F. F.*, 15923, f° 136, à Bongars, 15 avril 1611.
6. Bibl. nat., *F. F.*, 15923, f° 93, 12 avril 1611.

pagnon tout à fait [1]. » Villeroi pensait que Léopold s'était déshonoré par son association avec les brigands de Passau et reconnaissait que dorénavant Mathias était l'unique candidat, sans toutefois désirer que sa nomination eût bientôt lieu. Que les électeurs protestants, ajoutait-il, attendent les ouvertures de Mathias et fassent bien valoir leur denrée; surtout qu'ils prennent leurs sûretés contre lui, car tôt ou tard il tombera sous la domination de l'Espagne et du saint-siège et cherchera à les opprimer [2]. Déjà il a révoqué quelques-unes des concessions qu'il avait naguère faites aux dissidents, soit en Hongrie, soit en Autriche [3]; on était donc en droit d'exiger de nouvelles garanties et des engagements formels.

Bongars, de son côté, prémunissait les princes contre les trahisons probables de Mathias, dont le père, Maximilien II, après avoir, pour tirer des Bohémiens une contribution extraordinaire, confirmé leurs privilèges, *fide*, avait-il dit, *non gallica, non punica, sed germanica et bohemica*, avait violé ses serments; en fin de compte, il s'était vérifié que *fides gallica, germanica, punica, bohemica*, était même chose [4].

C'est à l'époque même où il regardait l'élection de Mathias comme certaine que Villeroi reçut une lettre où l'un des lieutenants de Léopold, le colonel de Revest, lui demandait quelle assistance l'archiduc obtiendrait de la France dans le cas où il essayerait de disputer la couronne impériale au roi de Hongrie et de Bohême [5]. Comme Villeroi ne paraissait pas croire que la candidature de Léopold fût sérieuse, de Revest revint à la charge. La désunion de l'Allemagne, mandait-il au ministre de Louis XIII (11 juillet 1611), est cause que la Hongrie, la Bohême, la Moravie et la Silésie ont

1. *Mém.*, 7131, f° 108, 6 juillet 1611.
2. *Mém.*, 7131, f° 201, 23 avril 1611.
3. Bibl. nat., *F. Dupuy*, 765, f° 17, Boissise au roi, 31 janvier 1610; *F. F.*, 15922, f° 77, à Villeroi, 1er mars.
4. *Mém.*, 7130, f° 69, 1609.
5. Bibl. nat., *F. F.*, 15923, f° 169, 11 mai 1611.

acquis une indépendance dont elles usent « au détriment de la gloire de Dieu et de la religion romaine ». Malgré les titres pompeux dont il se pare, Mathias « est esclave de ses sujets et eux tuteurs de leur roi ». Parce qu'ils se proposent la délivrance de Rodolphe, prisonnier des Bohémiens, les électeurs ecclésiastiques feignent d'être partisans de Mathias; mais ils ne l'éliront pas César. De tous les membres de la maison d'Autriche, le seul Léopold est digne de l'Empire; seul, il est capable « d'entreprise et d'exécution ». Prochainement Rodolphe lui cédera le Tyrol et l'Alsace. Pourquoi la France ne l'appuierait-elle pas? Elle aspire à procurer la paix publique, qui sera affermie du jour où les alliés de la France en Allemagne ne s'opposeront plus à l'avènement de Léopold. Du reste, Léopold est en haleine de servir la France; dès qu'il sera sûr de n'être pas contrecarré par elle, il résignera l'évêché de Strasbourg entre les mains de celui qu'elle aura désigné. Si la France consent à le traiter en ami, il ira s'aboucher avec le roi et la reine mère et promettra par écrit d'agir suivant leur volonté [1].

On connaît par Villeroi l'accueil que la cour de France fit aux avances de Léopold. Villeroi s'étonne que l'archiduc ait pu attendre quelque chose de Louis XIII. « Il n'y a, fait-il observer, que les Allemands pour discourir sur de pareils bruits. » Et charitablement il conseille à Léopold d'aller jouir en Espagne de la pension de 60 000 livres que lui a accordée le cabinet de Madrid [2]. Déchu de toutes ses espérances, « même de celles de France [3] », Léopold se retira à Grætz, en Styrie; s'il se fût rendu en Espagne, il eût craint de n'être plus libre d'en sortir [4]. Bientôt il cherchait à se rapprocher de Mathias.

1. Inst., *Coll. God.*, 266. A la lettre de Revest Léopold avait joint un billet conçu en ces termes : « A M. de Villeroi. Monsieur, ce que le colonel de Revest vous a écrit contient la vérité et est de ma part. Léopold. »

2. *Mém.*, 7131, f° 210, à Bongars, 18 août 1611.

3. *J. Bong. et Ling. epist.*, 135, Lingelsheim à Bongars, 14 juillet 1611; — Bibl. nat., *F. F.*, 15580, f° 144, Bongars à Villeroi, 29 juillet.

4. Bibl. nat., *F. F.*, 15923, f° 272, Baugy à Puisieux, 27 août 1611; 15924, f° 114, Ancel au même, 29 juin 1612.

Rodolphe, au contraire, ne songeait qu'à se venger de celui-ci, dont il ne pouvait parler ni ouïr parler sans indignation [1], et délaissé des catholiques, que le cabinet de Madrid poussait vers Mathias (on verra plus loin dans quel dessein), il se tournait vers les protestants. « Il ne sait à quel saint se vouer, disait Bongars, et il y aura bien de la peine à le sauver [2]. » Depuis un an, le duc de Brunswick était son confident et son principal ministre [3]. Non content d'agréer les offres de secours que le duc des Deux-Ponts lui avait fait porter [4], il appela le margrave d'Anspach et Christian d'Anhalt à Prague, « afin d'étreindre avec eux et leurs autres confédérés, les confédérés d'Ahausen, une ligue qui aurait pour but, entre autres choses, son rétablissement dans le royaume et provinces dont il avait été dépouillé [5] ». Une diète allait s'ouvrir à Nuremberg; il nomma le landgrave de Hesse son commissaire auprès de cette assemblée [6], et fit sonder les Unis, convoqués à Rothembourg, sur leurs dispositions [7]. Célibataire endurci et valétudinaire, il parlait pourtant de cimenter sa réconciliation avec les dissidents en épousant la veuve de l'électeur palatin ou celle du duc de Saxe [8]. Enfin, il priait Louis XIII de le recommander aux princes. Sur son invitation plusieurs fois réitérée, Baugy se rendit à Paris, où il fit part au roi de ce qui, au jugement de l'Empereur, importait à la conservation des maisons de France et d'Autriche [9]. Datée de janvier 1612, la réponse de Louis XIII est ambiguë : sans doute, le roi s'afflige des procédés qu'on a employés à l'égard de Rodolphe

1. Bibl. nat., *F. F.*, 15923, f° 256, Baugy à Puisieux, 26 août 1611.
2. Bibl. nat., *F. F.*, 15580, f° 173, à Villeroi, 7 septembre 1611.
3. Bibl. nat., *F. F.*, 15923, f° 199, Baugy à Puisieux, 18 juin 1611.
4. Bibl. nat., *F. F.*, 15923, f° 203, Baugy à Puisieux, 25 juin 1611.
5. Bibl. nat., *F. F.*, 15923, f° 295, Baugy à la reine, 17 septembre 1611; 15924, f° 10, extrait d'une lettre de Heidelberg, 13 janvier 1612; f° 26, 1er février.
6. Bibl. nat., *F. F.*, 15954, f° 210, Franchemont à Villeroi, 22 novembre 1611.
7. Bibl. nat., *F. F.*, 15923, f° 279, Baugy à la reine, 3 septembre 1611.
8. *Mém. de Du Plessis-Mornay*, XI, p. 315, 340, 25 octobre, 9 novembre 1611.
9. Bibl. nat., *F. F.*, 15923, f°s 183, 211, 307, 314, Baugy à la reine, 28 mai 1611, 2 juillet, 24 septembre, 1er octobre; f°s 203, 213, 284, 316, à Puisieux, 25 juin, 2 juillet, 10 septembre, 8 octobre.

et en craint les conséquences « tant dedans que dehors l'Empire »; il ne saurait pourtant se déclarer avant d'avoir été éclairé sur les intentions de ses alliés [1].

Rodolphe ne vécut pas assez pour avoir communication de la dépêche du roi de France. Sa mort, survenue le 20 janvier 1612, laissa l'Allemagne sans chef. D'après la Bulle d'Or, le comte palatin, pour les pays de droit franconien, et le duc de Saxe, pour les pays de droit saxon, furent vicaires de l'Empire pendant l'intérim [2]. Leur autorité était nominale : ils avaient fait faire un sceau commun pour sceller les actes de la Chambre impériale; l'usage n'en fut pas permis [3].

Déjà la diète électorale était assignée. En effet, à la suite du Reichstag de Nuremberg, l'archevêque de Mayence, archichancelier de la Germanie, avait expédié la lettre d'intimation par laquelle il donnait rendez-vous, pour le 21 mai 1612, dans Francfort-sur-Mein, aux archevêques de Cologne et de Trèves, au duc de Saxe, au margrave de Brandebourg, au duc des Deux-Ponts, agissant au lieu et place de son pupille, le comte palatin Frédéric V, enfin au roi de Bohême [4]. Le nombre de personnes dont chacun d'eux pouvait se faire accompagner était fixé par la Bulle d'Or; le magistrat de Francfort veilla à ce qu'il ne fût pas dépassé. Mathias aurait voulu amener 400 chevaux; on ne lui en accorda que quelques-uns pour le service de la reine, sa femme. En même temps, on obligeait le prince d'Anhalt, le fils du duc des Deux-Ponts et le duc de Holstein à sortir de Francfort, et on refusait logis au comte palatin de Neubourg, qui, disputant alors la tutelle de Frédéric V au duc des Deux-Ponts, projetait de venir poser aux électeurs la question suivante : un administrateur illégitime peut-il élire un empereur légitime [5]?

1. Bibl. nat., *F. F.*, 15924, f° 24.
2. Du Mont, *Corps dipl.*, V, 2e part., 13, 21 janvier 1612.
3. Bibl. nat., *F. F.*, 15581, f° 31, Bongars à Villeroi, 10 juin 1612.
4. Bibl. nat., *F. F.*, f° 360, Plessen à Villeroi, 26 décembre 1611.
5. Bibl. nat., *F. F.*, 15924, f° 88, Villiers-Hotman à Puisieux, 10 juin 1612. Un

Comme pendant la diète d'élection, l'accès de Francfort était interdit aux ambassadeurs étrangers, Ancel et Baugy, envoyés par le roi de France pour recommander la candidature de Mathias [1], s'arrêtèrent à Offenbach.

Arrivé à Francfort, Mathias visita l'archevêque de Mayence, puis les autres électeurs. Il prétendait avoir entrée dans le conseil où ceux-ci discuteraient la capitulation qu'on imposerait au nouvel empereur; il en fut exclu par ce motif que le roi de Bohême ne faisait partie du collège électoral qu'au moment de l'action électorale [2].

En Allemagne, on considérait généralement la promotion de Mathias comme certaine; prenant les devants, Nuremberg élevait des arcs de triomphe en son honneur [3]. Cependant, au commencement de juin, Cologne et Mayence tenaient encore pour Albert; quant à Trèves, « il allait à l'entour du pot comme un chat qui a peur de se brûler » [4]. Parmi les séculiers, Brandebourg et Deux-Ponts étaient favorables à Mathias. Naturellement, celui-ci se donnerait sa voix. Appelé à départager l'assemblée, le duc de Saxe, Jean-Georges [5], était au plus offrant. Il se prononça pour Mathias, qui, ayant trouvé dans les coffres de Rodolphe une grande quantité de pierreries [6], lui avait fait cadeau d'un diamant plus beau que celui qu'il avait reçu de l'archevêque de Cologne. Le jour de l'élection, il se présenta avec les deux bagues au doigt. « Mon frère, lui dit Cologne, je vois bien que vous vous êtes laissé séduire. » Afin de n'être pas des derniers à la moisson, Mayence, Cologne et Trèves s'empressèrent de se rallier à Mathias. Le 3 juin, après que les électeurs eurent entendu la

rescrit impérial (30 juillet 1611) avait confirmé le duc des Deux-Ponts dans l'administration du Palatinat que Frédéric IV, par son testament, lui avait attribuée (Bibl. nat., *F. F.*, 15580, f° 148, Bongars à Villeroi, 11 août 1611).

1. Bibl. nat., *F. F.*, 15924, f° 74, Ancel à Villeroi, 18 mai 1612.
2. Bibl. nat., *F. F.*, 15580, f° 130; 15581, f° 31, Bongars à Villeroi, 4, 10 juin 1612.
3. Bibl. nat., *F. F.*, 15924, f° 36, note de Bongars, février 1612.
4. Aff. étr., *Palatinat, I*, Plessen à Villiers-Hotman, 6 août 1612.
5. En juillet 1611, Jean-George avait succédé à son frère Christian II.
6. Bibl. nat., *F. F.*, 15924, f° 26, lettre d'un anonyme, 1er février 1612.

messe dans l'église Saint-Barthélemy et juré devant l'évangile *In principio erat Verbum* de choisir pour roi des Romains, futur César, le plus apte, le plus digne, Mathias fut nommé à l'unanimité. Alors, ayant à sa droite les électeurs ecclésiastiques et à sa gauche les électeurs laïques, il se montra, du haut du balcon de la Rœhmer, à la multitude, qui l'acclama.

« L'élection n'a pas été plus tôt publiée, raconte Ancel, que chacun a voulu être des premiers pour venir baiser la main du nouveau roi. » Sans différer, Baugy et Ancel, au nom de leurs maîtres, allèrent saluer Mathias, qui, mis au courant de leurs instructions, dit que Leurs Majestés n'avaient pas obligé un ingrat et qu'il s'emploierait de bien bon cœur à le leur faire voir. Lorsque plus tard ils visitèrent Cologne, Mayence et Trèves, pour les remercier d'avoir eu égard à l'intercession de Louis XIII et de sa mère, ceux-ci se réjouirent « d'ouïr rapporter leurs actions à ce respect, encore que l'invocation du Saint-Esprit et la considération du bien général eussent opéré ce qu'il convenait [1] ».

On croyait que le nonce du pape, d'accord avec l'ambassadeur d'Espagne, confirmerait Mathias immédiatement, de manière qu'il pût être ensuite procédé, comme le désirait Philippe III, à la désignation d'un autre roi des Romains. L'archiduc Albert, qui s'était comme effacé devant Mathias, aurait, cette fois, été candidat. Mais Mathias ne se prêta point à cette combinaison; pour détourner les électeurs de l'adopter, il s'empressa de jurer (18 juin) la capitulation qu'ils avaient préparée. Elle se composait de quarante-deux articles [2]; chacun des électeurs en reçut copie.

Comme la Bulle d'Or, que Mathias confirma en même temps que la Paix de religion et les décisions prises à Augsbourg en 1555 (*art. 1, 2*), la capitulation du 18 juin garantit

1. Bibl. nat., *F. F.*, 15924, f° 96, 102, 99, Ancel, Baugy à Puisieux, à la reine, 22 juin 1612.
2. Du Mont, *Corps dipl.*, V, 2e part., p. 198.

aux électeurs des avantages considérables : sans leur assentiment, l'Empereur ne pourra convoquer d'assemblées générales, promulguer des rescrits, des mandements, aliéner des parties de l'Empire et établir de nouveaux péages (*art. 3, 4, 8, 9, 20, 23, 25, 38, 39, 40*). Il s'engage, en outre, à s'opposer à toute confédération de la noblesse et du peuple contre les électeurs (*art. 5*).

D'ailleurs, il laissera tous les seigneurs, soit laïques, soit ecclésiastiques, en possession de la supériorité territoriale et des droits régaliens (*art. 3, 7, 25*).

Il n'entravera pas l'action de la justice ordinaire, n'étendra point la compétence de la cour de Rotweil [1] et du Conseil aulique, n'enlèvera aucun Allemand à ses juges naturels, et ne mettra un État au ban de l'Empire qu'en vertu d'une sentence de la Chambre impériale [2], siégeant dans les formes déterminées par les recez de 1555 et de 1570 (*art. 26, 13, 16, 27*).

Il ne distraira pas les contributions des objets auxquels elles sont affectées, restituera tout ce que ses prédécesseurs ont usurpé, et réunira au domaine impérial les territoires conquis ou recouvrés à frais communs sur l'ennemi, ainsi que les fiefs tombés en déshérence (*art. 12, 19, 22, 10, 29, 30, 31, 32*).

Il supprimera ces associations de marchands « qui gouvernent le monde par leur argent et haussent arbitrairement le prix des choses » (*art. 18*).

Enfin, il résidera en Allemagne, où il n'introduira des troupes étrangères que s'il a à repousser une injuste agression,

1. Créée par Conrad III, la cour de Rotweil avait, au XVIe siècle, comme juges perpétuels, les trois électeurs *nés* (comte palatin du Rhin, duc de Saxe, margrave de Brandebourg).

2. En 1555, les protestants avaient été reçus dans la Chambre impériale, qui, suivant le recez de 1570, se composait d'un juge ou chef de la Chambre et de trois présidents, à la nomination de l'Empereur; de plus, de trente-huit assesseurs, à la nomination de six des sept électeurs, de l'archiduc d'Autriche, de l'héritier de la maison de Bourgogne et des six plus anciens cercles. C'est en 1570 que la Chambre impériale avait été transférée de Worms à Spire (Aff. étr., *Allemagne, III*, f° 185, abrégé de l'état du Saint-Empire, fait en 1591).

n'assignera aucune diète hors de l'Allemagne, n'accordera les charges du palais ou les fonctions de membres du Conseil secret et du Conseil aulique [1] qu'à des personnes de nationalité et d'éducation allemandes, et emploiera dans les actes publics la langue latine ou la langue allemande, à l'exclusion de toute autre (*art. 28, 11, 12, 13, 40, 14*) [2].

Le 24 juin, Mathias fut sacré par l'archevêque de Mayence. « Rappelez-vous, lui dit le prélat, que vous tenez l'Empire, non du droit héréditaire et par succession paternelle, mais d'une libre élection. » A la cérémonie religieuse, qui fut suivie de festins, de courses de bagues, d'un feu d'artifice et d'un bal, assistèrent les électeurs de Cologne et de Trèves, le comte palatin, les ducs de Saxe, des Deux-Ponts, de Saxe-Cobourg, de Saxe-Weimar, de Brunswick-Lunebourg, de Wurtemberg et de Holstein, les margraves de Brandebourg et d'Anspach, les landgraves de Hesse-Cassel et de Hesse-Darmstadt, ainsi que les princes d'Anhalt-Beernbourg, d'Anhalt-Dessau et de la Petite-Pierre [3].

Comme emblème, Mathias prit une cigogne abechée d'un serpent, avec cette devise : *Ex inimicis salutem*, qui fut interprétée diversement [4].

Avant de quitter Francfort, il distribua des cadeaux aux électeurs. On remarqua qu'il s'était montré plus libéral envers ses nouveaux amis qu'envers les anciens. Bien qu'ignorant cette circonstance, Bongars s'exprime ainsi au sujet de l'élection de Mathias : « Les nôtres triomphent de cette élection. Misérables qui ne se souviennent pas de ce qui s'est passé en

1. Le Conseil d'État ou secret, sous la présidence, soit de l'Empereur, soit du maréchal de la cour, discutait les affaires qui se rapportaient à la guerre, à la paix, aux alliances. Quant au Conseil aulique, il prononçait sur les appels formés dans les États héréditaires.

2. Un article, le 35e, d'après lequel les électeurs pourront, du vivant de Mathias, nommer un roi des Romains, fut inséré dans la capitulation du 18 juin à la requête de l'archevêque de Cologne; il voulait se ménager le moyen de faire tomber un jour la couronne impériale sur la tête de son oncle, le duc de Bavière, qui n'avait pas renoncé à ses prétentions (Bibl. nat., *F. F.*, 15924, f° 97, Baugy à la reine, 22 juin 1612; f° 36, noté de la main de Bongars).

3. Bibl. nat., *F. F.*, 15924, f° 107.

4. *Mém.*, 7131, f° 373, anonyme à Bongars, 29 juin, 6 juillet 1612.

Autriche depuis que, par le seul support des nôtres, il a été porté à cette principauté-là et autres. Nous savons assez que ceux auxquels on doit le plus ne sont pas les mieux payés [1]. » Et Ancel : « J'ai toujours dit que le feu Empereur et tous ses frères étaient faits comme deux œufs. Et cestui-ci sera encore pis, gouverné par Clésel, jésuite et Espagnol. Les princes unis s'en sont laissé abuser [2]. » Loin d'être récompensés d'avoir contribué à l'élévation de Mathias, les protestants allaient se voir menacés dans leur existence même : c'est, en effet, sous cet Empereur et à cause de sa fâcheuse condescendance envers la faction catholique, qu'éclatera une guerre effroyable où la Réforme sera deux fois en danger d'être complètement anéantie.

IV

Si Henri IV avait été d'avis que les électeurs laïques s'assurassent, avant de nommer Mathias, que le futur César ne s'opposerait pas à ce que les duchés de Clèves et de Juliers échussent un jour à des protestants, c'est, dit Bongars, que « ces pays-là sont opulents et puissants, assis sur notre frontière, portant droit sur les États des Provinces-Unies, et ne peuvent tomber entre les mains et à la dévotion des ennemis de Sa Majesté que lesdits États des Provinces-Unies n'en reçoivent une extrême incommodité et que les autres princes, ses amis, ne donnent en terre pour demeurer sous les pieds de la maison d'Autriche, ou lui être obligés de leur conservation telle quelle [3] ». Il était donc de l'intérêt de l'Europe comme de la France que Clèves et Juliers n'appar-

1. *Mém., de Du Plessis-Mornay*, XI, p. 443, à Du Plessis, 14 juillet 1612.
2. Bibl. nat., *F. F.*, 4116, à Sainte-Catherine, mars 1613.
3. *Mém.*, 7132, f° 21. Dans les *Sages et roy. Œc.* (ch. CXCVI) Sully reproduit ce discours, et, de plus, un rapport de Bongars où sont exposés les antécédents de la question. Ce second morceau se retrouve dans les *Mém.* (7132, f° 56).

tinssent pas à des catholiques ou à des protégés de la maison d'Autriche.

Depuis 1592, Jean-Guillaume le Simple ou le Bon, petit-fils de Jean le Pacifique, et fils de Guillaume le Riche, était duc de Clèves, de Berg et de Juliers, comte de Ravensberg et de la Mark, et seigneur de Ravenstein. Marié deux fois, il n'avait pas de postérité, mais son héritage était, suivant un mot de Henri IV, « menacé et aboyé de divers endroits ». Parmi ceux qui y prétendaient, on citera Jean-Sigismond, margrave de Brandebourg; Philippe-Louis, comte palatin de Neubourg; Jean-Guillaume, duc des Deux-Ponts; le margrave Charles de Burgau; Christian II, duc de Saxe; Charles de Gonzague, duc de Nevers; Charles-Robert, comte de Maulevrier; Frédéric IV, comte palatin du Rhin; la duchesse de Bouillon, et l'archevêque-électeur de Cologne. Les documents sur lesquels les uns et les autres fondaient leurs réclamations étaient souvent contradictoires. Sans entrer ici dans l'examen comparé des titres qu'ils invoquaient (pour démêler cet imbroglio, pour couper ce nœud, écrivait Bongars [1], il eût fallu un Alexandre), on fera remarquer que le margrave de Brandebourg et le comte palatin de Neubourg étaient ceux entre qui devait être le principal débat. Jean-Sigismond avait épousé la fille de la sœur aînée de Jean-Guillaume, laquelle, au dire de Jean-Sigismond, représentait sa mère, à qui un décret de Charles-Quint, le *privilegium carolinum*, renouvelé par Maximilien II, attribuait, à défaut de mâles issus de Jean-Guillaume, Clèves et Juliers. A la vérité, Philippe-Louis, beau-frère de Jean-Guillaume, objectait que le bénéfice du *privilegium carolinum* ne pouvait être étendu à la femme de Jean-Sigismond qu'au cas où lui-même n'aurait pas de fils. Or, il en avait un [2].

1. *Mém.*, 7132, f° 150.

2. Comme Neubourg, le duc des Deux-Ponts et le fils de l'archiduc Ferdinand et de Philippine Welser, le margrave Charles de Burgau, étaient beaux-frères de Jean-Guillaume; ils alléguaient que leurs femmes, à l'époque où elles avaient contracté mariage, étaient tenues pour habiles à succéder. Quant au

Il y avait lieu de craindre que la maison d'Autriche, toujours à l'affût des chances d'agrandissement, ne profitât de l'antagonisme de Philippe-Louis et de Jean-Sigismond « pour pêcher en eau trouble ». Bongars ne cessait donc de répéter à ceux qui le consultaient, qu'en « ces jours d'infidélité et auxquels la force faisait le droit [1] », il était nécessaire d'être en mesure de lutter avant que le conflit éclatât.

Pour Henri IV, il conseillait les voies amiables et promettait d'assister ceux qui s'opposeraient à toute usurpation. Observant lui-même une stricte neutralité, il refusait au duc de Nevers, qui allait passer en Allemagne, des lettres d'introduction dont il aurait pu se prévaloir [2]; puis, comme le duc effectuait des levées qui inquiétaient le margrave de Brandebourg et l'électeur palatin, il lui intimait l'ordre de rentrer en France [3]. Plus tard, dans le but d'empêcher le duc de Saxe de rechercher l'appui de Rodolphe, il prescrivait à Bongars de « rapprivoiser » Saxe avec Brandebourg [4]. La lecture des instructions qu'il a écrites ou fait écrire pendant les années 1605, 1606, 1607, 1608 et 1609, convaincra les plus incrédules de son désintéressement non moins que de sa clairvoyance.

Ce n'est pas qu'une autre politique n'ait parfois été du goût de celui de ses ministres qui s'occupait des affaires extérieures. Le 2 janvier 1609, Villeroi avouait à Bongars

duc de Saxe, Christian II, il rappelait que Frédéric III, en prévision de l'extinction prochaine de la ligne masculine de Clèves, avait, en 1483, concédé l'expectative des duchés à la maison de Saxe, en raison des services qu'elle lui avait rendus durant sa guerre contre Mathias Corvin. D'ailleurs, il descendait de Sibylle de Clèves, tante de Jean-Guillaume. Si le duc de Nevers voulait avoir Juliers avec ses dépendances, c'est que du chef de sa mère, unique héritière de François de Clèves, il portait les armes de Clèves. Enfin le comte de Maulevrier prétendait au comté de la Mark, parce qu'il était l'aîné de la famille de la Mark, souche de la maison de Clèves. Il n'y a pas à insister sur les revendications du comte palatin du Rhin, de la duchesse de Bouillon et de l'archevêque-électeur de Cologne; elles visaient des fiefs de minime importance, indûment rattachés à Clèves et à Juliers.

1. *Mém.*, 7132, f° 256, 1602.
2. *Mém.*, 7129, f° 260, Villeroi à Bongars, 17 septembre 1604.
3. *Mém.*, 7129, f° 269, Villeroi à Bongars, 15 octobre 1604.
4. *Mém.*, 7131, f° 77, 2 septembre 1608.

que voyant toutes les convoitises allumées au sujet de la succession de Juliers, il eût souhaité « d'arranger tout cela à l'avantage de l'un des fils ou filles (du roi) avec l'une des maisons prétendantes, et principalement avec la mieux fondée en justice et en puissance [1] » ; on aurait indemnisé les autres. Une ouverture avait déjà été faite à Henri IV ; il restait à considérer si l'âge de ses enfants permettait de l'accueillir. Mais Villeroi se hâtait de dire que le plan dont il entretenait Bongars, le roi ne le connaissait pas. Seulement, ajoutait-il, « il faut veiller pour lui et les siens, lorsqu'ils dorment et croissent ». Sans doute, le mois suivant, Villeroi convenait que Henri IV « serait aise de frapper un coup de ce côté-là en faveur d'un des frères du dauphin, s'il le pouvait faire utilement et en être quitte pour de l'argent » ; le marché eût été conclu avec la maison de Brandebourg [2]. Cependant, tout bien examiné, Henri IV préféra ne pas se démentir. D'où le dernier mot, un peu inattendu, de la dépêche de Villeroi : « Pour moi, je dis qu'il faut mettre sous le pied toute ambition et s'attacher entièrement à la défense et protection d'une cause juste, si nous voulons avoir de l'honneur et même du profit ». On ne pouvait tenir un langage plus sensé, plus élevé.

Le 25 mars 1609, Jean-Guillaume mourait d'une maladie contractée à la chasse. A cette nouvelle, la première pensée de Henri IV fut que l'Empereur essayerait de tirer parti de l'imprévoyance du margrave de Brandebourg et du comte palatin de Neubourg, qui s'étaient laissé surprendre par l'événement. Du moins, il fallait le priver du concours des archiducs de Flandre. MM. Jeannin et de Russy achevaient alors de négocier la trêve de douze ans entre ceux-ci et les Hollandais ; ils furent chargés d'annoncer qu'au cas où les archiducs seconderaient Rodolphe dans ses tentatives, les

1. *Mém.*, 7131, f° 91.
2. *Mém.*, 7131, f° 86, à Bongars, 2 février 1609.

hostilités se renouvelleraient [1]. Pénétrant les intentions de ses adversaires, Henri IV rejeta l'offre que les archiducs avaient faite de conférer Clèves et Juliers à un catholique, car si les archiducs désiraient éloigner des Pays-Bas Brandebourg et Neubourg, qui, eu égard à leur religion, étaient les alliés naturels des Hollandais, tout autres étaient ses vues [2]. Du reste, Neubourg et Brandebourg, qui avaient senti que le plus sûr était de se mettre en possession, sauf ensuite à ester en justice, venaient de faire placarder leurs armoiries dans les provinces litigieuses. Il n'était que temps; chacun, parmi les amis comme parmi les ennemis, utilisait l'interrègne pour s'emparer des territoires qui étaient à sa bienséance [3].

Sur ces entrefaites aussi, l'Empereur, à la requête des états de Juliers et de Clèves, chargea Jean-Richard de Schomberg et le comte de Hohenzollern de prendre en main le gouvernement des duchés, jusque-là administrés par un conseil local, et, de plus, évoqua à soi le conflit; les prétendants auraient à comparaître devant lui, « seigneur de fief et juge souverain », dans le délai de quatre mois [4].

Les commissaires de l'Empereur n'étaient pas encore installés en Clèves et en Juliers quand Bongars reçut l'ordre de partir pour Berlin. Avant de s'y rendre, toutefois, il visiterait le margrave de Bade, le comte palatin du Rhin, le duc de Wurtemberg et le landgrave de Hesse, soit pour les dissuader de se saisir des dépendances des duchés sur lesquelles ils croyaient avoir droit, soit pour les inviter à consolider l'Union évangélique. Il devait, en outre, leur conseiller de tenir une assemblée où le différend serait tranché après examen. Averti par M. de Vaubecourt, le duc des Deux-Ponts s'y présenterait vraisemblablement. Quant au margrave de Burgau, il s'exposerait, en venant, à s'entendre débouter de

1. *Lett. miss.*, VII, p. 937, 3 avril 1609.
2. *Lett. miss.*, VII, p. 938, le roi à MM. Jeannin et de Russy, 18 mai 1609.
3. Bibl. nat., *F. F.*, 15921, f° 171, le landgrave de Hesse au roi, 2 avril 1609.
4. Aff. étr., *Vienne*, X, 14 mai 1609.

ses prétentions par un arrêt qu'il serait forcé de subir, et, en ne venant pas, à se voir assailli par les confédérés comme perturbateur de la paix publique.

Il était recommandé à Bongars de dire à tous que le roi ne favoriserait pas le duc de Nevers « hors des termes et voies de la justice, ni au préjudice de ses cocompétiteurs [1] ». Peu auparavant, Charles de Gonzague avait député à Prague le vidame de Chartres, pour prier l'Empereur de ne se prononcer sur le fait de Juliers qu'après l'avoir entendu. Cette démarche avait déplu à Henri IV, et bien que le duc eût, depuis, refusé de se joindre au margrave de Burgau pour défendre le catholicisme à Juliers [2], il était suspect à la cour de France.

Arrivé à Berlin, Bongars engagerait Brandebourg à transiger avec ses rivaux, ne fût-ce qu'à temps, à moins qu'il n'eût délibéré ou de recourir aux armes, dont l'issue serait d'autant plus hasardeuse qu'il aurait à suivre deux affaires à la fois, celle de Clèves et celle de Prusse, ou bien de s'en remettre à la décision de l'Empereur, qui éterniserait le débat dans le but d'avantager sa maison. Enfin Bongars ferait comprendre à Brandebourg que, pour déjouer les desseins de Rodolphe, il était urgent d'occuper, de concert avec Neubourg, les duchés de Clèves et de Juliers.

L'instruction dressée pour Bongars (elle est datée du 30 mai 1609) fait allusion à un projet d'accord provisoire qui, préparé par le landgrave de Hesse et Jean de Nassau [3], devint, dix jours plus tard, la convention de Dortmund. Cette convention réglait le mode d'après lequel Ernest, frère du margrave de Brandebourg, et Wolfgang-Guillaume, fils aîné du comte palatin de Neubourg, gouverneraient conjointement Clèves et Juliers en l'absence de leurs proches. Pour arbitres du litige on désignait le comte palatin du Rhin, l'électeur de Saxe, les ducs de Saxe-Cobourg, de Brunswick, de

1. *Mém.*, 7131, f° 114, Villeroi à Bongars, 2 juin 1609 : « On ne le désespérera de rien, mais on ne s'obligera à rien qui nuise à nos alliés .»
2. Inst., *Coll. God.*, 265, f° 38, le duc de Nevers au roi, 25 avril 1609.
3. Bibl. nat., *F. F.*, 15921, f° 203, Bongars au roi, 26 juin 1609.

Poméranie et de Holstein, le prince d'Anhalt-Bernbourg, un comte, et le délégué de l'une des villes libres de l'Empire. Leur sentence serait sans appel [1].

Sorti de France, Bongars fut plusieurs fois mis au courant des projets de Henri IV et de ses ministres. Le 26 juin, Henri, selon Villeroi, « parle encore entre ses dents », parce que Ernest et Wolfgang-Guillaume n'agissent pas comme il conviendrait; il a la volonté et le moyen de bien faire, pourvu qu'on lui en donne sujet [2]. Un mois plus tard, après avoir dit que rien ne presse quand on a affaire à des gens qui font profession de cheminer fort lentement, et, qui pis est, se méfient de la diligence et vivacité des autres, Villeroi mande à Bongars ceci : « Nous avons fait avancer 1200 chevaux sur la frontière de Champagne, et fourbissons nos armes pour nous en servir quand il sera temps. » De son côté, Henri IV raconte à Bongars que le pape, au nom de Philippe III, lui a proposé le mariage d'une infante avec l'un des frères du dauphin et le partage des États de Jean-Guillaume entre la France et l'Espagne; il s'étonne que Brandebourg, le principal et le plus puissant des intéressés, craigne de braver l'Empereur, « ce fantôme qui ne peut rien de lui-même ou par lui-même », et le menace de « retirer son épingle du jeu doucement », si les conseils timides prévalent à Berlin [3].

Chemin faisant, Bongars s'aboucha avec le margrave de Bade et le duc de Wurtemberg, l'électeur palatin et le landgrave de Hesse. A cette question qui lui était posée : Quel secours le roi donnerait-il à Wolfgang-Guillaume et à Ernest? il répondit que Henri IV s'expliquerait dès qu'il saurait ce que comptaient faire les maisons de Neubourg et de Brandebourg. Comme à Heidelberg et à Cassel on se préoccupait des menées du comte de Hohenzollern, qui, par promesse ou par violence, cherchait à détacher les duchés du parti des

1. Du Mont, *Corps dipl.*, V, 2e partie, p. 103.
2. *Mém.*, 7131, f° 115.
3. *Mém.*, 7131, f°s 123, 120, 20 juillet 1609.

prétendants, il montra qu'il fallait traiter l'épée au poing [1].

A Berlin, Bongars tint un langage très énergique. On venait d'apprendre que Rodolphe avait décrété le séquestre des duchés [2], et que, chargé d'exécuter cet arrêt, l'archiduc Léopold s'était, lui troisième, introduit dans Juliers (mi-juillet), de connivence avec le gouverneur de la place; l'argent dont il avait eu besoin pour effectuer son voyage, le cabinet de Madrid l'avait fourni [3]. Sous le coup de l'irritation que lui avait causée cette nouvelle, le margrave de Brandebourg penchait vers les décisions vigoureuses; mais ses conseillers étaient hésitants et perplexes : ils n'osaient affronter l'Empereur, de crainte de donner le signal d'une longue guerre, et se retranchaient derrière l'ignorance où ils étaient de la volonté du roi pour dissuader leur maître de suivre son inclination. A la requête de celui-ci [4], Bongars leur rappela que, dans l'affaire de l'évêché de Strasbourg, on avait usé d'atermoiements; mémoires sur mémoires avaient été rédigés, ambassades sur ambassades envoyées à Prague. Et tandis qu'à Berlin on doutait de la sincérité de Henri IV, on y exaltait la bonté de Rodolphe. Qu'en était-il résulté? Rodolphe s'était déclaré contre l'administrateur, et le cardinal de Lorraine l'avait emporté. Bref, Jean-George et Joachim-Frédéric n'avaient recueilli de cette négociation que de la honte. Eh bien! dit Bongars, passant au fait de Clèves, telles prémisses, telles conséquences. S'en rapporter encore à Rodolphe, c'est s'exposer à une seconde déception. Aussi bien, que peut l'Empereur, dont les frères ont, comme à son de trompe, proclamé l'incapacité, et qu'ils ont dépouillé de la plupart de ses domaines héréditaires? Son amitié et son inimitié procurent mêmes effets. Pourquoi le margrave ne profiterait-il

1. Bibl. nat., *F. F.*, 15921, f°s 203, 204, 209, 224, 225, Bongars au roi, à Villeroi, 26 juin, 3, 12 juillet 1609.
2. Bibl. nat., *F. F.*, 15579, f° 92, juillet 1609.
3. Bibl. nat., *F. F.*, 15921, f° 246, le landgrave de Hesse au roi, 4 août 1609; — *F. Dupuy*, 830, Villiers-Hotman à de Thou, octobre.
4. Bibl. nat., *F. F.*, 15921, f° 261, Bongars à Villeroi, 26 août 1609.

pas des généreuses intentions de ses alliés? Ils sont prompts, vigilants; qu'il règle sa conduite sur la leur; qu'il s'inspire aussi de l'exemple de Henri IV, qui, attaqué dès son avènement au trône par d'innombrables ennemis, n'attendit pas d'être aidé du dehors pour engager la lutte. Le margrave demande au roi de faire triompher son droit envers et contre tous. Mais, d'une part, le roi n'est point juge du débat, et, de l'autre, il pense toujours qu'une transaction entre Brandebourg et Neubourg serait la meilleure des solutions [1].

C'était le tour de Jean-Sigismond à parler. Dans un banquet auquel assistait Bongars, il annonça la résolution de se plaindre à Rodolphe que la maison d'Autriche n'endurât l'accroissement d'aucun prince de l'Empire et entendît être seule à tirer avantage des mariages contractés. Si Rodolphe persistait à évoquer l'affaire à son tribunal, il se placerait, pour Juliers, sous la suzeraineté du roi de France. Puis, s'animant de plus en plus, il s'écria qu'il était prêt « d'y mettre tout et d'être *Bischoff oder Bader* [2] ». Presque aussitôt, un gentilhomme du pays de Clèves, Kettler, qui se trouvait alors à Berlin, fut dépêché à Dusseldorf avec ordre à Ernest de « courre sus » à Léopold; pour couvrir les frais des premières levées, 100000 florins lui étaient expédiés. Enfin, au lieu d'écouter Mathias, qui, pour le brouiller avec Neubourg, le poussait à revendiquer obstinément toute la succession pendante, il ratifia le traité de Dortmund [3].

L'occupation de Juliers par Léopold avait excité à Paris, comme à Berlin, une très vive émotion. « Merveilleusement alarmé [4] », Henri IV mandait à Bongars que Léopold, non seulement s'était saisi de la ville et citadelle de Juliers, mais même avait fait afficher partout un placard d'après lequel

1. *Mém.*, 7132, f°s 130, 131, 18 août 1609.
2. *Bischoff oder Bader*, évêque ou baigneur. Cette locution, encore usitée, signifie : tout ou rien. *Bader* est le terme familier et ironique qui désigne le chirurgien, c'est-à-dire le barbier de village, primitivement le baigneur.
3. *Mém.*, 7132, f° 131.
4. M. Ritter, *Lett. et act.*, II, p. 308, Aerssen à Barneweldt, 29 juillet 1609.

seraient punis comme rebelles ceux qui, devançant la sentence de Rodolphe, s'empareraient d'une partie quelconque des duchés, et aussi ceux qui les favoriseraient. Au lieu de jurisconsultes et de docteurs on devait opposer à Léopold, appuyé des archiducs et de Spinola, de bonnes troupes, sous un chef expérimenté. Décidé, quant à lui, « d'y coucher de son reste », Henri IV disait : « Pour ce faire, je mettrai sur pied une puissante armée, laquelle j'exploiterai en personne, si je reconnais que ce soit chose nécessaire, et ne serai en cela retardé d'aucune considération que de celle qu'un prince qui chérit sa réputation doit avoir devant les yeux. Mais il faut que je sache assurément, devant que je m'y engage plus avant, quel état je dois faire de la volonté et des moyens desdits princes, ce qu'ils y contribueront, par où ils commenceront, ce qu'ils prétendent faire, pour mieux ensemble prendre notre temps et nos mesures, afin que l'honneur de la victoire nous en demeure à tous, et le profit à ceux qui ont le principal droit et intérêt en cette cause, qui est le seul but auquel j'aspire [1]. »

Quelques jours après, le roi signifiait à l'agent des archiducs à Paris, Pecquius, qu'il défendrait Ernest et Wolfgang-Guillaume contre Léopold, car la raison d'État ne permettait pas d'attendre que la maison d'Autriche eût établi sa domination dans les duchés. Un mot, colporté dans l'entourage de l'Empereur, lui donnait à penser que Rodolphe, en envoyant Léopold à Juliers, avait songé à traverser ses propres desseins [2]. Bien qu'indirect, le défi devait être relevé. A la cour de France, d'ailleurs, plusieurs grands personnages, entre autres Sully, estimaient que si on laissait cette sorte de provocation impunie, la sécurité du royaume serait compromise, la réputation du roi entachée, et « parmi la noblesse, c'était crime de croire que la guerre ne se ferait pas [3] ».

1. *Mém.*, 7131, f° 127, 31 juillet 1609.
2. Bibl. nat., *F. F.*, 15921, f° 248, Baugy à Villeroi, 8 août 1609.
3. M. Ritter, *Lett. et act.*, II, p. 318, Aerssen à Barneweldt, 2 août 1609.

Mais comme après lui avoir adressé un appel désespéré [1], Ernest et Wolfgang-Guillaume, de même que s'ils eussent été en Perse [2], gardaient de nouveau le silence, et comme Bongars, qui était encore à Berlin, pouvait seul l'instruire des préparatifs de l'électeur palatin, du duc de Wurtemberg, etc., force fut à Henri IV d'ajourner son intervention. Bientôt Léopold et les archiducs de Flandre députaient vers lui. Dans la lettre qu'apporta un exprès, Léopold représentait que le suzerain, à l'exclusion de tout autre, était compétent pour prononcer sur le litige relatif à la succession des duchés, et que Rodolphe n'ayant jamais rien attenté contre l'autorité du roi, il convenait que celui-ci respectât la prérogative impériale. Pour Richardot, au nom des archiducs de Flandre dont il garantissait la neutralité, il supplia Henri IV de contenir Ernest et Wolfgang-Guillaume dans la voie amiable, afin d'éviter une rupture nuisible au repos de la chrétienté. Henri IV congédia le messager de Léopold avec des paroles générales. A Richardot il répondit qu'il ferait auprès de Wolfgang-Guillaume et d'Ernest l'office que désiraient ses maîtres, mais qu'il avait arrêté d'embrasser la protection des maisons de Neubourg et de Brandebourg au cas où Rodolphe, empruntant le prétexte de l'Empire et de la justice, tenterait d'envahir peu à peu et insensiblement l'héritage de Jean-Guillaume [3].

Dans le courant de septembre, des dépêches de Rodolphe, des électeurs ecclésiastiques et du duc de Saxe, furent remises à Henri IV par le comte de Hohenzollern. S'appropriant

1. Ce message (24 juillet 1609) était le premier que Henri IV recevait de Wolfgang-Guillaume et d'Ernest. Plusieurs fois, paraît-il, Wolfgang, dont la maison, moins puissante que celle de Brandebourg, n'espérait avoir sa part des duchés qu'avec l'appui de la France, avait parlé d'adresser une lettre collective à Henri IV; Ernest, qui n'osait rien faire sans l'aveu de son frère, s'y était refusé. L'entrée de Léopold dans Juliers lui délia la langue; conversant avec l'agent français Badouère, il nommait Henri IV « son roi » et disait « vouloir combattre et mourir à ses côtés » (Bibl. nat., *F. F.*, 15921, f° 263, Badouère à Villeroi, 13, 31 août 1609).

2. *Lett. miss.*, VII, p. 750, le roi à Sully, mi-août 1609.

3. *Lett. miss.*, VII, p. 760, le roi à Brèves, 31 août 1609.

l'argumentation de Léopold, Rodolphe exprimait l'espoir que le roi de France n'entraverait pas l'exercice des droits que lui attribuaient les constitutions impériales. Si la procédure qu'ont consacrée les coutumes féodales n'était pas observée, écrivaient de leur côté les archevêques de Mayence, de Trèves et de Cologne, il s'ensuivrait une conflagration universelle. Enfin, le duc de Saxe annonçait que les titres sur lesquels il fondait ses réclamations seraient communiqués à Henri IV par son légat, Wolfgang de Mansfeld [1].

Avant de s'expliquer avec Hohenzollern, Henri IV voulut entendre Bongars, qui, sans s'arrêter à Paris, se rendit à Fontainebleau (26 septembre). Du reste, il avait fréquemment mis le roi au courant de ce qu'il avait vu ou appris en Allemagne. Dans des lettres datées de Heidelberg, de Francfort, de Cassel, de Berlin, de Leipzig, il montrait que si l'électeur palatin, le duc de Wurtemberg, le landgrave de Hesse et le margrave de Brandebourg, ainsi que leurs conseillers, ne se dissimulaient pas le danger auquel l'installation de Léopold à Juliers exposait l'Allemagne et la Hollande, ils appréhendaient singulièrement un conflit armé, car « nés et nourris à la théorique, à discourir, écrire, envoyer, parler », ils ne savaient pas ce que c'était que l'action [2]. Dans l'entretien qu'il eut avec son maître, Bongars répéta ce qu'il avait déjà dit; il ajouta que partout il avait remarqué de la méfiance à l'égard de la France, dont l'intervention était redoutée presque autant que désirée.

En même temps que Bongars faisait connaître au roi les incertitudes et les contradictions où semblaient se complaire le margrave de Brandebourg, le duc de Wurtemberg, le landgrave de Hesse, l'électeur palatin et leurs ministres, Baugy l'informait que Christian d'Anhalt, député à Prague par les membres de l'Union évangélique, avait étonné et même intimidé Rodolphe par la hardiesse et l'aigreur de ses remon-

1. *Mém.*, 7132, f°s 186 et suiv., 5, 28 août, 6 septembre 1609.
2. Bibl. nat., *F. Dupuy*, 193, f° 38, Bongars à Buwinckhausen, 6 septembre 1609.

trances, sans toutefois parvenir à lui arracher un engagement positif au sujet du rétablissement de Donauwerth dans ses anciennes franchises. Quant à l'affaire de Juliers, Rodolphe avait allégué, pour ne la point encore accommoder, les circonstances qui, chaque jour, se produisaient; en réalité, il attendait, pour la trancher, d'être éclairé sur le résultat de l'ambassade du comte de Hohenzollern à la cour de France [1].

A Paris, celui-ci avait, comme de lui-même, proposé l'évacuation simultanée des duchés par Léopold, Ernest et Wolfgang-Guillaume ; jusqu'à la promulgation de la sentence impériale, Clèves et Juliers seraient gouvernés par ceux qui les avaient administrés aussitôt après la mort de Jean-Guillaume. Henri IV rejeta cette combinaison, qui aurait abouti au triomphe de l'Autriche; mais il permit à Hohenzollern d'énoncer dans un mémoire les motifs pour lesquels il taxait d'illégitimes les revendications de Wolfgang-Guillaume et d'Ernest. Les agents de ceux-ci ayant, à leur tour, développé leurs moyens par écrit, le comte fut invité à en conférer avec le chancelier de Sillery, Jeannin et Sully. Peut-être se flattait-il de les avoir convaincus, lorsque le chancelier s'écria qu'il n'échappait point au roi que Rodolphe poursuivait un plan d'agrandissement de sa maison sous le prétexte d'une question de juridiction; ce plan, il importait de le déjouer. Pour le moment, néanmoins, on exhorterait Ernest et Wolfgang-Guillaume à demeurer sur la défensive [2].

La mission du comte de Hohenzollern était terminée. Dans l'audience de congé qui lui fut accordée (17 octobre), le représentant de Rodolphe, indiscret et présomptueux, demanda au roi s'il soutiendrait Wolfgang-Guillaume et Ernest dans leur tort; s'il leur donnait raison, et, cela étant, s'il allait les

1. Bibl. nat., *F. F.*, 15921, f°s 254, 270, 272, 279, Baugy à Villeroi, 14 août, 12, 26 septembre, 3 octobre 1609; f° 255, Buwinckhausen à Villeroi, 13 août; — Sattler, *Hist. du duché de Wurtemberg*, VI, Appendice VIII.

2. M. Philipson, *Henri IV et Philippe III*, III, p. 362; — M. Ritter, *Lett. et act.*, II, p. 454, Aerssen à Barneweldt, 27 octobre 1609.

secourir; en dernier lieu, ce qu'il ferait au cas où Rodolphe userait de coercition contre eux. Henri IV répondit qu'il n'aiderait pas Ernest et Wolfgang-Guillaume, s'il lui était démontré que leurs réclamations n'étaient pas fondées; mais comme jusqu'ici on s'était borné à des affirmations sans preuves, il ne souffrirait pas qu'ils fussent molestés. Quant à la conduite qu'il tiendrait dans la suite : « Il n'y a que Dieu, s'écria-t-il, qui me puisse plus faire dire que je ne veux, et vous doit suffire que je ne délaisserai mes amis ni la justice de leur cause. L'Empereur fera beaucoup pour la paix commune s'il se déporte à prêter son nom pour couvrir une usurpation [1]. »

Dans la lettre que le comte de Hohenzollern fut chargé de remettre à Rodolphe, Henri IV répéta qu'il ne songeait pas à préjudicier à l'autorité de l'Empereur, ni à troubler la tranquillité publique. « Si nous avons promis notre faveur et assistance à aucuns princes, anciens alliés et confédérés de notre couronne, en la défense et manutention des droits qu'ils ont auxdits pays par légitime succession, ç'a été parce que nous avons estimé leur cause équitable, et que cesdits princes nous ont toujours déclaré et protesté vouloir rendre à Votre Majesté le respect qui lui est dû [2]. »

Ces assurances, Henri IV les renouvela dans les dépêches destinées aux électeurs ecclésiastiques [3]. Enfin, tout en s'engageant à écouter Mansfeld avec bienveillance, il dit au duc de Saxe : « Comme vous savez que cette succession est aussi prétendue par autres princes de l'Empire, non moins affectionnés et alliés étroitement de votre maison que de ma couronne, ce me serait grand contentement de vous voir tous ensemble disposés plutôt à un bon et fraternel accord... que préparés et en train de justifier vosdites prétentions et en rechercher la décision par des voies longues et douteuses, desquelles il

1. M. Ritter, *Lett. et act.*, II, p. 444, Aerssen à Barneweldt, 18 octobre 1609.
2. *Mém.*, 7132, f° 183, 15 octobre 1609.
3. *Lett. miss.*, VII, p. 784, 15 octobre 1609.

pourrait arriver des accidents divers, très périlleux à toutes vos maisons [1] ».

Cependant, Henri IV venait d'être averti par Ernest et Wolfgang-Guillaume, qu'on appelait *princes possédants*, que Léopold avait occupé militairement une abbaye voisine de Juliers, et l'avait fortifiée [2]. Avec la complicité des archiducs de Flandre, qui, suivant Bongars, disaient ce que nous voulions et faisaient ce qu'ils voulaient, il avait effectué des levées aux Pays-Bas. Et tandis que sa puissance augmentait de jour en jour, celle des possédants, divisés de vue sur un point capital, diminuait sensiblement. Lorsqu'ils avaient fait leur entrée à Duisbourg et à Duren (4, 21 juillet 1609), Wolfgang-Guillaume et Ernest avaient juré qu'en ce qui concernait la religion, le *statu quo* servirait de règle [3]. Or, depuis, Ernest avait introduit l'exercice du calvinisme dans plusieurs lieux où il n'existait pas auparavant, s'était saisi des biens de quelques couvents catholiques, et s'opposait à ce que les prélats ou les simples prêtres qui avaient abjuré le catholicisme fussent, par application du *réservat ecclésiastique*, privés des bénéfices dont ils étaient pourvus [4]. Soit scrupule de conscience, soit secret désir de ménager l'Autriche, Wolfgang-Guillaume insistait pour qu'on se conformât aux promesses faites ou aux lois en vigueur dans l'Empire; ce qui avait

1. *Mém.*, 7132, f° 185, 19 octobre 1609.

2. *Mém.*, 7132, f° 26, Léopold à Ernest et W.-Guillaume, 19 octobre 1609; — *F. Dupuy*, 193, p. 74, W.-Guillaume et Ernest au roi, 8 octobre.

3. Bibl. nat., *F. F.*, 15921, f° 258, Badouère à Villeroi, 19 août 1609. Dans la lettre écrite par les possédants au roi le 24 juillet, on lit ce qui suit : « Au surplus, sire, le sieur de Vaubecourt dira de bouche plus particulièrement à Votre Majesté que nous avons par lui... fait présenter aux conseillers et officiers de ces provinces... la carte blanche..., principalement pour la conservation de l'exercice de la religion catholique et romaine, et assurance des personnes ecclésiastiques et de leurs biens, revenus et privilèges » (Aff. étr., *Palatinat, I*). Les reversales, d'après lesquelles les princes possédants s'engageaient à ne pas entraver l'exercice du catholicisme dans les pays de Clèves, de Mark et de Ravensberg, et, en général, là où ils seraient reconnus comme seigneurs territoriaux, sont datées de Duisbourg, le 14 juillet 1609 (Du Mont, *Corps dip.*, V, 2e part., p. 108).

4. Aff. étr., *Palatinat, I*, Neubourg à Brandebourg, 1609.

amené entre lui et Ernest un dissentiment que des conseillers pervers s'efforçaient d'envenimer [1].

Il était temps que Henri IV s'interposât auprès de Léopold, des archiducs et des possédants. Il rappela à Léopold que, dès son arrivée à Juliers, il avait affirmé au sieur de Vaubecourt que la paix ne serait point troublée. Puis comme Pecquius, interrogé au sujet des pratiques des archiducs, avait feint de les ignorer, il chargea son ambassadeur à Bruxelles, M. de Berny, de se plaindre de la déloyauté avec laquelle on procédait. « C'est jeter la pierre et cacher le bras »; une pareille conduite serait fatale aux archiducs. D'autre part, Henri IV exhortait les possédants à la concorde, ainsi qu'à la fidèle exécution du traité de Dortmund [2].

Bongars eût voulu que Henri IV fît immédiatement une démonstration armée en faveur des possédants. Naguère il avait dit qu'il n'endurerait pas qu'il fût porté atteinte à leur droit; à l'appui de cette déclaration, il avait échelonné des troupes le long de la frontière de Champagne. Après avoir fait sonner sa résolution si haut, pouvait-il rester inactif sans dommage pour son honneur? Aussi bien, il y allait et de la sécurité de la Hollande et des libertés de la Germanie. « Il ne faut point de Léopold dans Juliers ; c'est un furet dans une garenne. » Que le roi abandonnât les possédants, l'Autriche, qui déjà était sur le penchant de la ruine, se relèverait avec plus d'autorité que jamais; au contraire, elle serait frappée au cœur s'il faisait suivre ses paroles d'effet, comme l'exigeaient sa réputation, le bien de la France et le salut d'alliés qui l'avaient assisté « sinon très utilement, certes très affectueusement ». Tout ajournement serait funeste; sans délai il devait ou combattre en personne pour ses amis, ou leur

1. Bibl. nat., *F. F.*, 15921, f° 209, Bongars à Villeroi, 3 juillet 1609; — *Mém.*, 7131, f° 123, note inscrite par Bongars en marge d'une dépêche de Villeroi (23 juillet).

2. *Mém.*, 7131, f° 359, le roi à Berny, 19 octobre 1609; — Bibl. nat., *F. Dupuy*, 193, f° 75, aux possédants, même date.

rendre, en leur nécessité, ce qu'il avait reçu d'eux en la sienne [1].

Selon un contemporain, il était aussi dangereux de différer la lutte que de la précipiter et de s'y engager à fond, « car laisser aller ces princes leur train, tout se perdra par leur lenteur; hâtez-vous, vous les jetez en défiance qui leur est fort naturelle; secourez-les fortement, ils ont peur que vous les dévoriez [2] ». Du langage que Wolfgang-Guillaume et Ernest tenaient aux ministres du roi, il ressort qu'ils redoutaient beaucoup la venue de Henri IV dans les duchés. Si un corps français passait la Meuse, il était essentiel qu'il fût très peu nombreux, et, en outre, qu'il fût commandé par un général qu'auraient désigné les possédants, plutôt que par le roi. Très vraisemblablement, les possédants eussent préféré des subsides en argent à des subsides en hommes [3]. Mais il répugnait à Henri IV de mettre les millions qu'avait économisés Sully à la disposition de princes qui ne sauraient pas s'en servir. D'ailleurs, avant de prendre un parti, il était indispensable qu'il fût renseigné sur les intentions du margrave de Brandebourg et du comte palatin de Neubourg, comme il l'était sur celles des possédants. Il ne les connaissait qu'imparfaitement, car tandis que les possédants avaient envoyé Philippe et Frédéric de Solms à Paris pour solliciter sa protection, Neubourg et Brandebourg s'étaient bornés à des prières générales. Pour cette enquête finale, on pouvait employer le prochain hiver; c'est ce qu'on fit.

Pendant qu'un secrétaire de la Chambre du roi, Badouère, irait presser l'adhésion du comte palatin de Neubourg au traité de Dortmund [4], Bongars retournerait à Berlin pour représenter à Jean-Sigismond que s'il s'était lui-même fixé

1. *Mém.*, 7132, f° 21.
2. *Mém. de Du Plessis-Mornay,* X, p. 407, Marbault à Du Plessis, 24 octobre 1609.
3. M. Ritter, *Lett. et act.*, II, p. 311, 330, 366, 444, Aerssen à Barneweldt, 30 juillet, 5 août, 2 septembre, 18 octobre 1699; — M. Philipson, *Henri IV et Philippe III,* III, p. 367.
4. Berne, 42; — Bibl. nat., *F. Brienne,* 292, f° 193.

dans le voisinage des duchés, l'audace de ses ennemis aurait été contenue et l'abattement de ses amis prévenu. En son absence, Léopold, secouru d'Espagne et d'Italie, s'était solidement établi à Juliers; déjà d'accord avec les archiducs, il avait recherché l'appui du saint-siège, des électeurs ecclésiastiques, ainsi que des autres souverains catholiques, en convertissant « une querelle particulière en une guerre publique de religion ». Les intéressés n'arrêteraient les progrès des Espagnols, auxquels le succès de Léopold profiterait tôt ou tard, qu'en agissant virilement. Dès le principe, Henri IV s'était montré prêt à les aider; mais à voir leurs tergiversations, il semblait qu'ils désapprouvassent l'ardeur avec laquelle s'était déclaré le roi de France. Celui-ci voulait bien croire que si les princes n'avaient pas répondu à ses avances, ce n'était pas qu'ils le soupçonnassent de n'embrasser l'affaire de Juliers qu'avec la pensée de s'avantager aux dépens des prétendants; la manière dont ils se gouvernaient d'ordinaire était probablement l'unique cause du retard qu'ils avaient mis à se prononcer. Il ne fallait toutefois pas qu'ils l'oubliassent : la puissance de la France ne serait pas amoindrie quand les Espagnols domineraient en Juliers, et les Hollandais, dont ils avaient besoin, ne prendraient parti pour eux qu'à la suite du roi de France. Qu'ils se hâtent donc! Et pour commencer, que le margrave de Brandebourg, après s'être approché du Rhin, convienne avec ses alliés d'une assemblée. Bongars s'efforcerait de montrer à Jean-Sigismond qu'elle ne pouvait être différée. Du reste, un autre agent de Henri IV, Sainte-Catherine, devait exhorter le duc des Deux-Ponts à faire valoir ses réclamations devant cette assemblée, et non devant l'Empereur, auquel il s'était d'abord adressé, parce que les possédants ne l'avaient pas admis en tiers dans l'alliance de Dortmund. Si Jean-Sigismond préférait un procès à une transaction, Bongars ne le pousserait pas à une guerre dont la responsabilité et peut-être tout le poids retomberaient un jour sur son maître.

Avant d'aller à Berlin, Bongars s'arrêterait à Cassel, où le landgrave de Hesse serait peut-être en état de lui faire connaître les projets du margrave de Brandebourg et du duc de Saxe. A Dusseldorf, il conjurerait Ernest et Wolfgang-Guillaume de laisser « couler l'hiver » sans provoquer Léopold, car ils ne seraient soutenus par la France qu'après que leurs alliés auraient concerté un plan de défense. Léopold leur avait offert de conférer avec eux sur l'établissement d'un régime provisoire; il fallait accepter sa proposition. Par-dessus tout, Bongars les engagerait à vivre en bonne intelligence [1].

A Cassel, Bongars apprit qu'il serait dispensé du voyage de Berlin, car Jean-Sigismond, depuis qu'il était investi de la tutelle du duc de Prusse, s'était installé à Anspach, de façon à être à proximité des duchés. De plus, il sut qu'une *journée* était assignée à Hall, en Souabe; l'un des objets de sa mission était donc atteint sans qu'il eût eu à s'entremettre. Enfin il trouva Maurice, qui récemment s'était rencontré à Smalkalde avec le margrave de Brandebourg, disposé à faire une tentative pour ramener Christian II « dans le droit chemin ». Son zèle pour le bien commun, plus que l'antique « fraternité » qui l'attachait à la maison de Saxe, était le mobile de cette démarche, dont l'issue lui paraissait, à l'avance, incertaine.

Préoccupé d'excuser les fautes des possédants, le landgrave les rejeta sur le bas âge et l'inexpérience de ces princes, sur la méchanceté de leurs ministres et sur les difficultés de la situation [2]. Comme pendant le séjour qu'il fit à Dusseldorf Bongars remarqua qu'il y avait entre Wolfgang-Guillaume et Ernest peu d'union, et chez leurs sujets de l'appréhension, il dit aux uns « de se tenir liés de volonté et d'action »; aux autres, de se serrer autour de leurs maîtres; à tous enfin, de

1. Bibl. nat., *F. Brienne*, 292, f° 18, instruction à Bongars allant en Allemagne, novembre 1609.
2. *Mém.*, 7132, f° 210, le landgrave au roi, 17 novembre 1609.

ne pas rompre avec Léopold tant que les confédérés d'Ahausen n'auraient pas adopté des décisions en rapport avec la gravité des circonstances [1].

Malheureusement, Ernest et Wolfgang-Guillaume, en faisant hiverner leurs soldats non loin de Juliers, avaient déjà fourni à Léopold un prétexte pour entamer les hostilités [2]; il s'empressa de le saisir. Malgré la mauvaise saison, il alla pétarder Aldenhoven et Duren. Puis, pour intimider ses adversaires et leurs partisans, il fit publier (20 décembre) le ban que Rodolphe avait lancé contre les possédants, leurs officiers et leurs gens. De leur côté, les archiducs de Flandre, dont l'attitude devenait de plus en plus agressive, menaçaient de confisquer les biens de tout gentilhomme flamand qui s'enrôlerait sous la bannière d'Ernest et de Wolfgang-Guillaume.

Témoin de l'audace de Léopold, Bongars s'échappa à blâmer la longanimité de Henri IV; le comte de Hohenzollern en profitait pour faire accroire aux anciens sujets de Jean-Guillaume que le roi, éclairé par le saint-siège sur l'illégitimité des prétentions des possédants, allait les abandonner [3]. La vérité était que Henri IV ne voulait pas embrasser ouvertement la cause des Unis avant de savoir quelle serait leur conduite le jour, peut-être prochain, où l'Espagne attaquerait la France. Interrogé sur ce point, Christian d'Anhalt, que les confédérés d'Ahausen avaient envoyé à Paris [4], ne s'expliqua point; il se borna à annoncer que les princes mettraient sur pied 4000 fantassins et 1000 chevaux pour aider Wolfgang-Guillaume et Ernest à recouvrer Juliers. Comme il ne put faire consentir le roi à ne contribuer à l'expédition de Juliers

1. *Mém.*, 7132, f°s 32, 34, proposition de Bongars aux princes possédants, aux États de Clèves, 2, 7 décembre 1609.

2. *Mém.*, 7131, f° 136, Léopold au roi; dans sa réponse (f° 134, 30 novembre 1609), le roi remarque que la lettre de Léopold n'était pas datée.

3. *Mém.*, 7131, f° 158, Villeroi à Bongars, 21 décembre 1609. La lettre de Bongars à laquelle répondait Villeroi portait la date du 9. — *F. F.*, 15921, f° 316, Bongars à Villeroi, 24 décembre.

4. Bibl. nat., *F. Dupuy*, 765, n°s 4, 5, 6.

que de sa bourse, il insista pour que du moins l'armée de secours fût recrutée en Allemagne. Cette proposition, qui décelait une injurieuse défiance, Henri IV l'écarta [1]. D'ailleurs, s'il n'entendait pas « danser seul le branle », il serait toujours prêt à soutenir ceux de ses amis qui déploieraient de l'énergie [2].

En même temps qu'il informait Bongars de la réponse qu'il avait faite à Christian d'Anhalt, Henri IV l'avertissait qu'un de ses conseillers d'État, le sieur de Boissise [3], se trouverait à Hall à l'ouverture de l'assemblée indiquée pour le 10 janvier 1610. Boissise avait mission de rappeler aux Unis qu'ils étaient, plus que Henri IV, obligés de défendre les possédants. Il s'appliquerait à leur faire comprendre que leur contingent devait être levé pour un laps de temps indéterminé, la durée des opérations militaires ne pouvant être fixée à l'avance ; il s'assurerait que le roi serait assisté par les confédérés si la guerre éclatait entre lui et l'Espagne, après que les Français auraient traversé le territoire des archiducs pour se rendre à Juliers. En dernier lieu, il exigerait qu'Ernest et Wolfgang-Guillaume garantissent le libre exercice du catholicisme en Juliers et en Clèves; par là on fermerait la bouche à ceux qui tâchaient d'inquiéter les catholiques des duchés sur les conséquences de la victoire des possédants, et l'on affaiblirait la ligue qu'organisaient alors le duc de Bavière et les électeurs ecclésiastiques [4].

D'après ce que Henri IV écrivait à M. de Brèves, son ambassadeur à Rome, et au pape Paul V [5], il semble que

1. M. Ritter, *Lett. et act.*, II, p. 516, 526, Aerssen à Barneweldt, 22, 25 décembre 1609.

2. *Mém.*, 7131, f° 158, 22 décembre 1609.

3. De famille parlementaire, Jean de Thumery, sieur de Boissise, avait été, de 1598 à 1602, ambassadeur du roi en Angleterre (Laffleur de Kermaingant, *Mission de Jean de Thumery, sieur de Boissise*).

4. Bibl. nat., *F. F.*, 4112, instruction au sieur de Boissise, 29 décembre 1609.

5. Bibl. nat., *F. Dupuy*, 193, f° 109, fin 1609 : « J'envoie présentement vers les électeurs ecclésiastiques et princes catholiques un personnage de mon conseil d'État pour enlever l'opinion que j'entends qu'on leur a donnée que je veux favoriser et assister lesdits princes protestants plutôt qu'eux et notre

l'article final de l'instruction destinée à M. de Boissise fût la condition *sine qua non* de son alliance avec les princes. Du reste, on sait qu'aussitôt après la mort d'Elisabeth Tudor il avait prié Jacques Ier Stuart de tempérer la sévérité des lois édictées en Angleterre contre les papistes [1], et que pendant la négociation de la trêve de douze ans, il avait demandé aux Hollandais de se relâcher de la rigueur avec laquelle ils traitaient les catholiques des Provinces-Unies [2]. Le principe de la tolérance religieuse, qu'il avait cherché à faire reconnaître en Hollande et en Angleterre, Henri IV allait s'efforcer de l'introduire en Allemagne.

Cependant, l'assemblée de Hall venait de s'ouvrir. On y voyait les margraves de Brandebourg, d'Anspach et de Bade, le comte palatin de Neubourg, les ducs des Deux-Ponts et de Wurtemberg, les princes d'Anhalt, en personne; et par pro-

religion : car tant s'en faut que j'aie ce dessein, que je n'entrerai en l'Union et confédération desdits princes... qu'ils ne m'assurent et promettent non seulement de conserver et maintenir religieusement les catholiques desdits pays en la jouissance de leur religion... mais aussi de ne rien attenter contre lesdits électeurs et princes catholiques de ladite Germanie ». — M. Philipson, *Henri IV et Philippe III*, III, p. 355.

1. Si Henri IV avait, du vivant d'Élisabeth, reconnu qu'il était inutile d'intercéder en faveur des catholiques, il s'était flatté que le successeur de cette princesse rendrait, sur sa prière, la situation des papistes moins misérable qu'elle n'était. A cesser de persécuter ceux-ci, Jacques Ier Stuart trouverait un double avantage : les catholiques, se voyant épargnés par le pouvoir, s'abstiendraient de tout complot, et les puritains, auxquels ils feraient contrepoids, se montreraient moins exigeants envers la royauté. Préoccupé, d'ailleurs, de ne pas éveiller les susceptibilités de Jacques, il ne s'était pas déclaré ostensiblement le protecteur des catholiques anglais (*Lett. miss.*, V, p. 759, 19 oct. 1602; VI, p. 607, 14 avril 1603; p. 471, 481, 13, 19 juillet 1605).

2. Bibl. nat., *Ve Colb.*, 15, f° 205. Les *Négociations du président Jeannin* renseignent sur les efforts faits par Henri IV pour améliorer le sort des catholiques établis en Hollande, en Zélande, etc. Dès 1606, il invitait, par l'intermédiaire d'Aerssen, les États-Généraux à les ménager, et, soit en 1607, soit en 1608, il chargeait les sieurs Jeannin et de Russy, qui le représentaient dans les conférences de la Haye, de conseiller aux Hollandais des adoucissements à la législation existante. Puis, comme au lieu d'avoir égard à ses instances, les États-Généraux avaient, en 1609, redoublé de sévérité envers les catholiques, il autorisait Jeannin à présenter requête à l'effet d'obtenir pour ceux-ci la faculté de pratiquer leur culte dans l'intérieur des maisons, sans être recherchés (p. 23, 27, 31, 170, 200, 206, 209, 215, 328, 389, 638, 654). Du reste, il aurait voulu que les archiducs de Flandre, de leur côté, s'engageassent à accorder la liberté de conscience aux Hollandais qui visiteraient les Pays-Bas après la conclusion de la paix (p. 153).

cureurs, l'électeur palatin, le margrave de Culmbach, le landgrave de Hesse-Cassel; les comtes de la Souabe et de la Franconie, ceux du Rhin s'étant fait représenter par les comtes de Hanau et de Nassau, et de plus, les députés de Strasbourg, d'Ulm, de Nuremberg et de plusieurs villes libres comprises dans les cercles du Rhin, de Franconie et de Souabe. Le 26 janvier 1610, Boissise, reçu par eux, leur dit que le roi, qui par amour de la paix avait réconcilié le saint-siège et les Vénitiens, les États-Généraux et Philippe III, était résolu, au risque de s'attirer des incommodités et même beaucoup de mal, à les aider *ne quid detrimenti Respublica caperet*. Comme il voulait le salut et la liberté de l'Allemagne, « ce boulevard de la chrétienté », il soutiendrait les possédants, de même que tous les princes de la Germanie, sans nuire à la prérogative impériale ni songer à son agrandissement particulier [1].

La réponse de l'assemblée à la *proposition* de Boissise, lue par le docteur Camerarius, conseiller de l'électeur palatin (30 janvier), était conçue en termes ambigus. On se bornait à remercier le roi de se considérer, en raison des services que les princes lui avaient rendus autrefois, pour tenu de défendre « l'ingénue candeur et sincère foi des Allemands » contre « les cauteleuses machinations de certains étrangers qui, pour parvenir à la monarchie du monde, ont accoutumé de ne rien laisser à tenter [2] ». Pendant les conférences qui suivirent les séances solennelles du 26 et du 30 janvier, on sortit des généralités, et il fut dit que nonobstant le ban impérial, les confédérés demeureraient unis aussi longtemps que Dieu leur en donnerait les moyens; qu'à la mi-mars ou, au plus tard, à la mi-avril, 5000 lansquenets et 1300 reîtres entreraient en campagne pour appuyer le droit de Brandebourg et de Neubourg; qu'au cas où Henri IV, après s'être déclaré en faveur des possédants, fût attaqué par l'Espagne et les ar-

1. Bibl. nat., *F. Dupuy*, 190; — *F.*, 3437, f° 61.
2. Du Mont, *Corps dip.*, V, 2ᵉ part., p. 126.

chiducs, 4000 fantassins et 1000 cavaliers iraient renforcer son armée, pourvu que Juliers fût déjà recouvré sur Léopold, et aussi pourvu qu'il s'engageât, de son côté, à assister de 8000 hommes de pied et de 2000 chevaux les princes qui seraient en péril; que si une transaction terminait le débat relatif à la succession de Jean-Guillaume, ainsi qu'on devait le souhaiter pour le repos de la chrétienté, il y serait compris; enfin que les confédérés ayant, dans un manifeste imprimé, contenté Sa Majesté quant au libre exercice du culte catholique dans les duchés, ils ne faisaient pas difficulté de l'en assurer de nouveau [1].

Les confédérés désiraient qu'un traité en forme fût immédiatement rédigé; Boissise, qui, comme on le verra plus loin, avait quelque chose à leur demander, s'y refusa d'abord; il fallait, objecta-t-il, qu'il consultât le roi. Cependant le pouvoir qui lui avait été délivré l'autorisait « à passer toutes conventions qu'il jugerait être propres et requises ». Différer de conclure, c'était, remarquaient les confédérés, suspendre les préparatifs commencés; l'ennemi, qui saurait n'avoir à surmonter aucun obstacle sérieux, profiterait de ce répit pour chasser Wolfgang-Guillaume et Ernest des territoires qu'ils occupaient encore dans le duché de Juliers, et ensuite du duché de Clèves même.

De peur de tout compromettre par sa résistance, Boissise se décida à dresser un projet de traité qu'il soumit à la sanction du roi, en exprimant l'avis qu'un rejet aurait pour conséquence l'assujettissement de toute l'Allemagne à la maison d'Autriche; pour faire contrepoids à cette dernière, il était nécessaire de conserver les amis qu'on avait au delà du Rhin.

La ratification du roi porte la date du 23 février 1610 [2]; en

1. Du Mont, *Corps dip.*, V, 2e part., p. 135, 11 février 1610.

2. Du Mont, *Corps dip.*, V, 2e part., p. 136 : « Nous, après nous être fait représenter lesdits articles, et ayant tout leur contenu agréable, avons lesdits articles, en général et en particulier, acceptés, approuvés, ratifiés et confirmés, acceptons, approuvons, ratifions et confirmons, et le tout promettons

l'expédiant, Villeroi laissait percer un certain désappointement. Le roi, mandait-il à Boissise, a signé, « combien que, à vous dire la vérité, Sa Majesté ni MM. de son Conseil ne soient très satisfaits et bien édifiés de leurs articles pour être quasi tous conditionnels ou écrits si vaguement que quiconque voudra se dispenser de les observer trouvera toujours de quoi le faire sans être sujet à reproche [1] ».

Aussitôt que l'acte de confirmation lui eût été remis à Francfort par le baron Christophe de Dohna, qui arrivait de France (6 mars), Boissise partit pour Heidelberg, où il devait se rendre afin de discuter une question d'étiquette avec le comte palatin. L'ambassadeur hollandais aurait-il, dans les congrès, la préséance sur les princes? Pour la plupart de souche électorale, ceux-ci parlaient de se séparer de l'Union plutôt que de souffrir que l'envoyé des États-Généraux, « à peine reconnus république libre et indépendante », les précédât en public; ils avaient le pas sur le représentant de Venise; ils voulaient l'avoir sur celui de la Hollande. L'affaire était grave... pour des Allemands, et certes valait qu'on s'exposât, par un refus, à perdre l'alliance des Hollandais. Sans doute, Bongars regrettait que les Hollandais eussent élevé cette prétention, car « ils devaient tendre à quelque chose de plus solide et laisser cette vanité à ceux qui la prennent pour argent comptant [2] », mais il était impossible de ne pas les satisfaire.

A Heidelberg, Boissise se rencontra avec le duc de Wurtemberg et ses frères, avec les margraves de Bade et d'Anspach, avec Christian d'Anhalt, que le comte palatin avait convoqués pour entendre le récit de la mission de Dohna. Il les informa (8 mars) que les troupes françaises viendraient dans un mois

en foi et parole de roi, et sous l'obligation et hypothèque de tous et chacun nos biens présents et à venir, garder et observer inviolablement, sans aller ni venir au contraire. Car tel est notre plaisir. »

1. *Mém.*, 7131, f° 172, 26 février 1610.

2. Bibl. nat., *F. F.*, 15923, f° 50, à Villeroi, 12 février 1610; f° 76, Boissise au roi, 1er mars.

rallier Christian d'Anhalt et les conjura de hâter leurs enrôlements. Puis, il leur dit que son maître voulait avoir d'eux la promesse de ne point assister les rebelles de son royaume « pour quelque cause ou prétexte que ce fût, même de religion ». Cette déclaration, il aurait dû la faire à l'assemblée de Hall; mais comme les Allemands s'y étaient montrés très difficiles, qu'il s'agît de leur intérêt ou de celui de la France, il avait ajourné une communication qui les aurait peut-être empêchés de conclure un traité auquel Henri IV attachait beaucoup de prix [1].

Après en avoir délibéré, le comte palatin et ses hôtes répondirent à Boissise que le roi, victorieux, redouté de tout le monde et gouvernant ses peuples selon la justice, n'avait à craindre aucune révolte intérieure; que toutefois si la guerre civile éclatait en France, ils ne favoriseraient pas les mécontents, mais qu'ils ne sauraient souscrire une clause où serait spécifié le fait de la religion. Ne serait-ce pas condamner la mémoire de leurs aïeux, qui avaient naguère secouru les réformés contre Charles IX et Henri III? Enfin, tandis que quelques-uns d'entre eux demandaient si l'engagement qu'on réclamait avait été pris par le roi de la Grande-Bretagne et les Hollandais, les autres s'écriaient qu'ils renonceraient à défendre les possédants afin de n'avoir pas les mains liées.

Sans être convaincu par leurs raisons ou intimidé par leurs clameurs, Boissise fit observer qu'ils refusaient à son maître, quand celui-ci, à cause d'eux, allait rompre avec les catholiques et s'attirer de formidables inimitiés, ce que les Hollandais avaient accordé [2], et ce qu'il n'y avait pas lieu de requérir du roi d'Angleterre, puisqu'une alliance nouvelle ne se négociait pas avec lui. Il ajouta que depuis le temps où

1. Une lettre de Villeroi (24 février 1610) enjoignait à Boissise de ne pas retarder la proposition qu'il avait à faire, car, une fois mis en possession de Juliers, les princes se montreraient certes récalcitrants (Bibl. nat., *F. F.*, 15922, f° 80).

2. Boissise faisait ici allusion à l'article IV du traité de ligue défensive conclu par Henri IV avec les Provinces-Unies, le 23 janvier 1608; il n'y était néanmoins pas parlé des réformés (*Négocations du président Jeannin*, p. 263).

leurs prédécesseurs avaient combattu Charles IX et Henri III, tout était changé; la persécution ne sévissait plus en France, où les calvinistes jouissaient de privilèges considérables. Sa conclusion fut que la ratification du traité de Hall ne leur serait délivrée qu'au cas où ils accéderaient au vœu du roi.

Placés dans l'alternative de mécontenter ou leurs coreligionnaires ou Henri IV, les confédérés offrirent de bailler promesse de ne pas aider les protestants « moyennant que les édits de pacification seraient entretenus »; et lorsque Boissise eut rejeté cette proposition ambiguë, de jurer de ne point intervenir en France « pour quelque motif que ce fût ». Mais ils se ravisèrent bientôt, et, en effet, ils signifièrent à Boissise que le plus qu'ils pourraient faire, ce serait écrire au roi, pour lui expliquer leurs scrupules. Désespérant de triompher de leurs répugnances, Boissise retourna à Francfort [1].

Quoique blessé du refus des confédérés [2], Henri IV envoya la confirmation du traité de Hall au comte palatin. Seulement, à partir de ce moment, il se défia d'alliés qui entendaient rester libres de favoriser, à l'occasion, ses ennemis.

Pouvait-il compter sur les Hollandais et le roi de la Grande-Bretagne plus que sur les Allemands? Assurément, les États-

1. Inst., *Coll. God.*, 204, f° 110, Boissise au roi, 12 mars 1610. Ce même jour, l'électeur palatin adressa à Henri IV la lettre suivante : « ... Sur quoi nosdits cousins, après mûre délibération, m'ont prié de vous assurer, par les présentes, en leur nom comme je fais de ma part, que l'affection que nous portons à votre personne royale et à celle de M. le dauphin, comme de même au bien et au repos de la France, a été et demeure telle que votre Dignité royale la peut désirer de notre part, sans avoir à craindre changement quelconque, nous disant davantage que de longtemps en çà il n'y a eu roi de France par nous plus respecté et auquel nous eussions plus désiré faire paraître, par bons et signalés services, que la tranquillité du royaume de France ne nous est moins chère que la nôtre propre, étant aussi éloignés de ce que quelques-uns qui ne nous connaissent si bien, vous pourraient avoir donné à entendre, comme le ciel est de la terre; mais d'en donner telle obligation qu'on désire de nous, nous vous supplions très affectueusement de croire qu'il y a plusieurs raisons de très grande conséquence... pour lesquelles ils ne peuvent s'astreindre à des choses qui, pour parler ouvertement, seraient contre leur conscience et foi de princes... » (Bibl. nat., *F. F.*, 15922, f° 111).

2. *Lett. miss.*, VII, p. 804, à la Boderie, 20 mars 1610.

Généraux s'engageaient à le seconder en tout et partout [1], et accordaient que les 4000 Anglais dont Jacques Ier les avait renforcés fussent employés dans les duchés [2]. Mais ils perdaient leur temps en délibérations inutiles et ainsi laissaient à Léopold le loisir de causer d'irréparables dommages aux possédants [3]. A dire vrai, ils appréhendaient que la présence des Français dans le Luxembourg ne déterminât une guerre européenne et ne fît rompre la trêve de douze ans. D'ailleurs, ils s'opposaient à ce que Jacques Ier fût substitué à Henri IV, comme créancier de la Hollande, et même allaient jusqu'à nier qu'ils dussent quelque chose à la France; parce qu'elle était intéressée à ce qu'ils sortissent vainqueurs de la lutte qu'ils soutenaient contre les Espagnols, celle-ci leur avait fourni de dix à douze millions à titre d'aide, non de prêt. C'est pourquoi ils lui avaient envoyé des récépissés au lieu d'obligations [4].

Quant à Jacques Ier, cédant à un misérable sentiment de jalousie, il avait d'abord affecté l'indifférence à l'égard des possédants, qui avaient commencé par recourir à Henri IV [5]. Plus tard, flatté qu'Ernest et Wolfgang-Guillaume eussent invoqué sa protection, il avait dit qu'il les secourrait « ron-

1. M. Ritter, *Lett. et act.*, III, p. 242, Aerssen à Buwinckhausen, 12 mai 1610; p. 243, de Russy au roi, 13 mai; — *Mém. de Du Plessis-Mornay*, X, Aerssen à Du Plessis, 2 janvier 1610; — *Mém. de la Boderie*, V, p. 182, Villeroi à la Boderie, 16 avril.

2. Bibl. nat., *F. Dupuy*, 193, 27 février 1610.

3. *Lett. miss.*, VII, p. 882, le roi à Russy, 13 avril 1610.

4. *Mém. de la Boderie*, V, p. 217, Puisieux à la Boderie, 28 avril 1610. Le 24 septembre 1607, Jeannin écrivait à Villeroi, au sujet de l'argent que Henri IV avait fourni aux Hollandais : « Ils [les Hollandais] ne promirent jamais de le rendre; ils ont seulement donné des certifications qu'ils l'ont reçu pour la décharge des trésoriers qui faisaient les payements, sans y ajouter aucune obligation ou promesse de le rendre... Et le sieur Barneweldt nous a dit aussi que Sa Majesté donnait cet argent, non en intention de le retirer, mais pour les secourir secrètement, occuper les forces et consumer les moyens du roi d'Espagne pendant trois ou quatre ans, au bout desquels elle lui avait promis et assuré de sa propre bouche d'entrer ouvertement en guerre contre lui » (*Négoc. du prés. Jeannin*, p. 170; — *Mém. de la Boderie*, V, p. 299, 348, Villeroi à la Boderie, 16 juin, 18 juillet 1610). En 1611, les Hollandais s'obstinaient encore à ne pas se regarder comme débiteurs de la France (*Mém. de la Boderie*, V, p. 525, 11 janvier).

5. *Mém. de la Boderie*, IV, p. 299, la Boderie à Villeroi, 23 avril 1609.

dement ». Que ne ferait-il pas si, comme le roi de France, il était proche de Juliers ! Et il partait de là pour accuser Henri IV de n'avoir mis ses troupes en mouvement que pour couvrir sa propre frontière [1]. A la vérité, lorsque la Boderie lui demanda de s'unir étroitement avec Henri IV et les confédérés de Hall, il allégua, pour s'en dispenser, l'inconvénient de déterminer par là les souverains catholiques de l'Europe à entrer dans la ligue de Wurtzbourg, ou encore celui de se lier d'une manière trop générale [2]. Enfin, poussé jusque dans ses derniers retranchements, il prétexta la pénurie d'argent. Aussi longtemps que Henri IV n'aurait pas rendu les 4 500 000 livres qu'Elisabeth avait avancées, il serait dans l'impuissance d'agir. Mais, d'une part, sur les 4 500 000 livres qu'il réclamait, 750 000 livres seulement avaient été vérifiées, et, de l'autre, 3 400 000 livres avaient été versées aux Hollandais par Henri IV au nom de Jacques Ier [3]. Or, d'après l'article III du traité de Hamptoncourt (1603), cette somme devait être déduite de la dette de roi de France envers l'Angleterre [4]. Jusqu'à la mort de Henri IV, la question du remboursement fut « la pierre de scandale » contre laquelle se heurta la négociation de l Boderie [5]. Relativement à la promesse de ne pas appuyer les soulèvements des réformés français, Jacques Ier, ainsi que les

1. Bibl. nat., *F. Dupuy*, 193, f° 93, réponse aux ambassadeurs des princes possédants, novembre 1609.

2. *Mém. de la Boderie*, V, p. 47, la Boderie à Villeroi, 4 février 1610 ; p. 234, au roi, 12 mai.

3. *Mém. de la Boderie*, V, p. 168, 175, 180, 200, 1er, 5, 16, 28 avril 1610 ; — *Lett. miss.*, VII, p. 890, 28 avril.

4. Du Mont, *Corps dip.*, V, 2e part., p. 30. Après avoir spécifié que les troupes destinées au secours des Provinces-Unies seraient levées sur les terres du roi d'Angleterre, l'article III s'exprime ainsi : « Et les frais de ladite levée, solde et entretènement entièrement fournis des deniers de Sa Majesté [le roi de France], laquelle, à cet effet, mettra ès mains desdits sieurs États des Pays-Unis les sommes pour ce nécessaires, dont les deux tiers seront purement et simplement fournis par Sa Majesté [le roi de France], *et l'autre tiers semblablement par elle, mais en déduction et payement de ce qu'elle peut devoir audit roi d'Angleterre.* »

5. *Mém. de la Boderie*, V, p. 234, la Boderie au roi, 12 mai 1610. — Tandis que les Espagnols dépensaient beaucoup pour se créer un parti en Angleterre, « nous, au contraire, dit la Boderie, nous pensons faire assez de donner des paroles, dont j'ai grand'peur que nous nous trouvions trompés » (*Négoc. du président Jeannin*, p. 375, à Jeannin, 7 juin 1608).

confédérés de Hall, n'admettait qu'une stipulation où ne figurerait pas le mot de religion [1].

S'il avait compté sur la bonne foi des Hollandais et l'intelligence politique des Allemands, Henri IV ne s'était jamais abusé sur la discrétion et la sincérité de Jacques Ier. Il avait donc prescrit à la Boderie de ne communiquer au roi de la Grande-Bretagne les clauses de Hall qu'en substance; principalement il éviterait de lui révéler celle où l'éventualité d'une guerre entre l'Espagne et la France était énoncée, car pour se faire bien venir à Madrid, Jacques, renseigné, s'empresserait, « suivant le privilège de sa nation », d'avertir Philippe III [2]. Ensuite il ne fallait pas donner aux Anglais à croire que leur concours fût nécessaire au cas qu'il y eût rupture entre la France et l'Espagne; ils feraient les renchéris [3]. Disposé à payer à Jacques Ier 600 000 livres dans l'espace de deux années, à moins qu'il ne se brouillât avec l'Espagne, Henri IV ne voulait pas être en butte à de nouvelles exigences.

Entouré de voisins qui eussent été bien aises « de nous engager en une telle danse pour, en se retirant d'icelle, demeurer spectateurs de notre imprudence, les bras croisés [4] », Henri IV aurait pu se désintéresser d'une cause que désertaient les coreligionnaires des possédants. Aussi bien, la cour de Madrid recherchait son alliance. Dans les *Sages et royales Œconomies* (ch. XLIII), on lit qu'on avait, en 1593 ou 1594, offert à Henri IV, tout récemment converti, la main de l'infante Isabelle-Claire-Eugénie. L'indiscrétion de la Varenne,

1. *Mém. de la Boderie*, V, p. 98, 27 février 1610. Dans la convention passée entre Louis XIII et Jacques Ier (29 août 1610), l'article IV est ainsi conçu : « Aussi bien lesdits princes ne donneront aucun secours ni aide, en quelque façon que ce soit, ou souffriront être donné par leurs sujets, à ceux qui seront rebelles à l'un ou l'autre desdits princes, ou qui prendront les armes contre eux » (Du Mont, *Corps dip.*, V, 2e part., p. 145).

2. *Lett. miss.*, VII, p. 830, 22 février 1610. Jacques était coutumier du fait : en 1605, il avait informé Philippe III du passage en Espagne du sieur de Saint-Estève, chargé de préparer le soulèvement des Morisques (*Mém. de la Force*, I, p. 404, Salguis à la Force, 4 août 1605).

3. *Lett. miss.*, VII, p. 889, à la Boderie, 28 avril 1610.

4. Bibl. nat., *F. Dupuy*, 193, f° 77, Villeroi à Buwinckhausen, 20 novembre 1609.

passé en Espagne avec mission de sonder les intentions de Philippe II, avait coupé court à une négociation que l'Angleterre, la Hollande et l'Allemagne auraient vue de mauvais œil. Depuis, Henri IV avait épousé Marie de Médicis. Déjà il en avait eu plusieurs enfants, quand le connétable de Castille avait parlé de fiancer la fille aînée de Philippe III, Anne, au dauphin. Henri IV, qui flairait un piège, avait fait la sourde oreille [1].

Cependant le cabinet de Madrid était revenu à la charge : pourvu que Henri IV se joignît à l'Espagne pour accabler les Hollandais, Philippe III constituerait, après la mort d'Isabelle-Claire-Eugénie, la dot de la future reine de France avec l'Artois, le Brabant, le Hainaut et le Luxembourg [2]. L'appât était grossier ; Henri IV ne s'y était pas laissé prendre. En 1608, à l'époque où se traitait la trêve de douze ans, une troisième tentative avait été faite. Par orgueil, le roi d'Espagne répugnait à reconnaître l'indépendance des Provinces-Unies ; s'il réussissait à leur enlever l'appui de la France, il se sentirait assez fort pour se soustraire à cette humiliation. Renchérissant sur les précédentes propositions, il avait promis de garantir à son second fils, devenu l'époux de l'une des filles du roi de France, Christine, tout l'héritage des archiducs de Flandre, qui n'avaient pas d'enfants [3]. Mais son agent, don Pedro de Tolède, avait perdu la partie parce qu'il s'était imaginé que Henri IV était à vendre. « Il a trouvé, disait Villeroi, notre maître plus homme de bien qu'ambitieux et convoiteux, vrai ami de ses amis [4]. »

Cette série d'échecs ne découragea point la cour d'Espagne :

1. *Lett. miss.*, VI, p. 694, le roi à Beaumont, 13 novembre 1604.
2. *Lett. miss.*, VI, p. 539, le roi à Beaumont, 9 octobre 1605.
3. *Négociations du président Jeannin*, p. 377, Villeroi à Jeannin, 8 juin 1608.
4. *Mém. de la Boderie*, III, p. 386, à la Boderie, 26 juillet 1608 ; — *Mém.*, 7131, f° 75, à Bongars, 25 août : « Nous avons toujours ici don Pedro de Tolède... Il voulait, sous prétexte de mariages et alliances nouvelles entre le roi et son maître... que Sa Majesté se séparât tout à fait des États des Provinces-Unies ; mais elle ne l'a voulu faire. » — *Négoc. du président Jeannin*, p. 418, 571, à Jeannin, 18 septembre 1608, 14 février 1609.

en 1610, par l'intermédiaire d'un envoyé toscan, le marquis de Campiglia, elle remit le projet de mariage sur le tapis. Mais, quoique favorisée par Marie de Médicis et le nonce Ubaldini [1], la négociation n'aboutit pas; les préparatifs de guerre, que Philippe III s'était efforcé de suspendre, se continuèrent; car, outre qu'il se méfiait de la sincérité des Espagnols, Henri IV avait plus d'égards au bien public qu'à son ressentiment personnel. Afin d'empêcher Rodolphe de s'arroger dans l'Empire un pouvoir que la constitution germanique ne lui attribuait pas, et afin de consolider la république des Provinces-Unies qu'aurait ébranlée le triomphe de Léopold à Juliers, il se conduisit d'après cette maxime : « Il est quelquefois bon de dissimuler tels traitements (ici Henri IV fait allusion à la mauvaise foi des Anglais, des Allemands, des Hollandais), pour ne négliger les occasions qui s'offrent de bien faire à la cause commune [2] ».

La résolution n'exclut pas la prudence. Déterminé à aider Brandebourg et Neubourg, Henri IV s'appliqua à obtenir, sinon l'alliance, du moins la neutralité de quelques-uns des États limitrophes des duchés. Par son ordre, Boissise visita l'archevêque de Trèves à Coblentz et le coajduteur de l'archevêque de Cologne à Bonn. Quel que soit le moyen qu'on emploie pour régler l'affaire de Juliers, le catholicisme, leur dit-il, sera sauf, puisque l'un des articles de la convention de Hall en garantit le libre exercice; il ajouta qu'une guerre générale de religion ne sortirait pas d'un conflit particulier, quoiqu'on se plût à Rome et à Madrid à la représenter comme imminente. Mais l'archevêque de Trèves répondit que les catholiques ne cesseraient de craindre pour leur culte tant que la réconciliation de Henri IV et de Philippe III n'aurait pas été attestée par la conclusion de mariages entre les familles royales

1. Perrens, *les Mariages espagnols sous le règne de Henri IV et la Régence de Marie de Médicis*; — B. Zeller, *Henri IV et Marie de Médicis*, p. 306; — Henrard, *Henri IV et la princesse de Condé*, p. 214.
2. *Lett. miss.*, VII, p. 889, à la Boderie, 28 avril 1610.

de France et d'Espagne. Quant au coadjuteur de l'archevêque de Cologne, son unique préoccupation fut de justifier la procédure de Rodolphe envers les possédants.

Henri IV pouvait-il se rapprocher de l'Espagne, qui ourdissait ou encourageait toutes les intrigues, tous les complots, dirigés contre lui ou son royaume? Telle fut la question embarrassante que Boissise posa à l'archevêque de Trèves. Pour convaincre l'Allemagne, et, avec elle, l'Europe, de ses intentions pacifiques, objecta-t-il au coadjuteur de l'archevêque de Cologne, qui s'était constitué l'avocat de Rodolphe, l'Empereur aurait dû envoyer à Juliers des commissaires sans escorte, au lieu d'un archiduc avec des soldats. Du reste, s'ils ne faisaient point acte d'hostilité contre les possédants et les Français, ni l'archevêque de Trèves, ni l'archevêque et le sénat de Cologne ne seraient inquiétés [1].

De Bonn, Boissise se rendit à Dusseldorf, où il réconforta Wolfgang-Guillaume et Ernest par l'assurance d'un secours prochain. Malheureusement ces princes ne s'entendaient qu'en apparence; le moindre incident pouvait les brouiller. Plus que jamais pourtant il importait qu'ils fussent d'accord, car, en nombre comme en qualité, leurs forces étaient très inférieures à celles de Léopold, et les états de Juliers et de Berg, dont ils avaient réclamé des subsides, marchandaient leur concours [2]. Enfin, on venait d'être informé que le roi de Danemark, après le landgrave de Hesse, avait échoué dans la tentative qu'il avait faite pour détacher de l'Autriche le duc de Saxe. Cette nouvelle consterna les confédérés d'Ahausen, assemblés en congrès à Dusseldorf. Dans son effarement, l'un d'eux, le second par le rang et peut-être le premier en puissance, le margrave de Brandebourg, supplia Henri IV d'être « son arbitre particulier », et se déclara prêt à suivre les conseils qu'il plairait au roi de lui départir [3]. Pour le comte palatin de

1. Inst., *Coll. God.*, 264, f° 140, Boissise au roi, 4 mai 1610.
2. Aff. étr., *Palatinat, I*, proposition faite par MM. les princes possédan aux états de Juliers et de Berg, 8 mai 1610.
3. Inst., *Coll. God.*, 264, f° 148, le margrave de Brandebourg au roi, 6 mai 1610.

Neubourg, il communiqua à Boissise un projet de transaction qu'avait élaboré l'évêque de Wurtzbourg : il consistait en un séquestre provisoire [1].

Comme Boissise l'avait annoncé aux possédants, Henri IV était à la veille d'entrer en campagne. Déjà il avait demandé aux archiducs de Flandre, dont il aurait, dans sa marche sur Juliers, à traverser l'une des provinces, ce qu'en langage diplomatique on appelle le *transitus innoxius* [2]. Écrivant, le 9 mai, au comte palatin, il disait devoir mener lui-même son armée à Juliers, afin de remettre la ville et ses dépendances sous la domination des héritiers légitimes [3]. Faut-il croire que son but était tout autre? Selon quelques historiens, il ne songeait qu'à aller enlever de Bruxelles la princesse de Condé, que son époux avait conduite hors de France pour la soustraire à un amour ridicule et odieux; il est vrai que, d'après plusieurs autres, l'expédition de Juliers aurait été le commencement d'exécution de ce *Magnifique Dessein* que Sully avait formé, et dont l'objet était le remaniement de la carte de l'Europe.

Sans chercher à disculper Henri IV, qu'une passion sénile pour une très jeune femme rendait alors la fable des cours, on remarquera que, dès l'arrivée de Léopold à Juliers, quatre mois avant la fuite du prince et de la princesse de Condé à Bruxelles, des alliances avaient été contractées, des préparatifs militaires faits en vue du siège de Juliers. D'autre part, si l'on ne saurait nier que Henri IV a quelquefois parlé de changer plus ou moins complètement la distribution des territoires entre les diverses puissances européennes, il n'est pas douteux que cette vaste conception, ou, pour nous servir des expressions d'Aerssen, « ces mouvements qui s'élançaient tout à coup et de tous côtés », s'évanouissaient presque aussitôt.

1. Inst., *Coll. God.*, 264, f° 140, Boissise au roi, 4 mai 1610.
2. *Lett. miss.*, VII, p. 898, 8 mai 1610.
3. Bibl. nat., *F. Dupuy*, 193, f° 84.

Hi motus animorum atque hæc certamina tanta,
Pulveris exigui jactu compressa quiescunt [1].

C'est que son âge, la situation du royaume, un goût chaque jour plus vif pour le repos, détournaient Henri IV du plan à la fois grandiose et périlleux que Sully a tracé dans ses *Mémoires*. Pour connaître, au juste, ses projets, il suffit, ce semble, de recourir à sa correspondance. Dans une dépêche à Boissise, de très peu antérieure à la lettre adressée au comte palatin [2], il se représente comme délibéré d'aller à Juliers « pour faire son effet, sans entreprendre autre chose », à moins qu'il ne juge à l'œil être nécessaire de continuer la lutte. En somme, il voulait « tenir le loup par les oreilles »; en d'autres termes, être libre d'étendre ou de restreindre le champ de ses opérations. Afin de parer à tout événement, il avait équipé 30 000 hommes et s'était pourvu d'une forte artillerie.

Hohenzollern a-t-il, après son retour en Flandre, dit à une personne qui prétendait que Henri IV assisterait Wolfgang-Guillaume et Ernest contre Léopold : « Il n'oserait; ses sujets catholiques le feraient mourir [3] »? Ce mot, il ne l'a peut-être pas prononcé; mais il reçoit des faits une confirmation sinistre. C'est lorsqu'il était sur le point de s'avancer au secours des possédants que Henri IV fut assassiné à Paris par Ravaillac. Et Ravaillac était, selon toute vraisemblance, un catholique qu'égarait le fanatisme religieux. Quoi qu'il en soit, la mort de Henri IV, douloureusement ressentie en France, produisit une impression de terreur chez les souverains protestants; ils se crurent menacés du sort du roi. De tous, le plus

1. Virgile, *Géorg.*, IV, vers 86, 87, qu'Aerssen cite à Barneweldt, 24 janv. 1610 (M. Ritter, *Lett. et act.*, III, p. 17). Ailleurs, Aerssen dit : « Nous allons par saillies, et changeons à tous moments » (*Mém. de Du Plessis*, XI, p. 2, à Du Plessis, 13 mars 1610). Et le duc d'Épernon : « Nous voulons et nous ne voulons pas, nous faisons et nous ne faisons pas » (Pecquius à l'archiduc Albert, 14 avril).

2. M. Ritter, *Lett. et act.*, III, p. 229, 2 mai 1610.

3. Bibl. nat., *Ve Colb.*, 12, f° 77.

épouvanté fut Jacques Ier. Quand il fut informé de la catastrophe, il devint « plus blanc que sa chemise[1] ».

Marie de Médicis, que le parlement de Paris chargea de la régence pendant la minorité de Louis XIII, suivrait-elle « la piste[2] » de Henri IV, ou ferait-elle prévaloir la politique qu'elle avait conseillée à son mari? Nul ne pouvait le deviner. Profitant de l'incertitude générale, Léopold, le meurtre de Henri IV à peine connu, fit savoir à Wolfgang-Guillaume, à Ernest de Brandebourg et à Christian d'Anhalt, qu'il ne dépendrait pas de lui que le litige relatif aux duchés ne fût vidé « au bien et repos de la chrétienté »[3]. Comme il les supposait aussi désireux que lui de préserver l'Allemagne des maux que lui causerait une invasion française, il leur offrait la paix. Mais lorsque les possédants se demandaient quelle réponse ils devaient faire à cette ouverture, et lorsque les hommes d'État formaient des combinaisons nouvelles, *novas fabulas*[4], on apprit que Marie de Médicis venait d'enjoindre à l'armée du roi de rallier sous Juliers Christian d'Anhalt et Maurice de Nassau. Villeroi, qui, en prévision des troubles intérieurs, était d'avis de ne pas se démunir, reporte l'honneur de cette généreuse résolution sur Marie. « La reine l'a voulu, jalouse de l'observation de la foi du feu roi, son seigneur. » Seulement, on se bornerait à expulser Léopold de Juliers; cela fait, la France retirerait son épingle du jeu. Puisqu'ils ne seraient pas assistés jusqu'au bout, les possédants agiraient sagement (telle était l'opinion de Villeroi), s'ils se servaient du renfort qu'on leur envoyait, non pour conquérir Juliers, mais pour traiter sur des bases avantageuses; sinon, ils s'attireraient une longue guerre qui se ter-

1. *Mém. de la Boderie,* V, p. 268, la Boderie à Villeroi, 24 mai 1610.
2. Aff. étr., *Hesse, I,* le landgrave à Villiers-Hotman, 27 mai 1610.
3. Aff. étr., *Vienne, 10,* instruction des choses que doivent représenter et traiter le lieutenant Blasius Tchenberg et le licencié Simon Ritz, à l'endroit des sérénissimes princes Wolfgang-Guillaume, comte palatin, Ernest de Brandebourg et Christian, duc d'Anhalt, 19 mai 1610.
4. *Mém. de Du Plessis-Mornay*, XI, p. 64, Du Plessis à Asselineau, 3 juin 1610.

minerait à leurs dépens, car ils n'étaient « mieux fournis d'argent que de raison [1] ».

Dès que la décision de la reine mère fut divulguée [2], les archiducs de Flandre essayèrent d'en prévenir les effets en ménageant un compromis provisoire : le *statu quo* serait maintenu, sauf que le sieur de Bassompierre occuperait la ville et la citadelle de Juliers au lieu et place de Léopold ; il les administrerait jusqu'à ce qu'une diète impériale à assigner dans le délai d'un mois eût tranché la question de succession ; des deux côtés on licencierait les troupes mises sur pied. Si l'Empereur et le duc de Saxe n'adhéraient pas à cet arrangement sous huit jours, ni le roi d'Espagne ni les archiducs de Flandre ne leur prêteraient aide contre les possédants [3].

Loin d'accueillir la proposition des archiducs, l'Empereur se hâta de conférer l'investiture des duchés à Christian II, qui l'accepta avec reconnaissance, bien que « la grâce qu'on lui faisait fût celle du cyclope à Ulysse, qu'il serait mangé le dernier [4] ». Pour les princes possédants, ils ne voulaient transiger qu'après avoir recouvré Juliers. Au dire de Villeroi, Jacques Ier, qui se flattait de succéder à Henri IV dans l'hégémonie de l'Allemagne protestante, encourageait leurs dispositions belliqueuses, sans toutefois être en mesure de les appuyer ; « il n'avait pas le sol [5] », et le parlement anglais lui refusait des subsides extraordinaires.

1. *Mém. de la Boderie,* V, p. 302, 376, 16 juin, 28 juillet 1610.
2. Bibl. nat., *F. Dupuy,* 193, proposition de Boissise aux états assemblés en Clèves, juin 1610; — Aff. étr., *Palatinat, I,* la reine au duc des Deux-Ponts, 9 juillet.
3. Aff. étr., *Vienne, 10;* — *Mém. de la Boderie,* V, p. 318, Puisieux à la Boderie, 4 août 1610.
4. Bibl. nat., *F. F.,* 15922, f° 429, Bongars à Villiers-Hotman, 19 octobre 1610. L'investiture était accordée à quatre conditions : 1° Le duc de Saxe n'entrerait en possession qu'après vérification de ses titres par l'Empereur; 2° il indemniserait le duc de Nevers et le margrave de Burgau; 3° l'exercice du culte catholique serait libre en Clèves et Juliers; 4° l'archiduc Léopold aurait la surintendance du clergé (7 juillet 1610). — Du Mont, *Corps dip.,* V, 2e part., p. 144.
5. *Mém. de la Boderie,* V, p. 336, 342, 15 juillet 1610.

Le corps français dirigé sur Juliers était de 10 000 fantassins et de 1200 chevaux; un vétéran des guerres de la Ligue, le maréchal de la Châtre, le commandait. Le 7 juillet, il campait, avec le gros de ses forces, à une petite distance de Metz. Là, il s'arrêta, parce qu'il n'était pas fixé sur l'itinéraire qu'il devait suivre. Serait-ce sur la Moselle ou le Rhin qu'il trouverait les moyens de transport et les vivres dont il avait besoin? Après avoir indiqué la Moselle, les Hollandais parlèrent du Rhin. Mais l'électeur palatin, dont il aurait, en ce cas, traversé le territoire, préférait qu'il descendît le cours de la Moselle. Pendant une vingtaine de jours, Allemands et Hollandais « jouèrent de notre armée à la pelote [1] ». Enfin, on décida que la Châtre prendrait la voie de la Moselle; le 18 août, il atteignait Juliers. A cette date, son infanterie, décimée par les maladies ou diminuée par les désertions, ne comptait plus que 6000 hommes.

Commencé par les Allemands et les Hollandais le 28 juillet, le siège de Juliers se termina le 2 septembre. Durant les dernières opérations, les Français combattirent vaillamment, bien que les Allemands prétendissent « qu'il y avait de leur part plus de mine que d'affection [2] ». Dans la capitulation fut inséré un article d'après lequel les princes, selon la promesse qu'ils avaient faite au feu roi, s'engagèrent à ne pas entraver l'exercice de la religion catholique et à ne pas troubler les ecclésiastiques dans la jouissance de leurs biens, revenus et rentes [3].

Immédiatement après la reprise de Juliers, Marie de Médicis rappela la Châtre en France; elle voulait être en état de

1. *Mém. de la Boderie,* V, p. 336, 350, 378, Villeroi à la Boderie, 15, 18, 28 juillet 1610.

2. Aff. étr., *Allemagne, I,* crayon des affaires et état présent de l'Allemagne (Villiers-Hotman). Fontenay-Mareuil, au contraire, dit : « Les Français s'étant logés au quartier qu'on leur avait réservé, travaillèrent après cela si diligemment qu'ils passèrent le fossé et mirent leur mine en état de jouer devant que le gouverneur parlât de se rendre, de sorte qu'ils eurent bonne part à l'honneur » (*Mém.,* p. 38).

3. Du Mont, *Corps dip.,* V, 2e part., p. 153, art. 1er.

réprimer les mécontents, qui s'agitaient à Paris et dans les provinces, et surtout se décharger d'une lourde dépense « en une saison où chacun, comme Villeroi l'écrivait à Bongars [1], s'étudiait à curer nos bourses ». Pour le moment, il fallait convenir d'un *intérim*, qui serait un acheminement vers un traité définitif. Afin d'en avancer la conclusion, Boissisè s'aboucha à Cologne avec le nonce du pape, le comte de Hohenzollern et l'archevêque de Trèves ; il lui était prescrit de quitter Cologne, si ceux-ci entendaient réserver à l'Empereur seul le droit de prononcer dans l'espèce et de mettre Clèves et Juliers en séquestre [2]. La négociation fut longue : non sans peine, Boissise obtint que le jugement du différend fût attribué à une diète, et que l'administration des duchés fût provisoirement confiée à Wolfgang-Guillaume et à Ernest, sans adjonction d'un commissaire impérial. Par contre, une part dans l'héritage de Jean-Guillaume serait faite au duc de Saxe [3]. Si les possédants eussent souscrit de suite cette condition, l'intérim aurait été signé [4]. En ajournant leur consentement, ils fournirent à l'Empereur un prétexte de rupture. Rodolphe s'en servit avec d'autant plus d'empressement que la combinaison adoptée à Cologne lui paraissait faire brèche à son autorité. Sans doute, son agent, le comte de Hohenzollern, proposa de tenir une nouvelle conférence « tout allemande, nette d'étrangers [5] »; ce projet fut écarté.

Comparant, au début de l'année 1611, l'état de l'Allemagne et de la France, Villeroi dit : « Les cartes sont quasi autant mêlées en Allemagne qu'elles sont en notre cour, où il semble

1. *Mém.*, 7131, f° 75, 14 août 1610.
2. Bibl. nat., *F. Brienne,* 292, f° 261, instruction au duc de Bouillon allant conduire le nouvel électeur palatin à Heidelberg, octobre 1610.
3. Inst., *Coll. God.*, 266, f° 62, Boissise à Villeroi, 18 octobre 1610.
4. *Mém. de la Boderie*, V, p. 447, 461, Puisieux, la reine, à la Boderie, 30 octobre, 3 novembre 1610; — Bibl. nat., *F. F.*, 15922, f° 431, Boissise à la reine, 26 octobre; — Aff. étr., *Hesse,* le landgrave à la reine, 6 décembre.
5. *Mém.*, 7131, f°s 180, 199, Villeroi à Bongars, 6 novembre 1610, 15 avril 1611; — Bibl. nat., *F. F.*, 15922, f° 489, Bongars à Villeroi, 19 novembre 1610.

que chacun joue à pis faire [1] ». En Allemagne, le traité que le margrave de Brandebourg conclut à Juterbock avec Christian II (21 mars) compliqua la situation, au lieu de la débrouiller. Ménagé par le landgrave de Hesse, il remplaçait le *condominium* à deux par le *condominium* à trois, Saxe devant administrer les duchés conjointement avec Wolfgang-Guillaume et Ernest; en retour, il renoncerait au bénéfice de l'investiture anticipée dont il avait été gratifié, réclamerait de l'Empereur l'abrogation des décrets lancés contre les possédants, et contribuerait de 450 000 florins aux dépenses de l'expédition de Juliers. Il était stipulé que les ducs des Deux-Ponts et de Nevers, le margrave de Burgau, le comte de Maulevrier, etc., auraient la faculté de produire leurs titres lorsque l'Empereur et les arbitres qu'auraient désignés Brandebourg, Saxe et Neubourg, se prépareraient à rendre leur arrêt [2]. Mais les clauses de Juterbock ne reçurent même pas un commencement d'exécution, parce que le comte palatin de Neubourg, que Brandebourg n'avait pas consulté, s'opposa à l'établissement du *condominium* à trois.

Le gouvernement français n'eut pas à prendre parti pour Neubourg contre Brandebourg et Saxe, ou pour Saxe et Brandebourg contre Neubourg ; on avait négligé de l'informer de ce qui s'était fait à Juterbock, et bien qu'il pût être blessé de ce manque de déférence, il évita de le montrer. Sa politique consistait alors à rester à l'écart. C'est ce qui ressort de l'instruction remise à Ancel, que la reine mère envoya en Allemagne au mois d'avril 1612.

Après s'être assemblés à Rothembourg (1611), les confédérés d'Ahausen avaient, par l'intermédiaire du baron Christophe de Dohna, demandé à Marie de Médicis de ratifier les

1. *Mém.*, 7131, f° 190, à Bongars, 30 janvier 1611. Le 17 octobre suivant, Bongars écrivait à de Thou : « Les princes divisés en plusieurs factions, mal servis et de conseil et de la main; Saxe et Brunswick débauchés du corps des protestants comme on débauche des enfants pour moins que des noix; les autres sans chef, ayant perdu M. l'électeur palatin, auquel sa prud'homie avait donné beaucoup d'autorité sur son parti ».

2. Du Mont, *Corps dip.*, V, 2e part., p. 160.

clauses de Hall. Chargé de porter la réponse de Marie, Ancel dut donner « à croire aux électeurs, princes et États de l'Union que Leurs Majestés les voulaient conserver semblables chèrement et inviolablement, en tout et partout, même les étreindre, s'il était nécessaire ». Afin de dissiper les soupçons que leur inspirait le contrat passé pour le mariage du roi de France avec une infante d'Espagne et celui d'une fille de France avec l'infant des Asturies, Ancel affirmerait qu'aucune disposition préjudiciable aux protestants n'avait été exigée de la cour de France par le cabinet de Madrid. A ce propos il « magnifierait » ce que Marie avait fait en faveur des réformés français et allemands : aux premiers, elle avait accordé l'extension des privilèges que son époux leur avait concédés, et quant aux seconds, elle leur avait témoigné son affection en s'associant à la campagne de Juliers, en remboursant quelques-uns des créanciers de Henri IV, en exhortant Jacques Ier à fiancer Elisabeth Stuart au jeune comte palatin, et en continuant la poursuite que le roi défunt avait faite auprès de la diète de Pologne en faveur de l'électeur de Brandebourg. Seulement, Ancel ne s'expliquerait pas sur le traité du 11 février 1610; s'il en était pressé, il dirait qu'à cause des embarras qu'elle avait à démêler à l'intérieur, Marie ne s'en était pas encore occupée. Au fond, Marie considérait, non sans raison, ce traité comme défectueux, et, en outre, « elle aurait plaisir, en l'état où elle se trouvait, de ne s'engager en aucune négociation nouvelle pour n'offenser personne et ne s'acquérir des ennemis nouveaux, ayant besoin de l'amitié de tous [1] ».

Bientôt la régente ne cachait plus la résolution qu'elle avait prise de ne pas se lier avec les confédérés d'Ahausen. Les rois d'Angleterre et de Danemark, les Hollandais, l'administrateur du Palatinat, le margrave de Brandebourg, le duc de Wurtemberg, le landgrave de Hesse et Christian d'An-

1. Bibl. nat., *F. Brienne*, 292, f° 283.

halt, avaient, le 28 mars 1612, fait à Wesel, pour six ans, une alliance défensive. Un an après (25 mars 1613), ils priaient le roi de France d'inviter les archiducs de Flandre à ne plus intervenir dans le différend de Clèves et de Juliers; de dénoncer à Mathias, successeur de Rodolphe, l'intrigue ourdie par l'Espagne dans le but d'assurer un jour la couronne impériale à un infant, intrigue qu'on déjouerait en hâtant la nomination d'un roi des Romains; de protester contre les infractions au recez de 1555 que commettait le Conseil aulique, et de manifester ses intentions au sujet de l'Union évangélique, dont le caractère était purement politique [1].

Sur ce dernier point, la déclaration de Marie (30 mars) fut nette : Marie ne renouvellerait pas le traité de Hall, parce qu'elle jugeait que ses offices en faveur des confédérés seraient plus efficaces lorsqu'elle agirait indépendamment de toute obligation écrite. Elle promettait, d'ailleurs, de faire auprès des archiducs de Flandre et de l'Empereur certaines démarches qu'on attendait d'elle; mais elle conseillait aux confédérés de fournir à Mathias le moyen de combattre les Turcs, dont l'attitude était depuis quelque temps menaçante; si Mathias tournait ensuite ses forces contre eux, elle interposerait sa médiation. Quant à insister auprès de l'Empereur pour la convocation d'une diète d'élection, elle s'y refusait, car pareilles instances étaient hors de saison; elle ne dissimulait pas toutefois que la candidature de Maximilien ne pouvait être équitablement écartée.

A partir de cette époque, la France, de plus en plus livrée aux discordes intestines, se désintéressa presque complètement de l'affaire des duchés, qu'un récent incident avait compliquée : en 1613, pendant un banquet à Dusseldorf, Jean-Sigismond avait souffleté Wolfgang-Guillaume, qui allait devenir son gendre. Cette insulte exaspéra le jeune comte, qui, n'écoutant que sa colère, se rapprocha de l'Empereur et

1. Bibl. nat., *F. Brienne*, 88, f° 216.

des catholiques. En 1614, après avoir abjuré le protestantisme, il épousait la sœur du dùc de Bavière, chef de la sainte ligue allemande.

Il est vrai, lorsque les Hollandais, d'une part, et, de l'autre, les Espagnols, eurent envahi les duchés et se furent emparés, les premiers de Juliers, et les seconds de Wesel, de Zeist et de Lippstadt, les maisons de Neubourg et de Brandebourg essayèrent, sous la médiation de la France et de l'Angleterre, de se réconcilier; sinon, leur spoliation totale était certaine. De là la convention de Xanten (12 novembre 1614), en vertu de laquelle :

1° Juliers et Berg devaient appartenir aux Neubourg; Clèves, Mark, Ravensberg et Ravenstein aux Hohenzollern;

2° Les Espagnols et les Hollandais sortiraient des places où ils s'étaient établis indûment [1].

Mais les archiducs de Flandre, sommés de rappeler Spinola de Wesel, de Zeist et de Lippstadt, déclarèrent que les Espagnols n'opéreraient leur retraite que sous la condition suivante : les Hollandais jureraient de ne point rentrer dans les duchés, « si ce n'est en cas de nouvelle guerre ouverte ». Cette condition, les Hollandais la rejetèrent. *Qui tenet teneat; possessio valet*, dirent-ils, et ils gardèrent Juliers. De sorte que, malgré le bien-fondé de leurs prétentions, les maisons de Brandebourg et de Neubourg n'eurent, par le fait, postérieurement à 1614, qu'une portion très restreinte des États de Juliers et de Clèves [2].

Soulevé en 1609, le débat relatif à la succession de Jean-Guillaume s'est prolongé pendant un demi-siècle. L'accord définitif porte la date du 9 septembre 1666 : il attribue à Philippe-Guillaume, comte palatin de Neubourg, Juliers, Berg et Ravenstein, et à Frédéric-Guillaume, margrave de Brandebourg, Clèves, Mark et Ravensberg. Il n'est peut-être pas hors de propos de faire remarquer que l'occupation par les

1. Du Mont, *Corps dipl.*, V, 2e part., p. 257.
2. Himly, *Histoire de la formation territoriale de l'Europe centrale*, II, p. 32.

Provinces-Unies des villes d'Orsoy, de Wesel, de Burik, dévolues à Frédéric-Guillaume, ne cessa effectivement qu'après que les Français eurent, en 1672, envahi la Hollande. Les généraux de Louis XIV s'étaient saisis de ces places dès le début de la campagne; le roi offrit de les consigner en dépôt entre les mains du duc de Bavière; à la paix, elles seraient délaissées à l'électeur de Brandebourg, pourvu qu'il n'eût pas, le premier, attaqué les alliés de la France en Allemagne. Bientôt (1673), Frédéric-Guillaume obtenait qu'elles lui fussent restituées sans délai; de plus, une gratification de 800 000 livres lui était accordée. En retour, il est vrai, il devait rompre avec les États-Généraux, dont il avait, deux ans auparavant, embrassé la cause dans la pensée d'être un jour l'arbitre des affaires [1]. La condition était humiliante; mais comme il avait, dit Voltaire, « un héroïsme avisé et qui va droit au solide », il l'accepta en raison des avantages matériels qui, d'autre part, lui étaient assurés.

1. Mignet, *Négoc. relatives à la succession d'Espagne*, IV, p. 114, d'après une conversation du prince Lobkowitz, chef du cabinet de Vienne, avec l'ambassadeur français, Grémonville.

CONCLUSION

Henri IV n'est pas le premier roi de France qui, au XVIe siècle, ait conclu des traités avec l'Allemagne protestante. Avant lui, François Ier et Henri II s'étaient alliés aux membres de la ligue de Smalkalde et au célèbre Maurice de Saxe [1]. Mais, à la différence de ses prédécesseurs, il s'est d'abord trouvé rapproché des dissidents allemands ou par une complète conformité de croyance religieuse ou par la haine de Rome qui était commune aux luthériens et aux calvinistes. Plus tard, après sa conversion au catholicisme et sa réconciliation avec le saint-siège, l'identité des intérêts politiques empêcha la rupture du lien contracté sous d'autres auspices.

Se mettre en état de faire échec à la maison d'Autriche, dont la prépondérance était une perpétuelle menace pour l'Allemagne protestante, non moins que pour la France catholique, voilà l'objet que devaient se proposer les princes et le roi. Soit dans les *Lettres missives* imprimées de nos jours, soit dans les instructions manuscrites que renferment

1. « Les rois, prédécesseurs de Sa Majesté, ont fait deux secours remarquables aux princes d'Allemagne : l'un en la restitution du duc Ulric en sa duché de Wurtemberg, l'an 1534; l'autre en l'établissement de la paix en l'Empire et délivrance de l'électeur de Saxe et du landgrave de Hesse, prisonniers de l'empereur Charles V, l'an 1552. En l'un et l'autre nos rois ont été les sires et ont payé l'écot » (*Mém.*, 7132, f° 21).

nos dépôts publics, on rencontre la preuve que Henri IV ne perdit jamais de vue cet objet. Déjà il en indiquait l'importance aux princes au temps où, avec leur aide, il conquérait son royaume sur le duc de Mayenne et ses lieutenants, secourus d'Espagne. Dès que la soumission du duc de Mercœur eut terminé la guerre civile, et que le traité de Vervins eut suspendu les hostilités entre les Espagnols et les Français, sa constante préoccupation fut de prévenir le retour du danger qu'avait fait courir à l'Allemagne et à la France l'excessive puissance de la maison d'Autriche. Tandis qu'il dispute Saluces à Charles-Emmanuel de Savoie, comme pendant qu'il s'applique à dissiper le malentendu survenu entre lui et l'Allemagne à la suite des intrigues du duc de Bouillon, il ne cesse de tendre vers le but qu'il s'est marqué.

Si des deux branches de la maison d'Autriche la branche allemande était la moins redoutable, elle ne laissait pourtant point d'être à craindre. A la faveur des dissensions de l'Allemagne, Rodolphe II avait empiété sur les prérogatives du corps germanique et enfreint le recez de 1555. Pour le contenir dans les bornes que la Bulle d'Or traçait à son autorité et le contraindre à observer la paix d'Augsbourg, il était nécessaire que les princes se confédérassent étroitement. C'est ce que Henri IV fit représenter à ceux d'entre eux qui étaient de religion réformée. Mais outre que les princes avaient les ligues en horreur depuis qu'ils avaient été, suivant une expression de Bongars, étrillés par Charles-Quint, ils étaient divisés au sujet du dogme de la transsubstantiation. Non contents « de vomir les uns contre les autres les foudres et les exécrations [1] », ils ne reculaient, pour se nuire mutuellement, ni devant les machinations, ni devant la violence. L'œuvre fut donc laborieuse. Pour la mener à bien, il fallut toute l'habileté, toute la souplesse, toute la persévérance de Henri IV et de ses agents. Enfin, en 1608,

1. Egerton, p. 309, 24 janvier 1590.

l'Union évangélique s'organisait à Ahausen sur la base d'une tolérance réciproque.

Il ne suffisait toutefois pas à Henri IV d'avoir contribué, par une médiation intelligente et ferme, à la réconciliation des luthériens et des calvinistes d'outre-Rhin. Il eût voulu qu'en Allemagne, comme en France, la minorité jouît de la liberté de conscience et de la liberté de culte. Dans une mesure limitée, il réussit : en 1610, un article de la convention de Hall, dû à son initiative, stipula qu'aucune entrave ne serait mise à l'exercice du catholicisme dans les duchés de Clèves et de Juliers, quand bien même ceux-ci seraient sous la souveraineté du margrave de Brandebourg et du comte palatin de Neubourg, qui étaient protestants. Par là, il fut solennellement dérogé à la maxime étroite du *cujus regis, ejus religio*, qui faisait loi depuis un demi-siècle.

L'affaire de Juliers et de Clèves est la dernière des questions allemandes dont s'occupa Henri IV. Comme il pouvait en résulter le renouvellement de la lutte de la France contre la maison d'Autriche, Henri IV chercha à se fortifier d'alliances étrangères : d'où les négociations entamées avec la Hollande, l'Angleterre et l'Allemagne.

Plus haut on a vu la froideur calculée des Hollandais et les misérables tergiversations de Jacques Ier. Pour les Allemands, très intéressés à soustraire la succession de Jean-Guillaume à la domination de la maison d'Autriche, leur fidélité était cependant douteuse, malgré les engagements pris à Hall. L'un des traits les plus accusés du caractère allemand est la méfiance. « Cette nation, la nation allemande, dit Ancel, est accoutumée de se laisser aller aux ombres et de se plonger d'autant plus aux soupçons qu'on s'efforce de les éclairer [1]. » De son côté, Villiers-Hotman remarque que par elle nos bienfaits mêmes sont sinistrement interprétés et nos fautes jamais pardonnées [2]. Victorieux au début de la cam-

1. Bibl. nat., *F. F.*, 3393, à Henri III, 15 juillet 1587.
2. Bibl. nat., *F. Dupuy*, 830, f° 129, à De Thou, 1er mars 1612.

pagne qui se préparait, Henri IV, devenu suspect aux Allemands, les eût trouvés peu empressés à le seconder. Que si la fortune l'eût trahi, leur désertion était certaine. C'est parce qu'il ne se dissimulait pas les mauvaises passions ou les dispositions chancelantes des Hollandais, des Allemands, des Anglais, qu'il ne songeait, en s'immisçant dans le conflit relatif à Clèves et à Juliers, qu'à exclure des duchés la branche espagnole de la maison d'Autriche; puis, à faire des princes, coalisés sous sa direction, un frein pour la branche allemande, qui conservait le titre impérial; et point, ainsi que l'avait rêvé Sully, à refondre la carte politique de l'Europe. Même réduit à ces proportions, son plan est celui d'un véritable homme d'État. Tenant compte de l'insistance avec laquelle Henri IV demandait l'égalité de tous les cultes devant la constitution et les lois de l'Empire, on ajoutera que cet homme d'État est déjà un homme des temps modernes.

Dès le commencement de la régence, les Allemands furent loyalement avertis que, passé quatre mois, le maréchal de la Châtre, envoyé à Juliers, serait rappelé en France. Il était impossible que le gouvernement de Marie de Médicis aventurât ses armées au dehors tant qu'il serait ébranlé au dedans par les factions. L'Allemagne le comprit; désormais elle attendra son salut de l'Angleterre et de la Hollande, non de la France. Quand elle se souvenait de celle-ci, c'était pour réclamer le remboursement de ses anciennes créances, ajourné par Henri IV, effectué par Marie de Médicis, ou bien pour nous persifler. Villiers-Hotman raconte que les Allemands, qu'il exhortait à la concorde, le payaient de la repartie commune : « Médecin, guéris-toi toi-même [1] ».

Quoique l'amitié des Allemands fût « onéreuse », comme Henri IV l'avait éprouvé lors de la signature de la paix de Vervins et surtout à l'époque du soulèvement du duc de

1. Aff. étr., *Allemagne, I,* crayon des affaires et état présent de l'Allemagne.

Bouillon, Bongars jugeait qu'elle devait être entretenue par de bons offices. Telle fut aussi l'opinion du gouvernement français. Si bien que, même avant d'avoir triomphé de tous ses ennemis intérieurs, Louis XIII négocia afin de faire accueillir par la diète de Pologne les prétentions de Jean-Sigismond sur la Prusse; afin de délivrer les villes d'Aix-la-Chapelle et de Mulheim du joug qui pesait sur elles depuis que les catholiques y avaient acquis la prépondérance; et, en dernier lieu, afin de ménager entre les maisons de Brandebourg et de Neubourg une transaction équitable au sujet de Juliers. Dans la suite, une fois les protestants et les grands de son royaume réduits à l'obéissance ou à l'impuissance, il fera davantage : au fort de la guerre de Trente ans, il se constituera, sous l'impulsion du cardinal de Richelieu, le champion des libertés germaniques, et il en sera, comme l'a écrit un contemporain, « le bouclier assuré », puisque par ses armes et sa diplomatie sera préparé le traité de Westphalie, qui les a confirmées et garanties.

APPENDICE

1° Reîtres et lansquenets.

Pour la levée des régiments étrangers, des commissions ont été délivrées par le roi Henri IV à des colonels soit français, soit allemands. A ces commissions était attachée une capitulation, qui déterminait les conditions de l'engagement. Comme spécimen, nous extrairons des *Mémoires* de Bongars (7132, f°s 302, 311) les documents suivants :

1° *Commission pour lever 1500 reîtres.*

« Henri, par la grâce de Dieu, roi de France et de Navarre, à notre bien-aimé François, baron de Dompmartin, salut.

« Ayant plu à Dieu nous appeler à la succession de cette couronne, laquelle nous avons trouvée pleine de troubles et divisions après la mort du feu roi, notre très honoré seigneur et frère, désirant sur ce réprimer l'audace et témérité des rebelles de notredit royaume et autres qui les favorisent et assistent; et pour cet effet, nous aider des forces étrangères, tant de cheval que de pied, lesquelles est très requis et nécessaire de lever et faire avancer promptement jusques au nombre de quinze cents reîtres, et en donner la charge à quelque personnage d'honneur et de qualité et affectionné au bien de notre service;

« Pour ces causes, à plein nous confiant de vos sens, suffisance, fidélité, vertu, valeur, dextérité, expérience au fait des armes, bonne diligence et affection à notredit service; vous avons commis et commettons, donné et donnons pouvoir et commission de lever et mettre sus, au plus tôt qu'il vous sera possible, lesdits quinze cents reîtres des plus aguerris, armés et mieux montés que pourrez, dont vous aurez la charge de colonel, et ce suivant les conditions et capitulations qui de notre part vous seront baillées, signées de notre main et scellées du sceau de nos armes, par le sieur de Sancy, notre ambassadeur, auquel nous avons donné tout pouvoir; laquelle levée ainsi faite vous amènerez et conduirez, ainsi qu'il vous sera ordonné par ledit sieur de Sancy ou autre ayant charge de nous, et entrant en notredit royaume la ferez vivre et comporter à la moindre foule et oppression du pauvre peuple qu'il vous sera possible.

« Donné à Senlis, le 14 août 1589, HENRI. Par le roi, Revol. »

2° *Ce sont les articles de la capitulation que le roi fait par ces présentes avec le sieur François, baron de Dompmartin, pour quinze cents chevaux reîtres, lesquels seront sous la charge de cinq capitaines en cinq cornettes de trois cents hommes chacune, pour la levée et conduite desquels il aura à suivre les lettres de commission que Sa Majesté lui a, ce jour d'hui, octroyées, et la présente capitulation.*

« Et premièrement aura ledit baron de Dompmartin, pour son état et appointement de ladite charge de colonel desdits quinze cents chevaux reîtres, la somme de 1500 florins par mois durant le temps qu'il sera employé avec lesdits gens de guerre au service de Sa Majesté, valant le florin quinze batz, revenant en monnaie de France à trente sols, qui est pour chacun cheval un florin.

« Plus, pour l'appointement des plus apparents qui sont auprès de lui et sous sa charge, 1500 florins encore.

« Plus, pour son entretenement, outre son état de colonel, 1000 florins.

« A son lieutenant-colonel, 750 florins.

« Au chapelain, 24 florins.

« A un truchement, 24 florins.

« A un chirurgien, 24 florins.

« A un fourrier, 24 florins.

« A un secrétaire, 25 florins.

« Pour deux chariots d'appointement, 48 florins.

« Pour douze hallebardiers, à raison de 8 florins chacun, 96 florins.

« Pour quatre trompettes, à 24 florins chacun, 96 florins.

« L'état des hauts officiers :

« A un prévôt, 40 florins par mois.

« A son lieutenant, 25 florins.

« A son chapelain, 12 florins.

« Au garde des prisons, 20 florins.

« Aura ledit prévôt six officiers, assavoir trois hallebardiers et trois sergents, qui auront 8 florins par mois chacun.

« A l'exécuteur de la haute justice, 20 florins.

« Au maître du guet, 40 florins.

« A deux hallebardiers pour ledit maître du guet, à 8 florins chacun, 16 florins.

« A un maréchal des logis, 40 florins.

« A un maître des vivres, 40 florins.

« A deux hallebardiers pour ledit maître des vivres, à 8 florins chacun, 16 florins.

« Au capitaine des bagages, 40 florins.

« A un boucher, 20 florins.

« État d'un capitaine particulier.

« A chacun capitaine étant au service de Sadite Majesté, avec ses chevaux, pour son état, 300 florins.

« Plus, pour appointer les plus apparents de sa cornette, encore 300 florins.

« A son lieutenant, 75 florins.

« A son porte-cornette, 75 florins.

« A six reitmestres, à chacun 50 florins.

« A leur secrétaire, 25 florins.

« A deux trompettes, à chacun 24 florins.

« A un prédicant, 24 florins.

« A un barbier, 24 florins.

« A un maréchal, 24 florins.

« A un maître ouvrier de pistolets, 24 florins.

« A un fourrier, 24 florins.

« A un truchement, 24 florins.

« A deux hallebardiers, à 8 florins chacun, 16 florins.

« A un capitaine des bagages, 30 florins.

« Pour un chariot d'appointement, 24 florins.

« Aura chacun cheval pistolier, pour sa solde, 14 florins par mois.

« Outre lesdits appointements généraux et particuliers, Sa Majesté veut qu'il soit passé à la montre, en chacune cornette, trente-six pages, qui, à raison de douze pour cent, entreront et seront compris au nombre des trois cents chevaux de chacune cornette;

« Et à douze chevaux pistoliers un chariot et quatre chevaux pour chacun chariot, qui sera pour six chevaux pistoliers un demi-chariot garni de deux chevaux, qui seront payés à raison de 6 florins par cheval, et sera gardé qu'ils ne passent à autre raison que de chevaux de chariot, desquels ils feront montre en la façon qu'ont accoutumé faire les Allemands, et ne pourront lesdits pistoliers amener de leur pays ou d'ailleurs un plus grand bagage à leur suite.

« S'il vient à connaissance que quelqu'un ait fait passer, le jour de la montre, un ou plusieurs chevaux de harnois pour chevaux de selle, ou qu'après la montre faite, il fasse servir les chevaux qu'il aura montrés ayant selle pour chevaux de harnois, n'ayant eu pour ce faire permission du commissaire général, de son colonel ou capitaine particulier, et que néanmoins lesdits chevaux de harnois lui aient été par inadvertance passés en la montre pour chevaux de selle, icelui sera puni selon son démérite, et privé de ses gages entièrement, qu'on lui rabattra au payement de ladite montre.

« Et s'il y avait un ou plusieurs gentilshommes, seigneurs ou autres, qui, pour l'aise et commodité de leurs personnes, voulussent avoir des coches, seront tenus de faire sortir avec leurs chevaux de selle et de harnois lesdits chevaux de coche, afin que, ce faisant, leur soit retranché le moyen de les faire passer et supposer pour chevaux de harnois et de service. Tiendront pour cet effet les commissaires qui feront les montres compte du nombre des coches qui seront et auront été trouvés en chacune cornette, afin que si après la montre le nombre en est plus grand et qu'ils n'aient été représentés le jour d'icelle, ils soient confisqués au commun, et celui qui aura fait passer parmi ses chevaux de selle et de harnois lesdits chevaux de coche, soit frustré de ses gages.

« Pour faire ladite levée et mener ledit nombre de 1500 chevaux, lesquels il a promis rendre sur le bord du Rhin le 25me jour d'octobre prochain, Sa Majesté a fait délivrer audit sieur baron de Dompmartin, colonel d'iceux, la somme de 18 000 florins, qui est, à raison de 12 florins pour chacun cheval, pour leur denier de levée qu'ils appellent *Enrichtgeld*, duquel argent lui et ses gens seront tenus se contenter pour le temps qu'ils auront mis à venir et se rendre jusques au lieu et jour de la montre, duquel jour seulement commencera le temps de leur service et de leur payement à la raison de la susdite capitulation, et seront tenus de faire ladite montre au lieu qui leur sera assigné par le sieur de Sancy, à la charge que si ladite montre est retardée par Sadite Majesté ou ses ministres, le temps courra aux dépens de Sadite Majesté et non d'eux, et seront payés de mois en mois après ladite montre faite, en comptant douze mois en l'année, nonobstant qu'il y en ait de vingt-huit et trente jours, plus ou moins, et sera seulement payé ledit *Enrichtgeld* pour le nombre d'hommes et chevaux qui se trouveront à la place montre, à laquelle ledit sieur de Dompmartin a promis se rendre ledit 25 octobre prochain (st. anc.), consentant que pour les reîtres qu'il amènera moins que ce qui est porté par la présente capitulation, l'*Enrichtgeld*, jà reçu, lui soit rabattu au prorata de ce qu'il aura reçu pour chaque cheval.

« Et a été expressément accordé que nuls reîtres ne seront passés, sinon ceux qui se trouveront à la montre, le jour susdit, sans espérance que ceux qui viendraient par après puissent prétendre aucune solde.

« Et pourront ledit sieur de Dompmartin et ses capitaines amener plus grand nombre de chevaux qu'il ne leur a été commandé, à la charge qu'ils leur seront payés à la même raison que les autres, et leur sera rendu leur *Enrichtgeld* au prorata.

« Et pour ce que presque tous font difficulté de porter leurs corselets et autres armes sur eux pour être d'autant plus disposés à la picorée et pillerie, en quoi le service du roi est grandement intéressé et reculé, sera fait commandement à tous généralement de se tenir près de leurs cornettes, ainsi qu'il est porté par la présente capitulation, sans qu'il leur soit aucunement permis de s'en éloigner tant peu que ce soit, et moins encore de demeurer une seule nuit dehors, s'ils n'ont eu permission de leur colonel ou reitmestre, et qui en usera autrement sera puni de rigueur.

« Semblablement, ils se tiendront aux quartiers qui leur auront été baillés pour leur cornette, et si aucun s'en départ, et quelque fortune arrive là-dessus, sera puni et même privé de ses gages.

« Et pour ce que toute la solde des reîtres consiste en florins, il a été expressément accordé que deux florins seront évalués à un écu sol, ou la valeur d'icelui, selon le prix des monnaies qui ont cours en France, suivant l'édit du roi, et néanmoins pour le dernier mois ils le recevront au prix de vingt-sept batz l'écu sol, six batz et demi le teston, vingt-six batz la pistole, vingt-un batz le philippe-thaler, vingt-neuf batz le richthaler. Et pour le regard de ce dont le roi lui pourra demeurer redevable à la fin de son service, il le recevra au prix que les autres colonels qui ont ci-devant servi Sa Majesté l'ont reçu et le reçoivent ordinairement.

« Le mois de retour commencera à courir du jour que Sa Majesté les aura fait licencier de son service, et qu'ils seront rendus sur les frontières du royaume, et pour les y conduire, ils ne feront difficulté de faire quatre ou cinq lieues le jour, et cheminer quatre jours pour ne séjourner que le cinquième.

« Sa Majesté assurera ledit sieur colonel, ses capitaines et leursdits soldats du payement de trois mois de service, et outre ce de la solde d'un autre mois pour leur retour, et toutefois là où leur payement serait retardé seulement pour trois ou quatre jours dans le quatrième mois, qui est le mois de retour, ils ne pourront rien demander pour cela; mais où il sera passé six jours, sera payé pour un tiers d'un mois; s'ils entrent dans l'onzième jour du mois, leur sera payé demi-mois; s'ils retardent jusqu'au vingt-cinquième, leur sera payé le mois entier; et là où Sadite Majesté s'en voudrait servir plus longtemps que lesdits trois mois, seront tenus de continuer ledit service.

« S'il advient que Sa Majesté gagne une bataille contre les ennemis, où lesdits gens de guerre à cheval aient assisté et combattu, du jour de la victoire finira leur mois et recommencera l'autre pour en être payés.

« Si en faction de guerre commandée advient qu'il y ait des chevaux tués ou tellement blessés qu'ils demeurent inutiles, ceux qui auront fait perte desdits chevaux seront tenus le venir déclarer tout sur l'heure au commissaire que Sa Majesté ou son lieutenant général commettront à cette fin, et aussi à son colonel ou reitmestre, lesquels s'en informeront bien à la vérité, et sur leur certification, lesdits chevaux seront passés pour deux mois à la montre, à la charge que dedans le troisième mois celui qui aura ainsi perdu son cheval se présentera remonté d'un bon cheval de service; autrement ne lui sera plus passé, et les chevaux qui seront morts d'autre façon ne seront point faits bons.

« Moyennant ce que dessus, ledit sieur de Dompmartin et ses capitaines jureront et promettront ès mains de celui qui sera député par Sa Majesté de bien et loyalement la servir et la couronne de France, tant qu'il lui plaira les entretenir à son service, envers et contre tous, de quelque état, qualité et condition qu'ils soient, sans nul excepter, pour quelque cause et occasion que ce soit, fors seulement le Saint-Empire, leurs seigneurs féodaux et confession d'Augsbourg, quant à l'offensive seulement, et de n'abandonner le service de Sa Majesté pour quelque révocation qui leur soit faite par l'Empereur, leursdits seigneurs féodaux ou autres, et sans que tous ensemble ou en particulier se puissent retirer dudit service sans permission ou congé.

« Promettront aussi d'obéir à Sadite Majesté, à ses lieutenants généraux et autres officiers, en toutes choses qui leur seront commandées pour son service; aussi marcheront et feront le guet et s'emploieront aux entreprises, voyages et partout où il leur sera commandé soit avec le régiment entier, partie d'icelui, ou une cornette, ou cent, ou cinquante chevaux, vingt-cinq chevaux, dix ou moins, sans qu'ils puissent refuser aucune fonction de guerre pour sondit service.

« Amèneront au service de Sa Majesté de bons et vaillants hommes, gens de guerre et de service, vrais Allemands, bien montés et armés de corselets, brassards, gantelets et habillement de tête, garnis chacun de deux pistolets.

« Davantage ne feront passer aucun homme qui ne soit de service et juré sous ledit régiment, et n'emprunteront des lansquenets, Français et autres nations, aucunes armes ou chevaux pour passer à ladite montre, et si aucuns commettent tels abus, ils perdront leurs chevaux et seront punis exemplairement.

« Permettront et laisseront reconnaître et faire les montres par les commissaires et contrôleurs pour ce ordonnés, sans aucun débat, contradiction ni querelles, assavoir cornette après cornette, homme par homme, rang par rang, et en la meilleure forme qu'il plaira à Sa Majesté l'ordonner, ou aux commissaires desdites montres aviser, afin que le juste nombre des hommes qui s'y trouvera soit payé et soudoyé.

« Et si les deniers de leur paye n'arrivaient ou n'étaient prêts au jour préfix, soit à cause de la difficulté des chemins ou pour autres considérations qui les pourraient retarder de quatorze ou quinze jours, lesdits reîtres ne prendraient pour cela occasion de s'exempter du guet ou autres devoirs militaires pour le service du roi, ains attendront patiemment la venue desdits deniers.

« Si deux ou trois ou quatre jours après ladite montre faite, ou quand il plaira à Sadite Majesté ou à son lieutenant général faire faire revue, le nombre ne soit exact et tel qu'il aura été à la montre, les colonels et capitaines permettront qu'il leur soit rabattu autant de payes sous la montre ensuivant, comme ils se seront trouvés moins d'hommes à la revue, si ce n'était qu'ils fussent morts ou tués des ennemis, malades ou retirés avec le passeport et sauf-conduit du lieutenant général.

« Lesdits colonel ou capitaines et gens de cheval et pistoliers ne pourront faire entreprise contre les ennemis sans permission de Sadite Majesté ou de sondit lieutenant général.

« Et ne pourra ledit colonel bailler aucun passeport ou congé à un ou plusieurs desdits gens de cheval sans en avertir ledit lieutenant général de l'armée, ou celui de la province où ils seront.

« Obéiront à tous les cris qui seront faits au camp de la part de Sadite Majesté ou de son lieutenant, concernant le fait de la guerre ou bien l'ordre et police de la justice, réservant toutefois aux colonel, reitmeistres et officiers desdits reîtres l'exécution d'icelle, selon que de tout temps ils ont accoutumé faire.

« Nuls desquels gens de cheval, à commencer du plus petit au plus grand, ni semblablement les hauts officiers, ni ceux qui auront charge, ni leurs serviteurs, ne pourront prendre, sous peine de l'honneur et de la vie, chose quelconque sur les sujets de Sadite Majesté ou autres qui auraient impétré sauvegarde de Sa Majesté, de son lieutenant général, du maréchal de camp desdits reîtres, ou de l'un des colonels étant en charge et service, ni même en la munition, comme pain, vin, chair, poisson, tonneaux, futailles, bétail gros et menu, peaux, ni autres choses quelconques, si ce n'est en payant; ains se contenteront de leur solde et n'iront au fourrage sur les terres ni sujets de Sadite Majesté en façon quelconque, si ce n'est qu'il leur soit permis par Sadite Majesté ou son lieutenant général, mais seront contraints de les acheter et payer selon le taux qui raisonnablement y sera mis, et feront de même à l'endroit des vivandiers et autres qui seront à la suite de leur camp, lesquels ils ne pourront molester ni leur ôter aucune chose; mais s'ils la prennent, ce sera de leur gré et en payant raisonnablement.

« Et où aucun d'entre eux aurait pris quelque chose sur les sujets de Sa Majesté dont il apparaîtra, seront tenus les capitaines en faire faire restitution, et à faute de ce, sera retenue leur solde jusques à sa valeur.

« S'il ne venait tant de vivres en leur camp qu'il serait requis pour la nourriture d'icelui, leur seront dressées les étapes et distribuée la nourriture à bon compte; cela fait, ils ne pourront courir fourrager par les champs et terres du roi, ni de ceux qui tiennent son parti.

« Toutefois, venant la munition tellement à faillir que lesdits reîtres, constitués en extrême nécessité, fussent contraints de s'en pourvoir d'ailleurs, leur sera loisible d'envoyer au *plat pays*, et par même moyen défendu de se charger de plus grande quantité de vivres qu'il ne leur faut besoin, le tout sans grever les pauvres gens par autres extorsions. S'il s'en trouve qui, non contents desdits vivres, voulussent user et commettre des insolences, comme ouvrir, rompre, fouiller dans les coffres ou lieux fermés, iceux seront punis corporellement sans espérance de grâce, comme aussi seront ceux qui se trouveront convaincus d'avoir desdits ravisseurs acheté, recelé ou retiré en leur garde aucune chose dérobée.

« Et n'entreprendront aucune justice sur les sujets de Sa Majesté, et si aucuns desdits sujets se trouvaient en faute en leur endroit, seront tenus les remettre en les mains des officiers de Sadite Majesté pour être promptement punis selon le délit.

« S'il advenait que ledit colonel sieur de Dompmartin vînt à mourir de mort naturelle ou violente, lesdits gens de guerre seront tenus en avertir Sa Majesté ou son lieutenant général, et avoir pour agréable celui ou ceux qui leur seront baillés pour colonel, sans pouvoir pour ce demander nouvelle capitulation.

« Ledit sieur de Dompmartin, colonel, avertira sesdits capitaines et gens de cheval du contenu de la présente capitulation, afin qu'étant en France ils ne puissent quereller autre chose que ce qui y est compris.

« Semblablement, si aucun desdits gens de cheval, ou plusieurs, entendent qu'il se fasse aucunes pratiques ou autres choses préjudiciables au service de Sadite Majesté et bien de ses affaires, de ses gens de guerre, serviteurs ou ministres, ou s'il se trouve quelques gens suspects au camp, ils seront tenus d'en faire rapport audit lieutenant général, sous peine d'être punis corporellement, tout ainsi que le délinquant ou malfaiteur principal.

« Et si ledit colonel, ses capitaines et autres chefs, officiers ou pistoliers de sesdites cornettes, prennent en exploit de guerre quelques prisonniers des sujets du roi, portant les armes et faisant la guerre contre Sadite Majesté, ils seront tenus présenter tous lesdits prisonniers à Sadite Majesté ou à sondit lieutenant général, de quelque état, qualité et condition qu'ils puissent être, pour les retenir, si bon lui semble, en baillant, pour la plus haute rançon, 6000 écus par prisonnier, combien qu'il en pût payer davantage de rançon; et pour les autres moindres ne leur pourront donner congé, ni les faire transporter en quelque lieu que ce soit, sans permission de Sadite Majesté ou de son lieutenant général en ladite armée ou province où ils seront, comme dit est, tant et si longuement que lesdits reîtres seront au service de Sadite Majesté. Se promettant Sa Majesté dudit sieur de Dompmartin et ses capitaines qu'ils n'abuseront ni ne permettront leurs reîtres et gens abuser du contenu en cet article, et ce sur leur foi et honneur.

« Et advenant que ledit sieur de Dompmartin, ses capitaines ou leursdits reîtres, ou autres de leurs troupes, prissent le chef, prince, ou le lieutenant général dudit chef des troupes étrangères, Sadite Majesté ou sondit lieutenant général pour elle, les pourra retirer d'eux et retenir pour Sadite Majesté, en payant, pour la plus haute rançon, 20 000 écus, à la charge néanmoins de les traiter en prisonniers de guerre; et quant aux autres prisonniers de guerre étrangers, Sa Majesté leur permet de les mettre à telle rançon raisonnable que bon leur semblera, à la charge toutefois que celui qui aura le prisonnier, ne le pourra mettre en liberté sans permission de Sadite Majesté ou de son lieutenant général, durant le temps que le roi retient lesdits reîtres à sa solde.

« Pareillement, s'il se trouve artillerie, munition ou victuaille ès villes, châteaux et bourgades prises, icelles seront à Sa Majesté, et après que lesdites places seront rendues et qu'elle leur aura donné grâce en baillant sa sauvegarde, elles ne seront plus pillées ni rançonnées.

« Et ne pourront lesdits gens de cheval mener aucune personne étrangère au camp qui n'ait gage ou solde de Sa Majesté, ni ne pourront prendre intelligences, converser, parlementer, ou écrire lettres au camp de l'ennemi, ou prendre d'un ou d'autre pour les y faire porter, sans le congé du roi ou de son lieutenant général, sans le su et pouvoir desquels ne pourront lesdits colonel, capitaines et leurs lieutenants, octroyer de passeport à leurs reîtres pour éviter tous inconvénients, et se gouvernera chacun comme il appartient à homme de guerre qui est fidèle et loyal à son maître, et qui désire l'observation des choses contenues esdits articles, lesquels ils doivent et veulent garder et observer inviolablement.

« Ne forceront, pilleront, saccageront, brûleront ni démoliront, en quelque façon que ce soit, les maisons, granges, ni édifices des gentilshommes ni autres sujets de Sa Majesté, ni ne commettront aucun acte de violence ès personnes de leurs femmes, veuves, filles ou enfants, ni autre que ce soit, sous peine de la vie, sans espérance d'aucune grâce ou rémission.

« Et où aucuns pilleraient les églises ou outrageraient les ecclésiastiques, ou abuseraient de la pudicité des religieuses, abattraient les moulins ou commettraient semblables actes d'hostilité, iceux seront sur-le-champ punis de mort, sans que personne soit si hardi d'y mettre empêchement.

« Et d'autant que les blasphèmes et exécrations horribles contre l'honneur de Dieu, de jour en jour s'augmentent et deviennent plus que familiers aux gens de guerre, à l'occasion desquels non seulement l'ire de Dieu est provoquée, et tirent aussi après soi une infinité de malheurs dont la chrétienté se sent aujourd'hui presque accablée, sera très expressément défendu de jurer et blasphémer le nom de Dieu, sous peine à ceux qui ne s'en voudront abstenir d'être punis exemplairement.

« Et pour ce que plusieurs malveillances et querelles dangereuses naissent de ce que quelquefois les capitaines particuliers ou autres attirent, par subtils moyens, à leur service les reîtres et serviteurs des autres, et que aussi même les serviteurs se séduisent et débauchent l'un l'autre, dont, comme dit est, procèdent de grandes inimitiés, tant entre gentilshommes qu'entre les serviteurs et leurs maîtres, Sa Majesté, pour obvier à tels inconvénients, veut que, tant que cette guerre durera, nul prince, comte, ni baron, gentilhomme, ni autre quelconque, ait à débaucher, gagner, ni attirer, par augmentation de gages, à soi les reîtres et serviteurs d'autrui, si ce n'est du consentement de celui sous lequel ils seront, ni qu'aucun des valets soit désobéissant à son maître par propos injurieux, ou autrement; mais leur rendront toute obéissance, comme aussi pareillement ne sera permis aux maîtres de donner légèrement congé à leursdits valets qu'auparavant ils n'en avertissent les colonel et reitmestres, et leur fassent entendre à la vérité les causes qui les ont mus de ce faire.

« N'oseront davantage lesdits reîtres, à leur volonté, se départir du guet et autres lieux où ils auront été mis et ordonnés par commandement du capitaine, sans le congé d'icelui, ni aussi se retirer entre les gens de pied, entre lesquels ils ne seront aucunement soufferts et reçus, sinon que cela se fasse avec le consentement du colonel.

« Seront lesdits reîtres tenus de faire, chacun à son rang, le guet de la nuit et du jour avec tout soin et fidélité. Et si quelqu'un d'entre eux était trouvé audit guet sans les armes et équipage qu'il doit avoir ou avait le jour de la montre, ou qu'il s'en fût retiré sans congé, ou bien qu'il y fût trouvé dormant, les chevaux d'icelui seront confisqués au maître du guet, et lui puni à la rigueur, à l'exemple de ceux qui, par ivrognerie, commettent de telles fautes dont dépend l'honneur et réputation d'un bon soldat.

« S'il y a quelque ancienne querelle et inimitié entre quelques-uns, ils ne s'en rechercheront pas par voie de fait durant qu'ils seront au service de Sa Majesté et n'entreprendront l'un contre l'autre, sur peine d'être châtiés rigoureusement, si ce n'est par le moyen de la justice que Sa Majesté veut et entend être ouverte à tout le monde.

« Le guet ou garde étant posé, nul desdits reîtres ne s'osera trouver à la place des vivres ou autres lieux, ivrognant, dansant, chantant ou tumultuant, ou s'il se trouve, sera puni à la discrétion des capitaines.

« De même ne sera permis à aucun d'eux, après que ladite garde sera assise, de se provoquer l'un l'autre au combat; ains sera la querelle remise jusques au lendemain, et si elle est telle qu'elle puisse être composée et apaisée par arbitres, ne feront difficulté de se soumettre, afin que le roi soit servi de gens sains et entiers, et non estropiés; et au cas que ladite querelle fût telle qu'elle ne se pût accorder à l'amiable, leur sera fait défense par la présente capitulation, sur peine de la vie et de l'honneur, de n'user d'aucune supercherie l'un contre l'autre, ains se comporter en cela comme il appartient à gens de bien. Et si leur grand maréchal de camp, ou leurs colonel et capitaines interposent leur autorité, leur défendant toute voie de fait tant qu'ils seront au service du roi, ils seront tenus d'y obéir.

« Nul ne sera si hardi de vouloir faire semblant de mettre la main aux armes contre un autre, lorsque, à cornette déployée, les troupes marcheront, et moins encore de commettre quelque acte d'hostilité, sur peine de la vie.

« Nul ne sera aussi si hardi que de tenir propos diffamatoires qui puissent offenser l'honneur [d'un autre], si lesdits reproches ne sont fondés sur bonnes et justes raisons, car si quelqu'un a quelque connaissance de quelque acte lâche et indigne d'un soldat, et qu'il soit assuré le pouvoir dûment prouver, il sera tenu le révéler et ne le céler nullement, afin que la lâcheté soit bannie, et ceux qui en sont tachés punis selon leur mérite.

« Et si quelqu'un étant chargé et accusé de choses important à son honneur, ferait apparaître du contraire, retournera ladite calomnie sur l'accusateur et diffamateur, lequel de tous sera tenu et réputé tel qu'il aurait voulu dire l'autre, et sera sur l'heure puni.

« Advenant que quelqu'un, après avoir sans occasion assailli un autre, fût tué par icelui, ne pourra ledit survivant, pour avoir repoussé la violence de l'assaillant, être déclaré punissable, pourvu qu'il en fasse apparaître suffisamment;

mais si, au contraire, celui qui a été le premier provocateur tue le défendeur, il sera puni corporellement, sans espérance de grâce.

« Si le jour d'une bataille, escarmouche ou autre rencontre de guerre, quelqu'un desdits gens de guerre, de quelque état qu'il soit, est cause de quelque désordre, à raison de quoi la bonne réputation desdits reîtres serait intéressée, il sera dégradé de son honneur, privé de ses charges et puni, s'il peut être appréhendé.

« Seront tous très étroitement, et sur peine de leur honneur, obligés de ne faire aucun monopole au préjudice du service du roi ; observeront aussi et entretiendront inviolablement tous et chacun les points de cette capitulation, et s'il y a quelqu'un d'entre eux qui soit convaincu d'avoir transgressé aucun d'iceux, il sera puni selon son démérite et importance du fait, sans que personne le puisse secourir et retirer de la main des officiers de justice, sur peine de la vie.

« Et finalement se comporteront lesdits sieur baron de Dompmartin, ses capitaines et gens de cheval, ainsi que gens d'honneur, de guerre et de police doivent faire, et que plus amplement et particulièrement est compris et porté par leurs articles de la police, qui seront lus et publiés aux lieu et jour de la montre dudit régiment.

« Et pour confirmation de tout ce que dessus, nous promettons, en foi et parole de roi, de tenir ferme et stable cette présente capitulation en tous et chacun les points et articles y contenus, sous l'obligation de nos royaumes, principautés, terres et seigneuries présents et à venir, en quelque lieu qu'ils soient situés, tant en notre nom que pour nos successeurs rois et ayants cause, dont, pour plus grande assurance et témoignage, avons signé de notre main cette présente capitulation et fait apposer le cachet de nos armes.

« Donné à Senlis, le 14e jour d'août, l'an de grâce 1589, et de notre règne le premier. — Signé : HENRI. Contresigné : REVOL. »

3° *Commission pour la levée de 2000 reîtres.*

La commission qui fut remise au sieur de Lenty, chargé d'effectuer une levée de 2000 lansquenets, est semblable à celle qu'avait reçue le baron de Dompmartin ; nous ne la reproduirons pas. Nous nous bornerons à extraire de cette capitulation les articles qui font connaître l'organisation particulière des lansquenets. Le régiment de Lenty devait compter six enseignes, dont l'une serait de 500 hommes, et les cinq autres de 300 hommes.

« Aura ledit colonel, 333 écus par mois.

« Au lieutenant-colonel, 133 écus.

« Aux quatre hallebardiers servant à sa garde, à raison de 2 écus par mois, 8 écus.

« Au prévôt, pour entretenir deux hallebardiers, le geôlier, avec un exécuteur sous métier de justice, par mois, 91 écus.

« Au juge et ses officiers, en tout 91 écus.

« Au maître du guet, 33 écus.

« A son hallebardier, 2 écus.

« Au maréchal des logis, 33 écus.

« A son truchement, 2 écus.

« Au commissaire des vivres, 20 écus.

« A un boucher, 13 écus.

« A un chapelain, 4 écus.

« Audit sieur de Lenty, pour son état de capitaine de ladite bande de 500 lansquenets dudit nombre de 2000, la somme de 46 écus.

« A lui la somme de 200 écus, à quoi reviennent cent payes, à raison de 2 écus pour paye, pour appointer les plus apparents de la bande.

« A lui encore pour son droit de premier fusilier, 35 autres payes, revenant à 70 écus, pour appointer les premiers officiers de sadite bande.

« A son lieutenant, enseigne et sergent, 21 payes revenant à 42 écus.

« Auxdits 500 lansquenets, lesdits capitaines et ses officiers compris, pour leur simple paye, à raison de 2 écus pour chacun, durant ledit mois, la somme de 1000 écus.

« Ladite compagnie de 500 hommes sera composée de 140 mousquetaires, 200 corselets avec piques, 30 corselets avec hallebardes, 10 épées à deux mains et 120 arquebusiers.

« A 140 desdits lansquenets, armés de mousquets comme dessus, outre leur simple paye, par mois un écu vingt sols.

« A 200 desdits lansquenets, armés de corselets et piques, outre leur simple paye, la somme de 2 autres écus par mois chacun.

« A 120 arquebusiers morionnés la somme de 40 sols, chacun par mois, outre leur simple paye.

« Les armes nécessaires pour armer ladite compagnie desdits 500 hommes et autres cinq de 300 hommes chacune, leur seront fournies par avance, à la charge de les rabattre sur la paye des trois premiers mois, par égale portion.

« État d'un capitaine particulier :

« Aura chacune compagnie, composée de 300 hommes complets, assavoir : 80 mousquetaires, 120 corselets avec piques, 20 corselets avec hallebardes, 6 épées à deux mains, et le reste arquebusiers.

« Aura chaque capitaine, pour sa solde d'un mois, 46 écus.

« Encore pour appointer les plus apparents de chaque bande, 84 payes.

« Encore pour le droit de premier fusilier, 35 autres payes pour appointer les premiers officiers de leursdites bandes.

« Aux lieutenant, enseigne et sergents de chacune desdites bandes, une paye valant 42 écus.

« A chacune bande desdits 300 hommes lansquenets, lesdits capitaines et officiers compris, la somme de 600 écus pour leur simple paye, qui est à raison de 2 écus pour chacun.

« A 80 dudit nombre, armés de mousquets, outre leur simple paye, la somme d'un écu un tiers par mois à chacun.

« A 120 dudit nombre, armés de corselets et piques, la somme de 240 écus, qui est à raison de 2 écus, outre leur simple paye.

« A 60 dudit nombre, armés d'arquebuses et morions, outre leur simple paye, chacun 40 sols.

« Lesdits capitaines auront, pour la levée de chaque homme, 40 sols, dont ils rendront compte à la montre, c'est assavoir qu'il leur sera alloué autant de 40 sols que chacun capitaine aura amené de lansquenets recevables, et où ils en auront moins du nombre qui leur aura été ordonné, leur sera rabattu, sur le payement de la première montre, autant de 40 sols qu'il défaudra d'hommes dudit nombre.

« Si en faisant ladite montre il se trouvait que lesdits capitaines eussent amené plus grand nombre qu'ils ne doivent, seront tenus de les renvoyer en leur pays sans recevoir aucun payement, si ce n'est du plaisir de Sa Majesté; particulièrement ne passeront leurs pages, valets, ni autres gens qui ne seront Allemands, vrais lansquenets à tirer service. »

2° Créance de la maison d'Anhalt-Bernbourg.

Le dossier de cette affaire (Archives du ministère des Affaires étrangères, *Anhalt*, *III*) se compose des pièces suivantes :

1° Lettre par laquelle le baron de Vincent, ambassadeur d'Autriche à Paris, « de l'ordre de sa cour », transmet au duc de Richelieu divers documents relatifs à la créance de la maison d'Anhalt (4 décembre 1816) ;

2° Mémoire, en date du 8 septembre 1817, où, après avoir dit que Christian, prince d'Anhalt, a, en 1591, conduit à Henri IV un renfort de 13 100 hommes, l'on signale les payements faits de 1605 à 1623 inclusivement, et l'on rappelle que les réclamations formulées par les successeurs de Christian dans le congrès de Munster, en 1645, et à la cour de France depuis 1645 jusqu'à 1779, sont demeurées inutiles;

3° Capitulation passée entre le vicomte de Turenne et le prince Christian, le 24 avril 1591;

4° Reconnaissance signée par Henri IV le 13 juillet 1592; le montant de la dette est spécifié, et les termes des remboursements à effectuer sont déterminés;

5° État de ce qui est dû par le roi Louis XVIII à la maison d'Anhalt, déduction faite des sommes reçues entre 1605 et 1623 inclusivement;

6° Copie de la lettre par laquelle M. Necker, directeur général des finances, affirme ne pas connaître la créance de la maison d'Anhalt et ajourne toute communication de titres (14 août 1779);

7° Lettres du duc Alexis d'Anhalt-Bernbourg au roi Louis XVIII et au duc de Richelieu, relativement au mémoire du 17 septembre 1817, mentionné plus haut;

8° Lettre du baron Foulon de Nordeck au duc de Richelieu (11 février 1818); elle accompagne l'envoi d'un nouveau mémoire;

9° Mémoire du baron Foulon de Nordeck, où sont discutés les arguments produits contre les revendications du duc Alexis.

10° Lettre par laquelle le duc de Richelieu déclare n'y avoir pas lieu de s'occuper de l'affaire (12 juin 1818);

11° Lettre du duc Alexis à M. de Richelieu (3 décembre 1818); le duc propose de recourir à un arbitrage et soutient que les renonciations souscrites en 1815 ne regardent que les dettes contractées pendant les guerres de la Révolution et de l'Empire.

TABLE DES MATIÈRES

CHAPITRE PREMIER

Secours fournis par l'Allemagne a Henri de Béarn, roi de Navarre, puis roi de France, sous le nom de Henri IV.

CHAPITRE II

Rapports de Henri IV avec les princes et les villes d'Allemagne depuis la conclusion de la paix de Vervins jusqu'à l'expédition de Sedan inclusivement.

CHAPITRE III

Dernières négociations de Henri IV avec les princes allemands et coalition formée contre la branche allemande de la maison d'Autriche.

Coulommiers. — Typog. P. BRODARD et GALLOIS.

www.ingramcontent.com/pod-product-compliance
Ingram Content Group UK Ltd.
Pitfield, Milton Keynes, MK11 3LW, UK
UKHW020558230726
13926UKWH00005B/2098